现代物流管理

刘学成　李军辉　马颖培　著

吉林科学技术出版社

图书在版编目（CIP）数据

现代物流管理 / 刘学成，李军辉，马颖培著. --
长春：吉林科学技术出版社，2019.10
ISBN 978-7-5578-6164-3

Ⅰ.①现… Ⅱ.①刘… ②李… ③马… Ⅲ.①物流管理 Ⅳ.
①F252.1

中国版本图书馆CIP数据核字（2019）第225372号

现代物流管理

著　　者	刘学成　李军辉　马颖培
出版人	李　梁
责任编辑	端金香
封面设计	刘　华
制　　版	王　朋
开　　本	16
字　　数	270千字
印　　张	12.25
版　　次	2019年10月第1版
印　　次	2019年10月第1次印刷
出　　版	吉林科学技术出版社
发　　行	吉林科学技术出版社
地　　址	长春市福祉大路5788号出版集团A座
邮　　编	130118
发行部电话／传真	0431—81629529　　81629530　　81629531
	81629532　　81629533　　81629534
储运部电话	0431—86059116
编辑部电话	0431—81629517
网　　址	www.jlstp.net
印　　刷	北京宝莲鸿图科技有限公司
书　　号	ISBN 978-7-5578-6164-3
定　　价	53.00元

版权所有　翻印必究

前　言

本书在借鉴和吸收国内外物流管理的基本理论和最新研究成果的基础上，密切结合我国物流业的发展和物流管理教学的实际，从介绍物流的基本概念、基本理论入手，结合当前物流业界的最新实践，对现代物流基本理论进行了较为细致的系统编著。该书稿还选用了近年来国内外物流管理领域中的最新技术和研究成果，理论性、实践性和适用性均较强，不仅能推动我国高等院校物流管理专业的教材建设，而且也能够较好地满足当前企业物流管理人员的实践需要。

本书在编写中参考了国内外大量的文献资料，引用了一些专家学者的研究成果，在此对这些文献作者表示诚挚的谢意，由于物流管理特别是第三方物流、物流成本管理、供应链管理在我国正处在阶段性的变革发展中，一些理论和实际操作还正在探索之中，加上编著时间的紧迫及作者认识的局限性和研究有待进一步深入，本书在叙述中难免存在一些不足之处，我们衷心希望读者予以指正，以利于我们水平的提高和共同促进现代物流管理研究的发展。

目 录

项目一 物流概述 1
    1.1 物流的产生 1
    1.2 物流的概念 3
    1.3 物流的分类、作用与特点 10
    1.4 物流系统 18
    1.5 物流发展历程及现代物流发展趋势 26

项目二 物流运输管理 37
    2.1 运输概述 38
    2.2 运输决策管理 47
    2.3 运输组织管理 52
    2.4 运输合同管理 65

项目三 采购管理 74
    3.1 采购管理概述 74
    3.2 采购模式 78
    3.3 招标采购 88
    3.4 供应商管理 98
    3.5 企业内部采购管理 102

项目四 装卸搬运管理 108
    4.1 装卸搬运管理概述 108
    4.2 装卸搬运合理化 111
    4.3 常用的装卸搬运技术和设备 115

项目五 物流包装管理 121
    5.1 包装概述 121

5.2 包装材料 ·· 125

5.3 包装技术 ·· 132

5.4 包装合理化 ·· 137

项目六 物流配送与配送中心 ··· 140

6.1 物流配送概述 ··· 140

6.2 配送中心概述 ··· 144

6.3 配送中心分拣作业与技术 ··· 151

6.4 配送中心系统规划与设计 ··· 155

6.5 配送中心管理 ··· 160

项目七 流通加工 ·· 164

7.1 流通加工概述 ··· 164

7.2 流通加工形式与内容 ··· 167

7.3 流通加工管理 ··· 172

项目八 物流信息管理 ·· 176

8.1 物流信息概述 ··· 177

8.2 常见物流信息技术在国内应用现状 ·································· 182

参考文献 ·· 186

项目一　物流概述

近年来，物流行业的发展一日千里，通过平面广告、多媒体等多种形式，走进人们的日常生活中，图 1-1 所示是一些知名物流企业的标识，你熟知哪几个？

图1-1　物流企业标识

物流公司到底是做什么的？为什么这些物流公司可以成为知名的大型企业？物流公司用于满足人们的哪些需求呢？本章将讨论物流的基本概念，研究物流的价值与作用。通过对物流概念与发展的了解，为今后进一步深入学习物流知识打下坚实的基础。

物流活动作为物资资料的流通活动，伴随着商品经济活动的产生而产生，同时随着商品经济的发展而飞速发展。在经济全球化和信息技术普及的今天，现代物流作为"第三利润源泉"和提高企业竞争的主要手段，受到了经济界和企业界的广泛关注。

物流作为一个现代概念，其本质体现的是一种新的思维模式和管理方式，准确把握物流的产生和发展过程，有助于理解物流的基本概念和重要性，以便更好地提升物流管理的理论和方法。

1.1　物流的产生

近年来，物流无疑得到了很大的重视，理论界和实业界都对物流给予了很高的热情，但是物流产生的背景是什么，其又经历了怎么样的发展过程呢？物流的发展和经济发展历程有着什么样的内在联系呢？了解这些可以让我们更客观地对待物流。

1.1.1 物流的历史

一般而言，物流是与商流相伴而生的，商品生产是物流产生的客观基础。然而，远在商品流通出现之前，甚至人类还在进化的朦胧时期，物流这种形态就已存在。自然界中存在的劳动工具的运动以及后来与农业生产相关的另一种形态——仓储，都是物流的雏形。我国在先秦时期就形成了仓储的理论和思想，有"储"与"商"两个领域。在早期的物流活动中，运输和仓储成为主体活动，主要表现在生产性和生产性的领域之中。

物流活动在人类社会的生产活动和交易行为中早就存在，但物流作为一个与商流分离的独立领域，形成的历史还不长。

1.1.2 物流产生的根源和背景

1. 生产和消费在时间上的分离

人类社会开始商品生产之后，生产和消费逐渐分离，这就诞生了连接生产和消费的中间环节——流通。马克思在描述流通的地位时说："流通和生产本身一样重要。"恩格斯也说过："这两种职能在每一瞬间都互相制约，并且互相影响。"

随着工业文明的崛起，社会生产和消费水平及规模的扩大和发展，大生产和专业化分工方式的采用，使现代的生产和消费在空间、时间以及人这三个要素都表现为分离的形式。将生产和消费在空间上连接必须进行物资输送；在时间上连接就需要进行物资储存；将生产和消费的人进行连接，就需要进行商品的买卖与交换。商品的运输、储存以及与此相联系的包装、装卸等物资实物流动即形成物流。

20 世纪 50 年代后由于生产的发展，产品逐渐丰富，这就使生产和消费的分离越来越普遍。但是生产和消费的有效连接却存在着难度，而与此同时人们要求流通的时间却越来越短。马克思指出："流通的时间越等于零或越接近于零资本的职能就越大，资本的生产效率就越高，它的自行增值就越大。"

产需分离、劳务分工得越来越彻底逐步扩大到城市分工、地区分工，进而走向大规模的集约化和国际化。这就需要依靠流通来弥补这种分离和分工，由此进一步促进了物流的迅速发展。

2. 经济的必要性

第二次世界大战以后，世界各国经济环境都发生了巨大的变化，尤其是石油危机的爆发使主要的资本主义国家和企业开始面对提高利润和市场条件不稳定的压力。在大机器生产的条件下，流通成本相对于生产成本而言有上升的趋势，影响了商品的竞争力，而在生产中依靠提高生产效率却很难取得显著降低费用的目的。物流作为提高生产效率、控制与减少成本一种途径不断的受到关注，促进了其发展。

1950年以后，经济发展使市场竞争越发激烈，生产中各个重要的环节逐渐趋于专业化，物流与商流分离的情况更加突出。工业化进程的加快以及大批量生产和销售的实现，使生产成本相对下降，这就在一定程度上刺激了消费。市场的繁荣、商品的丰富，在流通领域出现了超级市场、商业街等大规模的物资集散场所。随着科学技术的不断发展，人们开始使用现代的流通技术和设备，提高了物资流通的速度和能力，使得商品的流通成本相对于生产成本有了降低的可能和趋势。经济的迅速发展也使市场逐渐成熟，经营观念由"生产导向"开始转向"市场导向"，一切都要适应市场的需要，高效的物流服务成为企业确保竞争力的重要手段。

物流正是在这种背景下，从降低成本、产品连结和迎合市场营销观念的角度孕育而生。物流活动使其各个环节相互连接，实现物资的时间和空间效果，使原来处于分散、从属、孤立的各项物流活动联结起来，形成了一个物流大系统。

1.2 物流的概念

物流从字面意义上讲是物的流通，包含了"物"与"流"两个方面。"物"是指一切可以进行物流位移的物质资料；"流"是指物流性运动，有"移动、运动、流动"的含义。物流是以流通为基础，为了解物流，我们先从流通谈起。

1.2.1 流通与物流

在社会大生产中，流通是重要的环节之一，它联结这生产与消费，因此，作为一种经济形式而存在的流通是伴随着商品生产和交换的历史而产生和发展的。在商品经济初期，由于商品的种类、数量较少，生产与消费之间的交换关系以直接方式进行，流通处于初级形态。随着社会的全面发展，生产方式多样化、分工专业化、生产规模大型化，尤其是现代经济全球化的发展等，大大增加了产品的种类和数量，人们的选择越来越多，商品经济圈越来越大，对流通的依赖性也越来越强，流通必然要走向更高级、更复杂的阶段。

总而言之，流通过程要解决两方面的问题：一是产成品从生产者所有转变为用户所有，即对象物所有权的转移，是解决所有权的更迭问题，我们称之为商流；而是物流的流转过程，即解决对象物从生产地转移到使用地，实现其使用价值的问题，我们称之为物流。商流与物流共同构成了流通活动的全部内容。

1.2.2 物流的概念

（一）物流概念的产生和发展

物流的概念是随着交易对象和环境变化而发展的，因此我们需要从历史的角度来考察。

物流概念的正式形成经历了漫长的道路,从美国于20世纪初最先提出物流的概念至今,对物流活动和物流管理的认识几乎经历了一个世纪。

从20世纪初到50年代,物流概念处于孕育与产生阶段。对物流这种经济活动的认识,在理论上最初产生于1901年John F·Crowell在美国政府报告《农产品流通产业委员会报告》中第一次论述了对农产品流通产生影响的各种因素和费用,从而揭开了人们对物流活动认识的序幕。此后,1905年美国陆军少校琼西·贝克(Chauncey Baker)在其所著的《军队和军输品运输》一书中提出的物流概念,叫作Logistics。他从军事后勤的角度提出的,称Logistics是"与军备的移动与供应有关的战争科学之一"。

1915年,美国市场学者阿奇·萧(Arch W·Shaw)在他的由哈佛大学出版社出版的《市场流通中的若干问题》一书中提出物流的概念,叫作"Physical Distribution"。他指出,在市场分销中,存在两类活动:一类叫作创造需求,也就是通过广告、促销、市场分析、销售网络等手段,让更多的人来购买企业的产品;一类叫作物资实体分配(Physical Distribution of Goods),也就是怎样更省钱、更及时地将客户订购了的产品送到客户手段。他认为这两类活动是不同的,但是在市场分销中是相互平衡、相互依赖的,并提到"物资经过时间或空间的转移,会产生附加价值"。这里,Marketing Distribution指的是商流;时间和空间的转移指的是销售过程的物流。应该说,这两个概念的实质内容是不同的。这两个不同的概念之所以都能存续下来,是因为它们分别在各自的专业领域中得到一定程度的响应、应用和发展。

在军事后勤领域,1941年—1945年第二次世界大战期间,美国军事兵站后勤活动的开展,以及英国在战争中对军需物资的调运的实践都大大充实和发展了军事后勤学的理论、方法和技术,因此支持了Logistics的发展。美国在战时采用的后勤管理(Logistics Management)这一名词后被引入到商业部门,被人称之为商业后勤(Business Logistics),定义为"包括原材料的流通、产品分配、运输、购买与库存控制、储存、用户服务等业务活动",其领域统括原材料物流、生产物流和销售物流。

1927年Ralph Borsodi在《流通时代》一书中,用Logistics来称呼物流,为物流的概念化奠定了基础。在市场营销领域,在阿奇·萧(Arch W·Shaw)之后,相继得到其他一些营销专家的响应和发展。例如:1915年,威尔德(Weld)指出市场营销产生三种效用,即所有权效用、空间效用和时间效用,同时还提出了流通渠道的概念,这在物流学理论上又进了一步。1929年,著名营销专家弗莱德·E·克拉克(Fred E·Clark)在他所著的《市场营销的原则》一书中,将市场营销定义为商品所有权转移所发生的各种活动以及包含物流在内的各种活动,从而将物流进一步纳入市场营销的研究范围之中,将流通机能划分为"交换机能""物流机能"和"辅助机能"三部分,将物流活动上升到理论高度加以研究和分析。1933年行业团体美国市场营销协会(AMA)最早给物流(Physical distribution,简称PD)下的定义是:"物流是销售活动中所伴随的物质资料从产地到消费地的种种企业活动,包括服务过程。"

从 20 世纪 50 年代中期开始到 80 年代中期，Physical distribution 概念继续在美国得到发展和完善，并从美国走向世界，形成了比较统一的物流概念，也成为世界公认的物流概念。1956 年，Howard T·Lewis、James W·cullion 和 Jack D·Steele 三人撰写了《物流中航空货运的作用》一书，书中第一次在物流管理中导入整体成本的分析概念，深化了物流活动分析的内容。1961 年，Edward W·Smykay、Donald J·Bowersox 和 Frank H·Mossman 撰写了《物流管理》，这是世界上第一本介绍物流管理的教科书，它详细论述了物流系统以及整体成本的概念。1963 年成立了美国物流管理协会（NCPDM）(National Council of Physical Distribution Management)，该协会将各方面的物流专家集中起来，提供教育、培训活动，这一组织成为世界第一个物流专业人员组织。

在 1964 年，日本也开始使用物流这一概念。在使用物流这个术语以前，日本把与商品实体有关的各项业务，统称为"流通技术"。1956 年 10 月下旬到 11 月末，日本生产性本部派出"流通技术专门考察团"，由早稻田大学教授宇野正雄等一行 12 人去美国各地进行了考察，首次接触了物流这个新事物，弄清楚了日本以往叫作"流通技术"的内容，相当于美国叫作"Physical Distribution"内容，从此便把流通技术按照美国的简称，叫作"P·D·"，"P·D·"这个术语得到了广泛地使用。1964 年，日本池田内阁中五年计划制定小组平原谈到"P·D·"这一术语时说，"比起来，叫作'P·D·'不如叫作'物的流通'更好。"1965 年，日本在政府文件中正式采用"物的流通"这个术语，简称为"物流"。到了 70 年代，日本已经成为世界上物流最发达的国家之一。1981 年，日本综合研究所编著的《物流手册》，对"物流"的表述是："物质资料从供给者向需要者的物理性移动，是创造时间性、场所性价值的经济活动。从物流的范畴来看，包括包装、装卸、保管、库存管理、流通加工、运输、配送等诸种活动。"

同样，这样的物流概念也逐步流行到了西欧、北美和其他许多国家。物流概念主要通过两条途径从国外传入我国，一条是 20 世纪 80 年代初随着"市场营销理论"的引入而从欧美传入，因为欧美的所有市场营销教科书都毫无例外地要介绍 Physical Distribution，这 2 个单词直译为中文即为"实体分配"，后来我们逐步将它翻译为"分销物流"。另一条途径是从欧美传入日本，日本人将 Physical Distribution 翻译为"物流"，80 年代初，我国从日本直接引入"物流"这一概念。后来，基本上全世界各个国家都接受了"Physical Distribution"这样的物流概念。

当人们正在专注地研究分销领域中的物流问题、发展各种专业理论和技术的时候，企业内部物流理论也悄悄地发展起来。1965 年美国 Dr·Joseph A·Orlicky 提出独立需求物资和相关需求的概念，并指出订货点法的物资资源配置技术只适用于独立需求物资。而企业内部物流的生产过程相互之间的需求则是一种相关需求。相关需求应当用相关需求的物资资源配置技术。随着 MRP(Material Requirement Planning)、MRP Ⅱ、MRP Ⅲ、DRP(Distribution Resources Planning)、DRP Ⅱ、DRP Ⅲ、看板制以及 JIT 等先进管理方法的开发和在物流管理中的运用，使人们逐步认识到，光使用分销物流（Physical

Distribution）的概念已经不太合适了，需要从流通生产的全过程来把握物流管理，物流也已经被提高到一个战略的高度，得到企业高层管理人员的充分重视。特别是到80年代中期，随着物流活动进一步集成化、一体化、信息化、网络化的发展，改换物流概念的想法就更加强烈了。

因此，从20世纪80年代中期以来，世界各国的物流概念都相应作了改变，放弃使用Physical Distribution，转而使用Logistics。但是这个Logistics不同于1905年美国陆军少校琼西·贝克（Chauncey B·Baker）提出的那个Logistics，内容上有所不同。军事后勤学上的Logistics概念主要是指军队物资供应调度上的物流问题，而新时期的Logistics概念则是在各个专业物流全面高度发展的基础上基于企业供、产、销等全范围、全方位的物流问题，无论在广度、深度以及涵盖的领域、档次都有不可比拟的差别，因此这个阶段的Logistics应当译为现代物流，它是一种适应新时期所有企业，包括军队、学校、事业单位的集成化、信息化、一体化的物流概念。Logistics与Physical Distribution的不同，在于Logistics已突破了商品流通的范围，把物流活动扩大到生产领域。物流已不仅仅从产品出厂开始，而是包括从原材料采购、加工生产到产品销售、售后服务，直到废旧物品回收等整个物理性的流通过程。1985年，美国物流管理协会（NCPDM，National Council of Physical Distribution Management）改名为CLM，即The Council of Logistics Management。将Physical Distribution改为Logistics，就是因为Physical Distribution的领域较狭窄，Logistics的概念则较宽广、连贯、整体。

表1-1 物流概念的发展

项目	实体流动（Physical Distribution）	物流（Logistics）
概念的由来	1915年，阿奇·萧出版的著作《市场流通中的若干问题》	1905年，美国少校琼西·贝克提出并解释了"物流"。一般认为，该概念在第二次世界大战期间才得以广泛使用
最先使用的领域	流通领域	军事领域
目前使用的领域	流通领域	整个供应链（包含生产、流通、消费、军事等各个领域）
概念的外延	包含在物流中	包含实体分配

（二）物流的定义

国内外对物流的定义众说纷纭，但基本都包含了以下的内容：物流是克服时间间隔和空间间隔的经济性活动；物流包括物资流通和信息流通等。

1. 国外对物流的定义

美国国家物流管理委员会于1976年在定义物流管理中指出："物流活动包括，但不局限于：为用户服务、需求预测、销售情报、库存控制、物料搬运、订货销售、零配件供应、工厂及仓库的选址、物资采购、包装、退换货、废物利用及处置、运输及仓储等。"

美国物流管理协会1984年对物流重新定义为："为了符合顾客的要求，将原材料、半成品、完成品以及相关的信息从发生地向消费地流动的过程，以及为保管能有效、低成本的进行而从事的计划实施和控制行为。"

美国物流协会的最新定义："物流是供应链流程的那个部分——从原产地到消费低的过程中，通过有效地和有效力地计划、实施和控制商品的储存和流动、服务和相关信息，以满足消费者的需要。"

1994年欧洲物流协会对物流的定义："物流是在一个系统内对人员及商品的运输、安排及与此相关的支持活动的计划、执行与控制，以达到特定的目的。"

德国学者R.尤尼曼对物流学的定义："物流学是研究对系统（企业、国家、地区、国际）的物流及有关的信息物流进行规划与管理的科学理论。"

日本综合研究所出版的《物流手册》中将物流解释为："物流是将货物由供应者向需求者的物理性移动，是创造时间价值和场所价值的经济活动，包括包装、搬运、保管、库存管理、运输、配送等活动领域。"

2. 我国对物流的定义

2001年8月1日起正式实施的由国家质量技术监督局批准颁布的《中华人民共和国国家质量标准—物流术语（GB/T 18354—2001)》中规定："物品从供应地向接收地的实体流动过程。根据实际需要，将运输、储存、装卸、搬运、包装、流通加工、配送、信息处理等基本功能实施有机的结合。"

物流学专家王之泰认为："物流是物质资料从供应者到需求者的物理性运动，主要是创造时间价值和场所价值，有时也创造一定加工价值的活动。"

从上述介绍的物流概念中我们可以看到不同时期、不同国家对物流概念的理解不尽相同，但是都反映以下几个基本点：

（1）物流概念的形成和发展与社会生产、市场营销、企业管理的不断进步密切相关。

（2）物流概念与物流实践最早始于军事后勤，而"物流"一词，没有限定在商业领域和军事领域，物流管理对公共企业和私人企业活动都适用。

（3）物流无论从实物供应还是后勤的内涵中都强调了"实物流动"的核心。

（4）物流的主要功能有运输、储存、装卸、包装、流通加工、配送以及信息处理等。

（三）理解物流定义时需要注意的几个问题

（1）物流是物品物质实体的流动。任何一种物品都具有二重性：一是自然属性，即它有一个物质实体；二是社会属性，即它具有一定的社会价值，包括它的稀缺性、所有权性质等。物品物质实体流动是物流，物品的社会实体的流动是商流。商流是通过交易实现物品所有权的转移，而物流是通过运输、储运等实现物品物质实体的转移。

（2）物流定义中所指的物品不仅仅是指生产的商品，还包括在生产过程中的物资（原材料、零部件、半成品及成品），以保证物品流通顺利进行而使用的包装材料、包装容器等。

（3）消费者也不是一般意义上的消费者，而是包括整个供应链环节的各类需求者，如制造商、批发商、零售商等。

（4）流通加工从其活动性质来说，应属于生产活动产生物品的形质变化），但其目的是为了提高物流系统的效率，解决功能隔离的时间，因此，可以认为流通加工拓展了物流功能，应属于流通中的物流活动。

（5）物流概念中的"流"，指的是物质实体的定向移动，即包括其空间位移，又包括其时间延续，这里的"流"指的是一种经济活动。不属于经济活动中的物质实体流动也就不属于物流的范畴。

1.2.3 有关物流的几个重要学说

自从物流概念产生以来，随着人们对物流认识的不断加深，物流学说也呈现出"百花齐放、百家争鸣"的局面。下面列举几个历史上出现的比较重要的物流理论和学说。

（一）物流的商务分离说

商务分离是物流科学赖以存在的先决条件。所谓商务分离，是指流通中的两个组成部分商业流通和实物流通各自按照自己的规律和渠道独立运动。任何物流物品的流通都是由商流、物流、信息流、资金流四个方面构成的有机整体，商流和物流是从商品流通过程中引申和分离出来的两个只能。商流，是指物品在流通过程中发生的买卖关系所引起的所有权的转移的关系；物流，是指物品在时间上或空间上发生的物理的移动过程。两者在同一流通过程中同时发生，如同同一个事物的两个方面，即相互依存，又相辅相成。商流与物流最大的不同是两者的运动方式不同。商流必须经过一定的经营环节进行的业务活动，它体现的是不同所有者之间的利益关系；而物流不受经营环节的限制，它体现的是物品如何按照交通运输条件、储存或保管的方式，以最快的速度、最短的距离、最省的费用到达消费地或客户手里。

（二）物流的"黑大陆"说

1962年，管理大师德鲁克在《财富》杂志上发表的《经济的黑暗大陆》一文中指出：消费者在支付的商品价格中，约50%是与商品流通有关的费用，所以物流是降低成本的最后领域，但是由于流通领域中物流活动的模糊性尤其突出，是流通领域中人们认识不清的领域，所以"黑大陆"说法现在主要针对物流而言。物流是"经济的黑暗大陆"，是"一块未被开垦的处女地"。

（三）物流的"冰山"说

物流的冰山说是日本的早稻田大学教授、日本物流成本学说的权威学者西泽修先生提出来的。他在专门研究物流成本时发现，现行的财务会计制度和会计核算方法都不可能掌握物流费用的实际情况，因而人们对物流费用的了解是一片空白，甚至有很大的虚假性，就像沉在水面下的冰山一样，露出水面的仅是冰山的一部分，大部分沉在水面以下的是我们看不到却有很大挖掘潜力的部分。

（四）物流的"第三利润源"说

"第三利润源"说是日本早稻田大学教授、日本物流成本学说的权威学者西泽修先生在 1970 年提出的。从历史发展来看，人类历史上曾经有过两个大量提供利润的领域。第一利润源是资源领域（劳动对象），第二利润源是人力领域（劳动者）。在前两个利润源潜力越来越小、利润开拓越来越困难的情况下，物流领域的潜力逐渐被人们所重视，按时间顺序排为"第三利润源"。

（五）物流的"效益背反"说

物流的"效益背反"说的含义是，在物流的若干功能要素之间，存在损益的矛盾，即某一功能要素的优化和利润产生的同时，必然会存在另一个或另几个功能要素利益的损失；反之亦然。"效益背反"是物流领域中经常、普遍发生的现象，是这一领域中内部矛盾的反映和表现。例如，包装方面每节约一分钱，这一分钱就必然转到收益上来，包装越省，利润则越高。但是，如果节省的包装在进入流通之后降低了产品的防护效果，就会造成大量的损失，降低储存、装卸、运输等方面的效益。

（六）物流的"成本中心"说

物流的"成本中心"说的含义是：物流在整个企业战略中，对企业营销活动的成本产生重要影响，是企业成本的重要产生点。因而，物流的主要问题，就是通过有效的管理活动，降低物流的一系列的活动成本。所以，"成本中心"是指物流既是主要成本的产生点，同时又是降低成本的关注点。

（七）物流的"利润中心"说

物流的"利润中心"说的含义是：物流是形成企业经营利润的主要来源，可以为企业提供大量直接和间接的利润。就国民经济而言，物流也是国民经济中创造利润的主要活动。

（八）物流的"服务中心"说

这种观点代表了美国和欧洲等一些国家学者对物流的认识。其含义是：物流活动最大的作用，并在不在于为企业节约了消耗、降低了成本或增加了利润，而在于提高了企业对用户的服务水平，从而提高企业的竞争能力。因此，他们在使用描述物流的词汇上选择了"后勤"一词，特别强调其服务保障的功能。通过物流的服务保障，企业以其整体能力来压缩成本、增加利润。

（九）物流的"战略"说

物流的"战略"说是当前非常盛行的说法。学术界和产业界有越来越多的人已逐渐认识到，物流更具有战略性，是企业发展的战略而不是一项具体操作性任务。这种看法把物流放在了很高的位置，物流管理注重的应是物流的整体效益，而不仅仅是物流的某个环节。因此，物流会影响到企业的生死存亡和兴衰成败。

1.3 物流的分类、作用与特点

1.3.1 物流的分类

物流活动在社会经济领域中无处不在，对于各个领域的物流，虽然其基本要素都相同，但由于物流对象不同、物流目的不同、物流范围和范畴不同，形成了不同的物流类型。关于物流的分类标准到目前为止还没有一个统一的看法，我们从以下几个方面对物流行进分类。

（一）按物流研究范围的大小分来

1. 宏观物流

宏观物流，是指社会在生产总体的物流活动，从社会再生产总体角度认识和研究的物流活动。宏观物流还可以从空间范畴来理解，在很大空间范畴的物流活动，往往带有宏观性，在很小空间范畴的物流活动则往往带有微观性。宏观物流研究的主要特点是综观性和全局性。宏观物流研究的主要内容是：物流总体构成、物流与社会的关系、物流在社会中的地位、物流与经济发展的关系、社会物流系统和国际物流系统的建立和运作等。

2. 中观物流

中观物流，是指社会再生产过程中的区域性物流，它是从区域上的经济社会来认识和研究物流的。从空间位置来看，一般是较大的空间。例如，一个国家的经济区的物流，称之为特定经济区物流；一个国家的城市经济社会的物流，称之为城市物流。

3. 微观物流

微观物流带有局部性。企业所从事的实际的、具体的物流活动属于微观物流。在整个物流活动中的一个局部、一个环节的具体物流活动也属于微观物流。在一个较小的地域空间发生的具体的物流活动也属于微观物流。微观物流的主要特点是具体性和局部性。

（二）按物流活动的地域范围分类

1. 国际物流

国际物流，是指不同国家（地区）之间的物流（《中华人民共和国国家标准术语》）。国际物流是现代物流系统发展很快、规模很大的一个物流领域，是伴随和支撑国际经济交往、贸易活动和其他国际交流所发生的物流活动。随着经济全球化进程的加快，国际物流的重要性将更为突出。

2. 区域物流

区域物流，是指在一定的区域内的物流活动。相对于国际物流而言，一个国家范围内的物流，一个城市的物流，一个经济区域的物流都处于同一法律、规章、制度之下，都受相同文化及社会因素影响，都处于基本相同的科技水平和装备水平之中。按照地域范围划分的物流活动具有层次性，不同层次的物流活动也各自具有不同的特点。

（三）按物流系统的性质分类

1. 社会物流

社会物流，是指企业外部的物流活动的总称（《中华人民共和国国家标准术语》）。社会物流是超越一家一户的、以一个社会为范畴面向社会为目的的物流。这种社会性很强的物流往往是由专门的物流承担人承担的，社会物流的范畴是社会经济大领域。社会物流研究的再生产过程中发生的物流活动，研究国民经济中的物流活动，研究如何形成服务于社会、面向社会又在社会环境中运行的物流，研究社会中物流体系结构和运行，因此带有宏观性和广泛性。

2. 行业物流

在一个行业内部发生的物流活动被称为是行业物流。按照这种分类方法，物流可划分为铁路物流、公路物流、航空物流、水运物流、邮政物流等。行业物流系统化的结构使行业内的各个企业都得到相应的利益。

3. 企业物流

企业物流，是指企业内部的物品实体流动（《中华人民共和国国家标准术语》）。从企业角度上研究与之有关的物流活动，是具体的、微观的物流活动的典型领域。

（四）按物流业务活动的性质分类

1. 供应物流

供应物流，是指为生产企业提供原材料、零部件或其他物品时，物品在提供者与需求者之间的实体流动（《中华人民共和国国家标准术语》）。这种物流活动对企业生产的正常、高效起着重大作用。供应物流不仅要求能及时保证所供应的数量和质量，而且要求以最低成本、最低消耗、最大的保证来组织供应物流活动。如何降低这一物流过程的成本，可以说是企业物流的最大难点。为此，供应物流就必须解决有效的供应网络问题、供应方式问题、零库存问题等。

2. 生产物流

生产物流，是指生产过程中，原材料、在制品、半成品、产成品等，在企业内部的实体流动（《中华人民共和国国家标准术语》）。这种物流活动是伴随着整个生产工艺过程的，实际上已构成了生产工艺过程的一部分。企业生产物流的过程一般是：原材料、零部件、燃料从企业仓库或企业的"门口"开始，进入到生产线的开始端，再随生产加工过程的每个环节流动，在流动的过程中，原料本身被加工，同时产生出一些废料、余料，直到生产加工终结，再流至产成品仓库，便完成了企业生产物流过程。所以，生产物流的边界起源于原材料、外构件的投入，止于成品仓库，贯穿生产全过程。生产物流研究的核心问题是如何对生产过程的物料流和信息流进行科学的规划、管理和控制。

3. 销售物流

销售物流，是指生产企业、流通企业出售商品时，物品在供方和需方之间的实体流动(《中华人民共和国国家标准术语》)。在当今的市场经济条件下，销售物流活动必须满足买方的需求出发，实现最终的商品销售。所以，销售物流带有很强的服务性。

4. 回收物流

回收物流，是指不合格物品的返修、退货以及周转使用的包装容器从需方返回到供方所形成的物品实体流动(《中华人民共和国国家标准术语》)。任何企业或多或少都会存在不合格物品的返修和退货问题，在生产消费和生活消费过程中总会产生各种可再利用的物品，这些物品从需方返回供方需要伴随物流活动的。

5. 废弃物物流

废弃物物流，是指经济活动中失去原有使用价值的物品，根据实际需要进行收集、分类、加工、包装、搬运、储存等，并分送到专门处理场所时所形成的物品实体流动(《中华人民共和国国家标准术语》)。在生产消费和生活消费过程中都会产生一定数量的废弃物，对这部分废弃物处理的过程中所产生的物流活动，形成了废弃物物流。无论是在生产过程中还是生活过程中产生的废弃物品，如果处理不当，往往会影响整个生产环境和生活环境，甚至影响产品质量，也会占用很大空间，造成浪费并污染环境。

1.3.2 物流的作用

（一）物流在经济中的作用

物流作为一种社会经济活动，对社会生产和生活活动的效用主要表现为创造时间价值和空间价值两个方面。

1. 物流创造时间价值

物品从供给者到需要者之间本身就存在一段时间差距，因改变这一时间差所创造的价值，称作时间价值。物流获得的时间效用形式有以下几种。

（1）缩短时间创造价值。缩短物流时间，可获得多方面的益处，如减少物流损失、降低物流消耗、加速物的周转、节约物流成本等。物流周期的长短对资本的周转有重要影响，物流周期越短，资本周转越快，表现出资本的增值速度越快。从全社会物流的总体来看，加快物流速度，缩短物流时间，是物流必须遵循的一条经济规律。例如，新鲜水产品的供应，必须迅速及时。

（2）弥补时间差创造价值。经济社会中，需求和供给普遍存在着时间差，例如，粮食集中产出，但是人们的消费是天天有需求，这种集中产出所形成的供给和消费分散的需求之间必然会出现时间差。供给和需求之间存在时间差，可以说这是一种普遍的客观存在。正是有了这个时间差，商品才能实现自身最高价值，才能获得非常理想的效益，才能起到"平丰歉"的作用。但是商品本身是不会自动弥合这个时间差的，如果没有有效的方法，几种生产出的粮食除了当时的少量消耗外，就会损坏掉、腐烂掉，而在非产出时间，人们就会找不到粮食吃。物流便是以科学的、系统的方法进行弥补，有时甚至改变这种时间差，以实现其时间效用。

（3）延长时间差创造价值。在某些具体物流活动中也存在人为的、能动的延长物流时间来创造价值的，例如，秋季集中产出的粮食、棉花等农产品，通过物流的储存、储备活动，有意识地延长物流的时间，以均衡人们的需求；配合待机销售的囤积性营销活动的物流便是一种有意识地延长物流时间、有意识增加时间差来创造价值。

2. 物流创造空间价值

空间价值，是指通过改变物品的空间距离而创造的价值。物流创造的空间价值是由现代社会产业结构、社会分工所决定的，主要原因是供给和需求之间的空间差，商品在不同地理位置有不同的价值，通过物流活动将商品由低价值区转移到高价值区，便可获得价值差，即空间价值。

空间价值的实现主要有以下几种具体形式。

（1）从集中生产地流入分散需求低创造价值。现代化大生产的特点之一，往往是通过集中的、大规模的生产来提高生产效率，降低成本。在一个小范围集中生产的产品往往可以覆盖大面积的需求地区，有时甚至可覆盖一个国家乃至若干个国家。通过物流将产品从集中生产的低价位区转移到分散于各地的高价位区往往可以获得更高的利益，物流的空间效用也依此而定。例如，钢材生产企业可以将钢铁销售给分布在全国各地的汽车制造企业，从而获得较高的利润。

（2）从分散生产地流入集中需求地创造价值。和上面的情况相反的一种情况在现代社会中也不少见，例如粮食是在土地上分散生产出来的，而一个大城市的需求却相对大规模集中，一辆大汽车的零配件生产也分布得非常广，但却集中在一个大厂中装配，这也形成了分散生产和集中需求，物流便依此获得了空间效用。

（3）从低价值生产地流入高价值需求低创造价值。现代社会中供应和需求的空间差比比皆是，十分普遍。除了由大生产所决定之外，有不少是由自然地理和社会发展因素所决定的，例如农村生产的粮食、蔬菜运往城市消费，南方生产的荔枝运往各地消费。现代人每日消费的物品几乎都是一定的距离甚至在十分遥远的地方生产的，这么复杂交错的供给与需求的空间差都是靠物流来弥合的,当然物流也从中取得了利益。

在经济全球化的浪潮中,国际分工和全球供应链的构筑,一个基本选择是在成本最低的地区进行生产,通过有效的物流系统和全球供应链,在价值最高的地区销售,信息技术和现代物流技术为此创造了条件,使物流可以创造价值,并得以增值。

(二)物流在实现商品价值和使用价值中的作用

1. 物流是企业生产的前提保证

从企业这一微观角度来看,物流对企业的作用有以下几个方面:①物流为企业创造经营的外部环境。一个企业的正常运转,必须有这样一个外部条件:一方面,要保证按企业生产计划和生产节奏提供和运送原材料、燃料、零部件;另一方面,要将产品和制成品不断运离企业。这个最基本的外部环境正是要依靠物流及有关的其他活动创造条件和提供保证的。②物流是企业生产运行的保证。企业生产过程的连续性和衔接性,是依靠生产工艺中不断的物流活动做保障的,有时候生产过程本身便和物流活动紧密结合在一起,物流的支持保证作用是不可或缺的。③物流是发展企业的重要支撑力量。企业的发展靠质量、产品和效益,物流作为全面质量的一环,是接近用户阶段的质量保证手段,更重要的是,物流通过降低成本间接增加企业利润,通过改进物流直接取得效益,这些都会有效地促进企业的发展。

2. 物流可以降低成本

物流合理化有大幅度降低企业经营成本的作用,对改善我国经济运行的环境,降低和解决企业的困难有着重要作用。我国当前许多企业面临的重要难题之一是成本过高。发展物流产业,能够有效降低社会流通成本,从而降低企业供应及销售的成本,起到改善企业外部环境的作用。企业生产过程的物流合理化,又能够降低生产成本,这对于解决我国企业当前的困难无疑是非常有利的。

3. 物流的利润价值

物流活动的合理化,可以通过降低生产的经营成本间接提高利润,这只是物流利润价值的一个表现。对于专门从事物流经营活动的企业而言,通过有效地经营,可以为生产企业直接创造利润。

许多物流企业,在为用户提供物流服务的同时,还可以起到自己的"利润中心"作用,可以成为企业和国民经济新的利润增长点。过去把国民经济中许多物流活动当作公益活动来办,投入没有回报,组织不合理、服务水平低、技术落后。这些领域采用现代物流的组织、管理和技术之后,可以成为国民经济新的利润源。企业中许多物流活动,例如连锁配送、流通加工等,都可以直接成为企业利润新的来源。

4. 物流的服务价值

物流可以提供良好的服务,这种服务有利于参与市场竞争,有利于树立企业和品牌的形象，有利于和服务对象结成长期稳定的战略合作伙伴，这对企业长远的、战略性的发展有非常重要的意义。物流的服务价值，实际上就是促进企业战略发展的价值。

（三）物流对社会的作用

物流是进行生产和建设的物质前提，是实现商品价值和使用价值的重要保障。物流业在经济社会中的地位和作用可从以下几个方面分析。

1. 物流保障生产

无论在传统的贸易方式下还是电子商务下，生产都是商品流通之本，生产的顺利进行需要各类物流活动支持。生产的全过程，从原材料的采购开始，便要求有相应的供应物流活动，将所采购的材料提供到位，否则，生产就难以进行；在生产的各工艺流程之间，也需要原材料、半成品的物流过程；废弃物的处理则需要经过废弃物物流的过程。由此可见，整个生产过程实际上就是系列化的物流活动。

2. 物流服务于商流和资金流

商流，是指商品所有权由供方转移到需方，而商品实体并没有因此而移动。在传统的交易过程中，除了非实物交割的期货交易外，一般的商流都必须伴随相应的物流活动，即按照需方的需求将商品实体由供方以适当的方式、途径向需方转移。通过电子商务，消费者上网点击、购物，几秒钟内完成商品所有权的交割手续，即商流的完成。但电子商务的活动并未结束，只有当商品和服务真正转移到消费者手中，商务活动才告以终结。在整个电子商务的交易过程中，物流实际上是以商流的后者和服务者的姿态出现的。没有现代化的物流，任何轻松的商流活动都仍会退化为一纸空文。

3. 物流是实现以"顾客为中心"理念的根本保证

电子商务的出现，在最大程度上方便了最终消费者。他们不必再跑到拥挤的商业街，一家又一家地挑选自己所需的商品，而只要坐在电脑前，在Internet上搜索、查看、挑选，就可以完成他们的购物过程。但试想，他们所购的商品迟迟不能送到，抑或商家所送并非自己所购，那消费者还会选择网上购物吗？物流是电子商务实现以"顾客为中心"理念的最终保证，缺少了现代化的物流技术，电子商务给消费者带来的购物便捷等于零，消费者必然转向他们认为更为安全的传统购物方式,那网上购物便没有存在的必要了。综上所述，物流是电子商务必不可少的一部分。

4. 物流是现代物流经济结构中的重要组成部分

物流涵盖了全部社会产品在社会上与企业中的运动过程，同时物流也涵盖了第一产业、第二产业、第三产业和全部社会再生产过程，因而是一个非常庞大而且复杂的领域。物流作为产业的总称，本身也是由不同结构的产业所组成。物流产业的构成有五个主要部分：第一，物流基础产业。这个产业由各种不同的运输线路、运输线路的交汇与结点，以及理货终端所构成的系统,是向其他物流系统运行所提供的基础设施,是作为基础的一个"平台"。物流平台是物流产业中最重要的组成部分,它不仅直接反映一个国家的经济发展水平,反映一个国家的实力,同时也是其他物流产业甚至是国民经济其他经济形态赖以存在的重要基础;第二,物流装备制造产业。这个产业是物流生产力提供劳动手段要素的产业。这个产业大体上可以划分为集装设备生产行业、货运汽车生产行业、铁道货车生产行业、货船行业、货运航空器行业、仓库设备行业、装卸机具行业、产业车辆行业、输送设备行业、分拣、理货设备行业、物流工具行业等;第三,物流系统产业。物流是由于它本身的特性,涵盖领域之普遍都是其他产业所不可比拟的,因此支撑这个大系统运行的系统产业就显得格外重要。这个产业提供物流系统软硬件,提供系统管理,是计算机技术和通信技术在物流领域的独特组合;第四,第三方物流产业。第三方物流产业是代理货主,向货主提供物流代理服务的产业。过去很少能由一个企业代理货主的全部环节的物流服务,往往所提供的服务局限于仓库存货代理、运输代理、托运代办、通关代理等。第三方物流的作用是全部物流活动的系统的全程代理,这种代理活动需要在物流平台上运作,因此代理活动的水平在很大程度上取决于物流平台。第五,货主物流产业。货主物流产业是自办物流产业,有可能部分从事第三方物流的活动。货主物流产业着重于建立巨型企业内部物流系统,尤其是配送中心以及配送系统、流通加工系统。货主物流产业部分依赖于社会的物流平台,对于规模庞大的巨型企业而言,也经常构筑本企业的物流平台,尤其是配送中心以及配送系统、流通加工系统等。

5. 物流在组织中的作用

随着物流管理的深化,物流概念的范围也在不断扩大,企业开始在整个经营组织上考虑物流活动,使物流与组织之间的相互作用越来越紧密。对于企业来说,其本身就是一个组织,它的内部又可以根据职能、业务、工作地域等进行划分,例如,销售部、财务部都是组成企业细化的组织结构。

1.3.3 物流的特点

(一)物流是创造价值的活动

物流本省不创造物品的使用价值,但使价值提升。物流是通过创造物品的时间效应和空间效应来创造价值的。物流是物质资料的物理性移动,是从供应者到使用者的运输、包装、保管、装卸搬运、流通加工、配送以及信息传播的过程,因此物流活动本身一般并不创造产品价值,只创造附加价值。任何产品生产出来之后,都必须经过装卸搬运、包装、运输、保管等环节才能进入消费领域,实现最终的消费,所以物流是一个不可跨越的过程。一方面,伴随着这个过程的发生,必然要耗用一定量的人力、物力和财力,即要支付所必需的费用;另一方面,物流过程作为一种特殊生产过程,在流通过程中它能把生产领域中创造的使用价值转化成现实中的使用价值,没有这种转化,物品的使用价值就不能最终实现。

（二）物流活动涉及的范围广泛

物流活动所涉及的范围十分广泛，尤为强调系统性和协调性。物流活动的组成部分——运输、保管、包装、装卸和信息等，关联到多个领域和产业。如在物流基础设施方面，包括高速公路、普通公路、港口、码头、仓库、集装箱货场、配送中心、机场、车站建设等；在企业方面上，物流关联的企业有运输、仓储、包装、装卸搬运、信息等企业；在运输方面，有公路、铁路、航空、远洋、内河、管道运输等；物流涉及的政府管理机构有国家发展改革委员会、交通部、铁道部、对外经济贸易合作部、国家民航总局以及信息产业部等。

（三）物流活动具有服务性

物流是通过创造物品的时间效应和空间效应来创造价值的，但是这种效应的实现有赖于物流本省是否能及时、准确、保质、保量、安全、可靠地满足消费者和用户对物质资料的需要。例如，流通过程的物流服务于生产消费和生活消费，生产过程的物流服务于生产过程的需要。因此，物流活动的目的就是要满足生产和生活的需要，为生产建设和人们生活水平提供服务，同时这也是物流活动的归宿。

（四）物流基础设施投资大、公益事业性强，且要求具有前瞻性

无论公路、铁路还是港口码头，均属于公共设施，由国家统一规划并投资建设，建好大家共同受益。由于这些大型基础设施投资庞大，收益慢，只有国家才具备承担组织和建设的能力，企业是无能为力的。此外，物流还要求有前瞻性。公路、铁路、港口、配送中心等物流基础设施建设必须提前规划设计，否则后患无穷。

（五）物流的整体性、综合性要求高

物流是一个复杂而巨大的系统工程，要求整体布局，全面设计，避免或减少重复建设和人为浪费。物流系统中间的运输、包装、保管、装卸、流通加工、配送等多个环节，必须相互衔接，配合好、协调好，保证其整合性和一致性。比如运输，铁路、公路、水运、航空、管道运输涉及地区之间和各运输部门之间的协调；公路、铁路、港口码头、仓库的建设涉及总体布局、城市规划、统筹安排。除了各运输部门外，还需要国土资源部门、建设部门以及环保部门的支持和理解。

由此可见，物流要求总体性和综合性，强调整体效益。

1.4 物流系统

1.4.1 系统的基本理论

（一）系统的内涵

系统思想源远流长，但作为一门科学的系统论，人们公认是美籍奥地利人、理论生物学家 L.V. 贝塔朗菲创立的。他在 1932 年发表"抗体系统论"，提出了系统论的思想。1937年提出了一般系统论原理，奠定了这门科学的理论基础。但是他的论文《关于一般系统论》，到 1945 年才公开发表，他的理论到 1948 年在美国再次讲授"一般系统论"时，才得到学术界的重视。确立这门科学学术地位的是 1968 年贝塔朗菲发表的专著《一般系统理论基础、发展和应用》，该书被公认为是这门学科的代表作。

系统一词，来源于古希腊语，是由部分构成整体的意思。今天人们从各种角度上研究系统，对系统下的定义不下几十种。如说"系统是诸元素及其顺常行为的给定集合""系统是有组织的和被组织化的全体""系统是有联系的物质和过程的集合""系统是许多要素保持有机的秩序，向同一目的行动的东西"，等等。一般系统论则试图给一个能描示各种系统共同特征的一般的系统定义，通常把系统定义为：系统是由两个或两个以上可以相互区别并相互联系的要素为了达到一定的目的而形成的整体。在这个定义中包括了系统、要素、结构、功能四个概念，表明了要素与要素、要素与系统、系统与环境三方面的关系。

系统由"输入、处理和输出"三要素组成。

外部环境向系统提供劳力、手段、资源、能量、信息，称为"输入"；系统以自身所具有的特定功能，将"输入"的内容进行必要的转化和处理，使之成为有用的产成品，即"处理"；最后，将经过处理后的内容向外部输出供外部环境使用，称为"输出"。如生产系统就是先向工厂输入原材料、经过加工处理、最终得到产品这样一个循环的过程，如图1-2 所示。

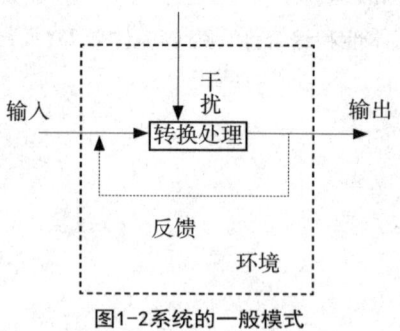

图1-2 系统的一般模式

（二）系统的基本特征

1. 集合性

指系统是由至少两个或两个以上可以互相区别的要素组成的一个整体。从设备的构成看，如一台普通车床是由主轴箱、走刀箱、溜板箱、床身、刀架以及电气箱等几大部件组成的一个整体，而各大部件都是可以互相区别的要素。从设备管理来考察，如设备的规划、设计、制造、选购、安装调试、使用、维修、改造、报废等环节组成了设备一生管理这个整体，这些环节又是可以相互区别、各自具有独立工作内容的要素。

2. 相关性

指各要素之间具有不可分割的联系，彼此互相影响、互相制约。也就是说，系统是由各组成要素按一定方式结合而成的。比如一台车床，如果把主轴箱、走刀箱、床身等几大部件随便堆放在一起，不按一定的技术要求组合装配起来，就不能构成一自车床，也不能完成车削零件的任务。设备管理中的不同环节也是互相关联、彼此制约的。比如，设备使用不当就会增加维修的工作量。

3. 目的性

指整个系统具有一定的目标、功能。系统的目标可以是一个或几个。设备的功能是为了生产合格的产品或提供良好的服务，如一台车床是用来车削零件。设备管理同样也具有明确的目标。如果说是一个目标，那就是追求寿命周期费用的经济性；如果说是两个目标，那就是追求寿命周期费用的经济性和不断提高设备的综合效率；如果说是三个目标，则是设备的可靠性、维修性和经济性最好。

4. 动态性

一个系统总是在一定的环境里存在和发展，它和环境之间进行着物质、能量和信息的交换，并且由系统本身对这些物质、能量和信息进行转换、加工。这种物质、能量与信息的流通、流动，是系统动态特征的一个方面。此外，任何一个系统本身，总是处在从孕育、产生、发展、衰退直到消亡的变化过程之中，这是系统动态特征的另一个方面。

5. 适应性

指系统通过信息反馈，能够进行调整以适应外界环境的变化。

（三）系统的基本原理

1. 系统的整体性原理

系统整体性原理指的是，系统是由若干要素组成的具有一定新功能的有机整体，各个作为系统子单元的要素一旦组成系统整体，就具有独立要素所不具有的性质和功能，形成了新的系统的质的规定性，从而表现出整体的性质和功能不等于各个要素的性质和功能的简单加和。

2. 系统的层次性原理

系统的层次性原理指的是，由于组成系统的诸要素的种种差异包括结合方式上的差异，从而使系统组织在地位与作用，结构与功能上表现出等级秩序性，形成了具有质的差异的系统等级，层次概念就反映这种有质的差异的不同的系统等级或系统中的高级差异性。

3. 系统的开放性原理

系统的开放性原理指的是，系统具有不断地与外界环境进行物质、能量、信息交换的性质和功能，系统向环境开放是系统得以向上发展的前提，也是系统得以稳定存在的条件。

4. 系统的目的性原理

系统目的性原理指的是，组织系统在与环境的相互作用中，在一定的范围内，其发展变化不受或少受条件的变化或途径经历的影响，坚持表现出某种趋向预先确定状态的特性。

5. 系统的突变性原理

系统突变性原理指的是，系统通过失稳，从一种状态进入另一种状态是一种突变过程，它是系统质变的一种基本形式，突变方式多种多样，同时系统发展还存在着分别，从而有了质变的多样性，带来系统发展的丰富多彩。

6. 系统的稳定性原理

系统稳定性原理指的是，在外界作用下开放系统具有一定的自我稳定能力，能够有一定范围内自我调节，从而保持和恢复原来的有序状态，保持和恢复原有的结构和功能。

7. 系统的自组织原理

系统的自组织原理指的是，开放系统在系统内外两方面因素的复杂非线性相互作用下，内部要素的某些偏离系统稳定状态的涨落可能得以放大，从而在系统中产生更大范围的更强烈的长程相关，自发组织起来，使系统从无序到有序，从低级有序到高级有序。

1.4.2 物流系统的基本概述

（一）物流系统的基本概念

物流系统是由运输、储存、包装、装卸、搬运、配送、流通加工、信息处理等基本功能要素所构成的各个基本环节组成的有机整体。

物流系统和一般系统一样，具有输入、处理及输出三大功能。通过输入和输出使系统与社会环境进行交换，使系统和环境相依而存，而处理则是这个系统带有特点的系统功能，其具体内容因物流系统的性质不同而有所区别，如图1-3所示。

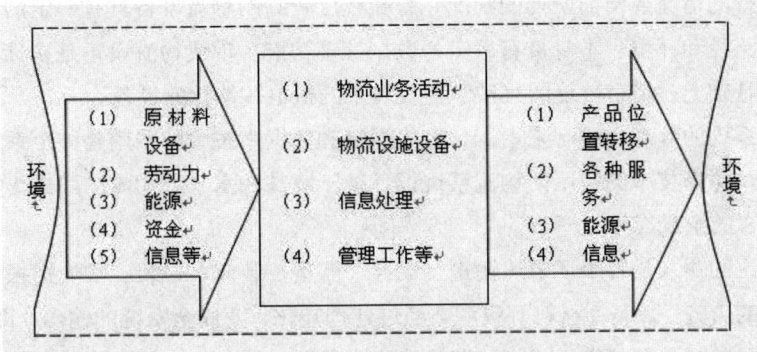

图1-3 物流系统的基本模式

1. 输入

输入包括原材料、设备、劳力、能源等。就是通过提供资源、能源、设备、劳力等手段对某一系统发生作用，统称为外部环境对物流系统的输入。

2. 处理（转化）

处理（转化）是指物流本身的转化过程。从输入到输出之间所进行的生产、供应、销售、服务等活动中的物流业务活动称为物流系统的处理或转化。具体内容有：物流设施设备的建设；物流业务活动，如运输、储存、包装、装卸、搬运等；信息处理及管理工作。

3. 输出

物流系统的输出则指物流系统与其本身所具有的各种手段和功能，对环境的输入进行各种处理后所提供的物流服务。具体内容有：产品位置与场所的转移；各种劳务，如合同的履行及其他服务等；能源与信息。

4. 限制或制约

外部环境对物流系统施加一定的约束称之为外部环境对物流系统的限制和干扰。具体有：资源条件，能源限制，资金与生产能力的限制；价格影响；需求变化；仓库容量；装卸与运输的能力；政策的变化等。

5. 反馈

物流系统在把输入转化为输出的过程中，由于受系统各种因素的限制，不能按原计划实现，需要把输出结果返回给输入，进行调整，即使按原计划实现，也要把信息返回，以对工作作出评价，这称为信息反馈。信息反馈的活动包括：各种物流活动分析报告；各种统计报告数据；典型调查；国内外市场信息与有关动态等。

发展至今，物流系统是典型的现代机械电子相结合的系统。现代物流系统由半自动化、自动化以至具有一定智能的物流设备和计算机物流管理和控制系统组成。任何一种物流设备都必须接受物流系统计算机的管理控制，接受计算机发出的指令，完成其规定的动作，反馈动作执行的情况或当前所处的状况。智能程度较高的物流设备具有一定的自主性，能更好地识别路径和环境，本身带有一定的数据处理功能。现代物流设备是在计算机科学和电子技术的基础上，结合传统的机械学科发展来的机电一体化的设备。

从物流系统的管理和控制来看，计算机网络和数据库技术的采用是整个系统得以正常运行的前提。仿真技术的应用使物流系统设计处于更高的水平。物流已经成为并行工程的基础和 CIMS 的组成部分。

作为系统的输入是各个环节（输送、储存、搬运、装卸、包装、物流情报、流通加工等）所消耗的劳务、设备、材料等资源，经过处理转化，变成全系统的输出，即物流服务。整体优化的目的就是要使输入最少，即物流成本最低，消耗的资源最少，而作为输出的物流服务效果最佳。作为物流系统服务性的衡量标准可以列举如下：对用户的订货能很快地进行配送；接受用户订货时商品的缺货率低；在运送中交通事故、货物损伤、丢失和发送错误少；保管中变质、丢失、破扭现象少；具有能很好地实现运送、保管功能的包装；装卸搬运功能满足运送和保管的要求；能提供保障物流活动流畅进行的物流信息系统，能够及时反馈信息；合理的流通加工，以保证生产费、物流费之和最少。

（二）物流系统的基本特点

物流系统本来就是客观存在，只是从认识这个意义来讲，是现代科技及现代观念的产物。物流系统的特点是：

1. 跨度大

这反映在两个方面：一是地域跨度大；而是时间跨度大。大跨度系统带来的主要问题是管理难度较大，对信息的依赖程度高。

2. 稳定性较差而动态性较强

一般的物流系统，总是联结多个生产企业和用户，随需求、供应、渠道、价格的变化，系统内的要素及系统的运行经常发生变化，难于长期稳定。稳定性差、动态性强带来的主要问题是管理和运行的难度大，要求系统具有足够的灵活性。

3. 复杂性

物流系统本身属于中间层次系统范畴，向下可以分解成若干个子系统，向上又处于更大的系统如流通系统、社会经济系统。物流系统要素本身也十分复杂，如物流系统运行对象遍及全部社会物流资源，将全部国民经济产品的复杂性最后集于一身；物流系统要素间的关系也不如某些生产系统那样简捷，这就增加了系统的复杂性。

4. 系统结构要素的"背反"现象

系统结构要素间有非常强的"背反"现象，常称之为"交替损益"或"效益背反"现象。例如，在包装方面，包装花钱越少，利润越高，但简省的包装降低了产品的防护效果，带来物流系统运输。储存、装卸搬运功能要素的工作劣化。一旦商品进入流通之后，可能会造成大量损失,使物流系统总体效益下降。

(三) 物流系统化

1. 物流系统化的总体要求

物流系统的总体要求包括:具有能很好地实现运送、保管功能的包装;装卸搬运功能满足运送和保管的要求;保管中变质、丢失、破损现象少;接受用户订货时商品的在库率高;对用户的订货能很快地进行配送;在运送中交通事故、货物损伤、丢失和发送错误的情况少;能提供保障物流活动流畅进行的物流信息系统,能及时反馈信息;合理的流通加工,以保证生产费用与物流费用之和最少等。

简单地讲,对物流系统的总体要求可以归纳为"7R",即

① 在恰当的时刻(Right Time)

② 将正确的物品(Right Material)

③ 以正确的顺序(Right Sequence)

④ 以正确的数量(Right Amount)

⑤ 以恰当的成本(Right Cost)

⑥ 按正确的取向(Right Orientation)

⑦ 送到指定的位置(Right Place)

2. 物流系统的五大目标(5S)

(1) 服务目标(Service)

物流系统作为联结生产与再生产、生产与消费的桥梁纽带,要求有很强的服务性。在为用户服务方面,物流系统采取送货、配送等形式,力求做到无缺货、无货物损伤和丢失等现象,且费用便宜。近年来出现的"准时供货方式""柔性供货方式"等,也是其服务性的体现。

(2) 快捷目标(Speed)

要求快速、及时地把货物送到用户指定的地点,这既是一个传统目标,更是一个现代目标。为此可以把物流设施建在供给地区附近,或者利用更有效的运输工具和更合理的配送计划等手段。在物流领域采取的诸如知道物流、综合一贯运输等管理和技术,就是这一目标的体现。

(3) 节约目标(Saving)

节约是物流系统的重要目标,由于流通过程消耗大而又基本上不增加或提高商品的使用价值,所以在物流领域中的节约目标体现在流通时间的节约、物流费用的节约,以及对面积和空间的有效利用等方面。

(4) 规模优化目标(Scale optimization)

追求"规模效益"是经济领域的重要规律。由于物流系统比生产系统的稳定性差,难

于形成标准的规模化格局。因此，在建立物流系统时应该研究物流集约化的程度，如考虑物流设施集中与分散的问题是否适当，机械化与自动化程度如何合理利用，情报系统的集中化所要求的电子计算机等设备是否适用等。

（5）库存控制目标（Storage control）

库存调节性是服务性的延伸，也是宏观调控的要求，在物流领域中正确确定库存方式、库存数量、库存结构和库存分析就是这一目标的体现。

上述物流系统的五大目标简称为"5S"，要发挥以上物流系统化的效果，就要进行研究，把从生产到消费过程的货物量作为一贯流通的物流量看待，依靠缩短物流路线，使物流作业合理化、现代化，从总体上达到服务好、费用省的目的。

（四）物流系统的要素

1. 物流系统的功能要素

物流系统的功能要素指的是物流系统所具有的基本能力。这些基本能力有效组合、联结在一起，形成了物流的总功能，便能合理、有效地实现物流系统的总目标。物流系统的功能要素一般包括运输、储存保管、装卸搬运、包装、流通加工、配送、信息处理等，各要素的含义如下所述。

（1）运输

运输的主要职能是实现物质资料的空间移动。运输在物流活动中处于中心地位，是物流系统的两大支柱要素之一。对运输活动的管理，要求选择技术经济效果最好的运输方式及运输工具，合理确定运输路线，以实现安全、迅速、准时、价廉的目的。

（2）储存保管

储存保管也是物流系统的核心功能要素之一，与运输一起构成了物流系统的两大支柱，在物流活动中处于中心地位。储存保管功能主要是通过仓库来实现的，其作业包括堆存、保管、保养和维护等活动。对储存保管活动的管理，包括仓储管理和库存控制两部分，力求提高保管效率，降低损耗，加速物资和资金的周转。

（3）装卸搬运

通常，在整个物流活动中，装卸搬运出现频率最高，是产品损坏的重要原因。装卸搬运是对运输、储存保管、包装和流通加工等物流活动进行的衔接活动，以及在仓储保管中为进行检验、维护、保养而进行的装卸活动。对装卸搬运活动的管理，主要包括装卸搬运方式及其产品的选择和合理配置、使用，力求减少装卸次数，以达到节能、省力、安全、快速、减少损失的目的。

（4）包装

包装的主要功能是保护产品、方便储运和促进销售。包装活动包括产品的出厂包装、生产过程中在制品、半成品的包装，以及在物流过程中换装、分装、再包装等。对包装活动的管理，主要是根据物流方式、销售要求和全部物流过程的经济效果，来确定包装材料和包装形式。如具体确定包装的材料、强度、尺寸，包装方式是以商业包装为主还是以工业包装为主，包装拆装的便利性以及废包装的回收及处理等。

（5）流通加工

流通加工是物流过程的辅助加工活动，如金属、玻璃的切割、钻孔、弯曲，商品的组装、贴标、细分化等。企业、物资部门、商业部门为了弥补生产过程中加工程度的不足，更有效地满足用户或本企业的需求，更好地衔接产需，往往为了需要进行这种加工活动。流通加工是物流过程中提高商品附加价值，促进商品差别化的重要环节。

（6）配送

配送是以配货、送货形式最终实现资源配置的活动，是整个物流的末端环节。作为一种现代流通方式，配送已不局限于送货运输，而是集运输、储存保管、装卸搬运、包装、流通加工、信息处理、经营、服务于一身，成为物流的一个缩影。对配送活动的管理，主要包括配送方式与模式的选择、配送业务的组织以及配送中心的规划设计、运营管理等。

（7）信息处理

物流信息处理包括对与物流活动有关信息的收集、汇总、统计、使用等活动，以便获得相关的计划、预测、动态（运量、收、发、存数）信息，以及有关的费用信息、生产信息、市场信息。物流信息化是现代物流系统能够高效运作的基础。

2. 物流系统的支撑要素

物流系统处于复杂的社会经济系统中，必然受到其他系统的限制和制约，因此物流系统的建立需要许多支撑手段，主要包括：

（1）政府政策支持

政府政策支持包括体制、制度；法律、规章；行政、命令和标准化系统等。国家的体制、制度决定物流系统的结构、组织、领导和管理方式。有了政府的政策支持，物流系统才能确立在国民经济中的地位。

（2）物流基础设施

物流基础设施是保证物流系统运行的基础物质条件，主要包括物流设施，如物流战场，物流中心、仓库，物流线路，建筑、公路、铁路、港口等。物流装备、物流系统的建立和运行，需要大量技术装备手段。

（3）物流人才培养

高素质人才是物流系统高效运行的关键因素。随着物流业的发展，需要大量的专业物流人才。

（4）信息技术及网络

现代物流业作为一个新兴行业，需要高科技的信息技术作支持，因此需要大力加强物流信息平台的建设。

1.5 物流发展历程及现代物流发展趋势

1.5.1 物流的发展历程

从 20 世纪初至今，社会物流与企业物流都有了很大发展，但由于各国经济环境的不同，其物流的发展和管理模式也有所不同。总的来说，物流发展过程大致经历实体分配阶段、综合物流阶段和供应链管理阶段。

1、实体分配阶段：最早对物流的研究，在整个经济活动中仅局限于销售范畴。随着市场环境的改变，即由卖方市场变为买方市场，使生产企业不得不把注意力集中到产成品的销售上。这一阶段，物流管理的特征是注重产成品到消费者的实体分配环节。

2、综合物流阶段：到了 20 世纪 60 年代至 90 年代，随着国际经济的一体化的发展，全球性的经济竞争加剧，企业只有不断寻求采用新的物流管理技术，才能立于不败之地，并使企业认识到把物资管理与实体分配结合起来管理，即把物流系统中的各个环节作为统一的连续过程，才能更有效地运作和大大提高效益。物资管理与实体分配的结合是这一阶段的特征。

3、供应链管理阶段：到了 20 世纪 90 年代至今，由于一系列外部因素的变化，特别是许多大型跨国公司开始把着眼点放在物流活动的全过程，包括原材料的供应商和制成品的分销商的整个生产过程和流通过程，这就形成了所谓的供应链或物流管道。供应链管理是指全过程中的一切相关活动及其信息系统的综合管理。供应链或物流管道方法对节省成本、压缩订货周期、提高资金利用率和提高服务水平具有很大的潜力。

物流发展的特点见表 1-2：

表1-2 物流发展过程的特点

项目	社会发展特点	经济发展特点	物流发展特点	物流学科发展特点
第一阶段：20世纪初至50年代	工业化时期，大多数欧美国家陆续进入工业化社会	制造业发展迅速，社会分工不断细化	物流发展规模小，渠道不畅，成本高，其作用未受到应有的重视	从经济学角度建立了物流学科的实体分配；二战期间，从技术角度确立了物流学科的地位
第二阶段：20世纪60年代至90年代	世界各国大都采用了"大量生产-大量销售-大量废弃"的社会发展模式	制造业的大规模化与零售业的大规模化并举	物流产业逐步形成和壮大，多品种、少批量的配送成为这一阶段主要的物流形式	各国对物流的认识开始由实体分配转向物流。第三方物流理论的出现，确立了物流产业
第三阶段：20世纪90年代至今	网络化时代的到来	经济全球化、一体化，知识经济初露端倪	发展到供应链管理阶段	支撑物流学科发展的物流经济学科、物流管理学科、物流技术学科初步形成理论体系，综合性的物流学科正在发展。

从表 1-1 中可以看出，物流及物流学科的产生是经济发展到一定时期的产物。各个阶段物流的发展特点是与同期社会经济发展的特点相适应的。因此，政府或者企业在进行物流规划、管理及制定物流政策时，决不能脱离当时社会经济发展的实际；在物流科学研究中，也应该注意分析社会经济发展对物流发展的影响及物流在社会经济发展中的作用。

物流科学的研究成果很快在经济领域取得了显赫成就，物流科学被认为是最有生命力的新学科之一。

互联网技术为供应链的所有环节提供了强大的信息支持，生产者、最终消费者和中间经营者都能够及时地了解供应链的全部动态。也就是说，供应链具有了更好的透明度，在供应链中，任何多余的环节、任何不合理的流程与作业都能被及时发现。特别是，由于互联网提供的信息支持，供应链中原有的多余环节将被消除，因此，供应链将变得更紧凑。供应链的这种变化直接影响了企业的经营与发展战略，同样，也给物流业带来了很大的变化。以往商品经由制造、批发、仓储和零售各环节间的多层复杂途径，最终才能到达消费者手里。而现代流通已简化为可以由制造业经配送中心直接送到各零售点。互联网技术提供的信息共享技术，对于加强供应链管理、改善供应链物流系统提供了有力的支持。

互联网时代信息技术的应用改变了企业的管理系统，指令的逐级下达和信息的逐级上报模式将被各级网络直接连通的模式所代替。这将引起企业组织从金字塔结构向扁平结构转变。物流企业的业务流程长、活动范围广、外部环境变化多、涉及企业多等特点，物流企业现代化对信息技术的需求更为迫切。

1.5.2 现代物流发展的新趋势

现代物流业存在于国民经济体系之中，但又具有区别于其他产业门类的独特产业特定，它是一个复合产业，它依附于其他产业，它具有明显的外部性，这些产业特性必然使物流业的发展有着个性化的独特趋势。随着产业环境、服务对象以及产业自身的发展变化，现代物流正呈现出许多新的发展趋势。

（一）现代物流的新趋势

1. 产业布局：新的物流中心伴随产业转移而兴起

现代物流先进的管理模式首先从经济较为发达的地区发展起来的。在这些地区，随着产业规模的扩大、分工细化，要求物资在生产、流通和消费环节之间更为顺畅地流转。在需求的引导下，现代物流逐渐发展并成熟起来，一些大的物流中心也在这些地区逐渐形成。但是，产业的积累也使这些地区的土地、原材料及劳动力等生产成本不断上升，资源约束也日益凸显，于是，大批产业特别是对原材料、劳动力投入量较大的制造业开始从这些地区转移出来，而承接这些产业的基本都是经济欠发达的、拥有大量廉价原材料和劳动力的地区。

以制造业为主的这些地区转移产业生成的物流量巨大，对物流服务需求旺盛，因此，产业的转移必然引起物流中心的转移。海运是国际物流最主要的载体，20世纪90年代以前，全球的大型港口主要集中于欧洲和北美，但近些年来，亚洲港口以令人惊讶的速度成长起来。如今，全球最繁忙的集装箱港口和远洋运输大都集中于亚洲和太平洋地区，这些港口绝大多数都是具有综合物流功能的第三代港口。从此，出现了以这些港口为核心，整合其他运输方式，拓展各种物流服务功能，成为新兴的国际物流中心，同时又通过国际航线的延伸和信息的交汇构筑了覆盖全球的物流网络。

由于国际的产业转移是发生在国与国之间的，发达国家转移出来的产业首先落户于发展中国建区位条件相对较好、物流环境相对完善的地区，而这些地区会因为承接了转移产业而使经济发展加速，同时其本地产业也依靠外来资金和技术的注入而迅速成长起来。因此，发展中国家的经济发达地区其产业达到饱和所经历的时间一般要比发达国家短，由此也加速了产业二次转移的进程，即从发展中国家的经济发达地区转向相对落后地区。伴随着产业的二次转移，新的物流中心又会承接产业二次转移的地区兴起。

2. 产业分工：物流产业由水平分工转向垂直分工

物流业是一个复合产业，它是在运输、仓储、包装、加工等多个传统产业的基础上整合发展而来的，因此，过去物流产业内部分工一般是水平横向的，即按照功能进行划分，而物流供应商也是运输企业、仓储企业、配送企业、装卸公司等这些具有单一功能的传统物流企业。但是，随着现代物流理念的发展，整合了各种物流服务功能的现代物流服务模式也应运而生，并且逐渐取代了传统物流服务模式的主体地位。物流服务主体也由功能单一的运输、仓储等传统物流企业，发展到具备运输、仓储、配送、加工等多种服务功能的综合物流企业，物流产业水平分工的界限变得越来越模糊。

与此同时，物理需求时间和空间跨度的不断加大促使物流网络不断扩大，物流服务范围不断扩大，而"门到门""JIT"等物流服务理念的产生又要求物流服务的专业化水平和运作精度不断提高。在这种情况下，很少有物流供应商能够在构建覆盖全球物流网络的同时又在所有网点建立起综合各种功能的物流服务企业，再加上不同国家物流市场准入条件的限制，物流企业独立建立纵向的经营链条难度很大。因此，物流产业只能依靠垂直分工来整合和完善整个系统，形成国际物流、区域物流、国内物流乃至地区物流的垂直层次结构。如今，许多跨国物流集团与当地物流企业之间就建立起了这种垂直纵向分工关系，这些大的集团布设了覆盖全球的物流网络，但在许多物流结点上都采用或部分采用向当地物流企业购买服务的方式展开物流活动。这种垂直产业分工模式既降低了大集团开辟新市场的门槛和风险，也充分利用了当地资源，拓展了小企业的生存空间，是双赢之举，也有利于物流产业的健康发展。

3. 运营模式：物流管理与设施"软""硬"分离

最原始的物流形态是企业自办物流，即生成和销售企业自己拥有运输工具、仓库堆场、装卸机械等物流设施设备，并且这些设施一般只为本企业服务。随着物流业的发展，出现了企业间的联合配送，之后又出现了第三方物流，物流开始走向社会化，物流服务供应商和服务对象逐渐分离。但由于第三方物流企业一般都拥有一定数量的物流硬件设施设备，因此，这个阶段物流产业还维持着硬件与软件管理一体化的状态。

现代物流的进一步发展产生了第四方、第五方物流，即专门提供物流方案和进行物流人才培训的企业或机构。虽然这些划分方法在学术界还在争论，但是应该看到，那些不依托或者不完全依托物流硬件设施设备的物流服务提供者或参与者在产业内开始涌现，并且其市场份额在逐渐扩大。这种类型的物流服务供应商本身不拥有物流设施设备，但他们会为所服务的企业制定完整的物流方案，然后利用社会物流资源实现方案。还有一些第三方物流企业也在向这一方向发展，它们保持甚至减少自有物流设施设备的规模，与此同时整合社会物流资源服务于自身，也就是变"拥有"物流硬件为"控制"物流硬件。

物流产业内"软"的管理、设计与"硬"的设施、设备相分离，使产业分工更加明晰，提高了服务的专业化程度和服务水平，并且能够加速市场发育和产业升级，这一物流产业新的发展趋势在未来会更加明显。

4. 产业驱动力：物流的经济效益与社会、环境效益趋于一致

传统物流业发展模式将物流作为一个相对独立的系统，这样就使物流具有明显的外部成本和外部效益。在传统发展模式下，物流产业对资源占用、能源消耗只需付出极低的价格，对环境污染的补偿十分有限，甚至无须补偿，这就造成了物流产业的外部成本；而物流企业通过采用先进手段、设施设备提高物流效率和服务质量，节约了资源并保护了环境，企业加大了内部的成本投入，但获益的是物流服务对象和全体社会成员，如果在无序竞争的状态下，物流企业得不到合理的补偿和回报，这就造成了外部效益。物流业的成本与效益独立与社会、环境系统之外，而企业具有逐利性，因此必然以牺牲社会利益为代价追求自身经济效益的最大化。

但是现代物流理念已经意识到物流业是一个独立地位较弱的产业，它不能独立地创造价值，而是依附于其他产业创造附加值，物流服务的提供者和接受者之间由竞争关系转变为合作关系，成为利益共同体，这样物流服务提供者就必须充分考虑服务对象的需求和利益。此外，现代物流始终追求系统的整体效益的最大化，而这个系统不仅限于各个功能组成的内部系统，而是涉及由物流连接的整个供应链系统及其所在的社会和自然环境大系统。伴随"绿色物流"理念在全球的推广，高消耗、高污染的传统物流业发展模式将受到限制或付出高昂成本，同时，"服务更好"而不是"价格更低"的物流企业将在市场中获得更加有利的竞争地位和更加合理的回报，物流业的外部成本与外部效益都将逐渐内部化。现代物流理念的进化推动产业发展模式的转变，产业回报与社会、环境效益将在共同的利益基础上推动现代物流业健康、快速、持续发展。

5. 21世纪供应链创新——精细物流与精细供应链

精细物流来源与精细制造，精细制造作为产出品领域管理技术研究的成果，已经取得

了巨大的成功。精细物流所强调的同步操作环境、循环时间压缩、全过程的可视性、精确时点绩效、过程的一致性和无缺陷。精细的理论和方法,被广泛应用到物流和供应链管理过程中,形成精细物流和精细供应链的概念。精细供应链是对精细物流的进一步发展。精细管理为减少浪费、降低成本、缩短操作周期、提供强化的客户价值从而增强企业的竞争优势,提供了一种伟大的方法,在生产过程中已经取得了巨大的成功。精细供应链的基本计划方法是设定企业目标、部门目标、操作目标,明确现有绩效与目标值的差别认定,制定达到预期目标的时间框架和要求。21世纪的物流和供应链的关系将越来越密切。

(二)现代物流的发展特征

21世纪现代物流的发展特征归纳为信息化、自动化、网络化、智能化、柔性化、标准化、社会化、精益化及绿色物流等,下面分别加以说明。

1. 物流信息化

在当代,发达国家已进入信息时代,我国也已跨入信息社会的门槛。物流的信息化是社会信息化的重要组成部分,也是最基础的组成部分。物流信息化表现为物流信息的商品化、物流信息收集的数据库化和代码化、物流信息处理的电子化和计算机化、物流信息传递的实时化和标准化、物流信息存储的数字化和无纸化等。因此,条形码技术、数据库技术、电子订货系统、电子数据交换、快速反应、有效顾客反应、互联网技术及企业资源计划等,在21世纪的物流中将得到普遍的应用。尤其是随着互联网的普及和微机价格不断下降,中小企业的信息化进程明显加快,并成为信息化的最大受益者。

物流信息化不仅使物流的效率提高、成本降低和服务改善,而且对现有的物流理念、物流方法、物流技术都产生了革命性的影响。例如,传统观念认为,由于需求的不确定性,定量的存货总是必要的,组织必须保有存货以应付不确定性带来的风险。然而,如果关于顾客对某一产品实际使用量的信息直接与物流系统连接起来,源于不确定性的存货就可以大大减少,甚至取消。这就是"信息替代存货"的概念。

总之,信息化是一切的基础,没有物流的信息化,任何先进的技术装备和管理手段都不可能成功地应用于物流领域。我国传统储运企业向现代物流企业转换能否成功的关键就在于信息化改造,广州宝供物流集团公司就是一个典型的例子。广州宝供原本是一个小型储运企业,能够在短短几年内上升为一家大型物流企业,除了经营者有领先的物流理念外,就在于建立了一个现代化的信息系统,从而能为客户提供优质服务。

2. 物流自动化

自动化的基础是信息化,自动化的核心是机电一体化,自动化的外在表现是无人化。物流自动化的效果还包括:扩大物流系统作业能力、提高劳动生产率、减少物流作业差错、节省土地、缩短库存周转时间等。物流自动化的设施非常多,如条码、语音、射频、自动识别系统、自动分拣系统、自动导向车、自动存取系统、货物自动跟踪系统等。这些设施在发达国家已经普遍使用于物流配送中心。在我国,已经在一些现代化工业企业的物流部门得到应用,如海尔集团、红河烟厂、东风汽车公司等。由于受资金限制,我国目前第三方物流企业中应用自动化物流技术的较少,但应用的前景广阔。随着我国第三方物流企业进入成长期,社会对高质量物流服务的需求不断增长,自动化物流技术将成为物流企业提升竞争力的重要手段。

3. 物流网络化

物流网络化包括两层含义,一是物流信息网络化;二是物流组织网络化。

(1)物流信息网络化

信息的价值在于共享,通过网络技术,各个物流结点、供应商、用户的信息可以实现实时传递,信息共享。所以,网络化提高了信息化的层次,即从一个部门的信息化提升到整个企业的信息化,再从一个企业提升到整个供应链的信息化。借助于网络,一体化物流以及供应链管理才成为可能。

电子商务的发展为物流信息网络化提供了高效、开放的平台。借助网络与电子商务,物流中心可以实现实时地向上游供应商传递发货信息,向下游客户收集订货信息,而且这一切都是在双向互动中完成的,从而有效地减少源于单向沟通而产生的差错。

(2)物流组织网络化

物流系统时一个大跨度系统,是由地域分布极广的相互联系的结点组成的网络。网络的各个结点并不是核心企业的基层单位,而是通过合同与核心企业形成合作关系的企业。这种网络组织不仅可以避免内部资源不足的缺陷,还可以充分发挥各地企业的比较优势和区位优势,减少核心企业的投资风险。从名义上看,这类网络组织的主要功能是制造,但实际上它是以物流和营销为核心能力的一种物流组织。

物流组织网络化与信息网络化互为因果。组织网络化必须以信息网络化为基础和物质条件,而正是组织网络化才促使了信息网络化的产生和发展。

4. 物流智能化

智能化是信息化、自动化发展的高级阶段。物流作业涉及了大量的运筹和决策,如运输的最短路线、最佳车辆调度、最优库存控制,以及自动导向车的运行轨迹和作业控制,自动分拣机的运行等都需要借助与大量的知识才能解决。在发达国家,专家系统、智能机器人等技术已经开始应用于物流作业和物流管理。在我国,少数企业已开始应用机器人于物流过程,智能化已经成为现代物流发展的一个新趋势。

5. 物流柔性化

柔性化源于生产领域,即通过采用计算机控制和管理、加工中心以及加工中心之间的自动导向车或传送带,使多品种、小批量生产取得了类似大批量生产的效果。柔性生产系统的产生使大规模定制生产成为可能,从而能够满足用户个性化需求。生产的柔性化不然要求作为生产后勤系统的物流系统的柔性化,即要求物流系统能提供"多品种、小批量、多批次、短周期"的物流服务，传统物流系统当然也能满足这些要求，但成本会因此而成倍、甚至几十倍地上升。而柔性物流系统依靠信息技术和自动化技术，能够以用户可以接受的成本提供这些服务。随着电子商务的发展，定制营销将逐渐成为主流营销模式，不仅在工业品领域得到应用，在消费品领域也将逐步推广，这就注定了只依靠大批量运输降低物流成本的传统物流模式将只存在于供应链上游产业，而在供应链的上游和下游的产业中，柔性化物流将成为主导性物流模式。在西方国家，铁路运输的重要性逐年下降而公路运输的重要性不断上升，正式这种趋势的体现。

6. 物流社会化

在 21 世纪，物流社会化的趋势将更为明显，就世界范围而言，现代产业结构变化最重要的趋势之一就是服务业在国民经济中的地位不断上升。在美国，服务业的产值占国民生产总值的比重已超过 2/3，几乎 3/4 的非农业劳动力受雇于服务业，最近 20 年新增加的就业岗位 90% 以上在服务业。服务业的这种超越其他产业的增长，一部分是得益于服务领域的创新，但更重要的原因是服务的社会化，即原来是由企业和家庭自行提供的服务改为由社会化的专业服务企业提供。而服务的社会化、专业化对服务领域的创新也起到了激励作用。在这样一个大背景下，物流服务的社会化、产业化便更容易为工业、商业、建筑业等各产业所接受。

7. 物流精益化

精益思想源于日本丰田汽车公司于 20 世纪 70 年代独创的"丰田生产系统"，后经美国学者的提炼，其核心就是以越来越少的投入，即较少的人力、较少的设备、较短的时间和较小的场地，来创造出尽可能多的价值，同时也越来越接近用户，提供他们确实所需的东西。精益物流是精益思想在物流管理中的应用，因此可以说，所谓精益物流，是指通过消除生产和供应过程中的非增值的浪费，以减少备货时间，提高用户满意度的物流。

日本的汽车工业就是凭借其精益生产方式打进了美国市场，同样，精益物流能为中国企业迎接国际竞争的挑战提供有力的武器。

8. 物流标准化

物流标准化，是指以物流为一个大系统，制定系统内部设施、机械装备，包括专用工具等的技术标准，包装、仓储、装卸、运输等各类作业标准，以及作为现代物流突出特征的物流信息标准，并形成全国以及和国际接轨的标准化体系。目前我国物流标准化工作还极其落后，还没有一个统一的国家标准可供物流业共同遵循，但随着人们对物流标准化工作重要性认识的加深，物流的标准化工作同样会迎来发展的春天。

9. 绿色物流

绿色物流，是指物流过程中抑制物流对环境造成危害的同时，实现对物流环境的净化，使物流资源得到最充分利用。它包括物流作业环节和物流管理全过程的绿色化。从物流作业环节来看，包括绿色运输、绿色包装、绿色流通加工等；从物流管理过程来看，主要是从环境保护和节约资源的目标出发，改进物流体系，既要考虑正向物流环节的绿色化，又要考虑供应链上的逆向物流体系的绿色化。绿色物流的最终目标是可持续发展，实现该目标的准则是经济利益、社会利益和环境利益的统一。

现代物流企业职场的构成

现代物流业迅速发展，物流企业管理岗位的设置不断随着市场需求变化而调整，各企业具体岗位设置不尽相同。这里仅从两个方面对现代物流业的职场构成作一概述。

一、从物流业务所涉及的环节来看

现代物流业的人才需求大体可以分为两类：一是通用性物流人才；二是专业性物流人才。通用性物流人才与客户行业无关，而专业性物流人才则与客户所处的行业紧密相关，这类人才必须对所处的行业有非常深刻的了解，如医药物流人才必须熟悉医药行业，汽车物流人才必须熟悉汽车行业。

下面描述的主要是通用性物流人才，如图1-4所示。

高级物流管理人员要求对物流企业的管理有着深刻的认识和理解，能高效管理和运作整个物流企业。这类人才是物流市场上的高端人才，通常是最为紧俏的。

物流服务营销人员要求对客户所在行业有很好的了解，同时了解专业的物流知识，具有营销方面的知识和技巧。

物流方案设计人员要求对客户所在行业具有深层次的了解，如行业的供应链状况、生产周期、生产特点等，从而能有针对性地设计出满足顾客要求的物流解决方案。

供应链管理人员要求具有对物流项目进行管理的能力，了解客户所在行业的特点和需求，有很好的项目管理知识和技能。

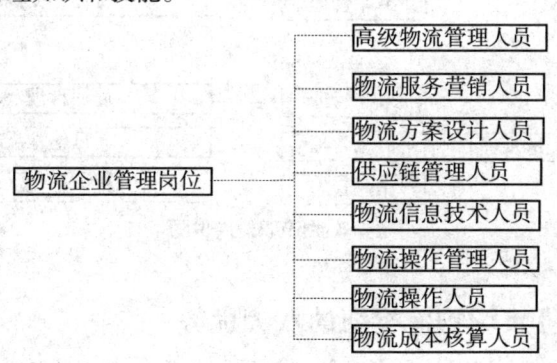

图1-4 通用性物流人才

物流信息技术人员要求具有将客户的服务需求转化为系统功能的技术能力，能解决供应链管理中各种信息系统方面的突发性问题，既要懂得物流业务，又要懂得信息技术。如物流行业各种专用软件的开发。

物流操作管理人员要求熟悉运输、仓储、配送、装卸搬运、流通加工、包装、报关报检、货代等物流知识，具有标准化流程下的控制和操作能力。同时，还需要较好的外语应用能力，高级物流管理工作需要不断借鉴世界最新的物流管理技术和计算机、财务、外贸、人力资源等方面的知识，只有在工作中不断学习，才能保住企业的物流工作始终充满活力并达到不断节约成本的目的。较好的外语应用能力是一切高级人才的必备技能。

物流操作人员要求能按标准流程完成每个操作过程，有一定的操作经验和技能即可，不需要具备太高的专业知识。

物流成本核算人员既要求懂得财务知识又懂得物流管理流程的管理人才，物流之所以被称作"第三利润源"，就是通过节约成本的方式为企业提高经济效益。作为高级物流人才，担任的是企业中高层岗位，只有精通财务知识，才能在工作中正确地为企业进行："物流诊断"，分析出物流成本并加以降低。

二、从物流业务所涉及的功能模块来看

现代物流业的人才需求主要分为三大模块，即仓储管理、运输管理和配送管理，但每个模块又包括了各基础管理岗位，物流业中按职业道路划分的主要基础岗位如图1-5所示。

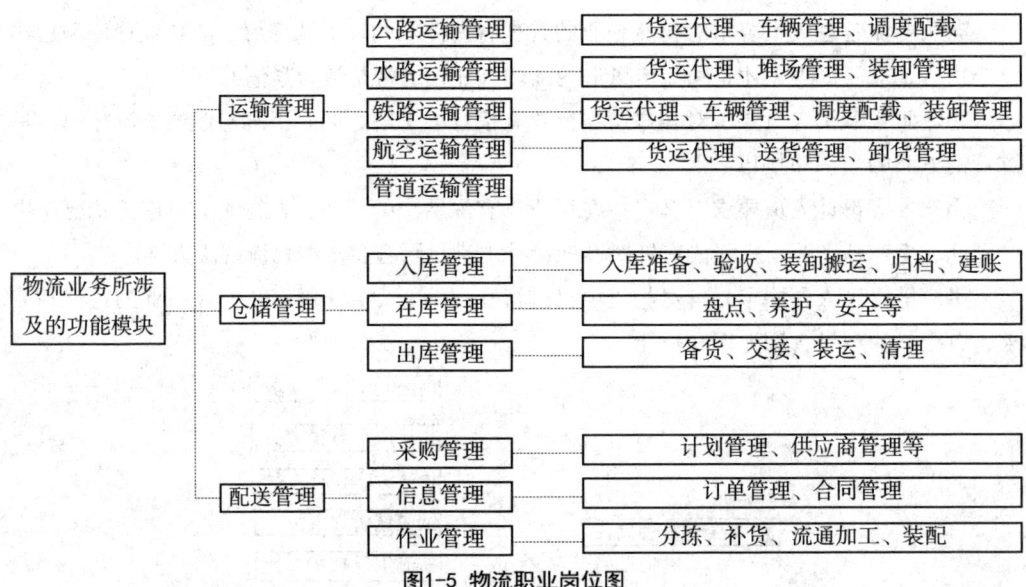

图1-5 物流职业岗位图

香港成为世界市场物流枢纽的八大优势

香港是一个国际化大都市，是全球闻名的国际金融中心、贸易中心、服务中心之一。自香港回归祖国以来，进一步强化了这一地位。

香港之所以被誉为"东方之珠"，其中一个重要原因是有赖于物流业的高速发展。而香港物流的平稳发展完全得益于以下八个方面。

1. 拥有世界级的基建设施和懂两文三语的IT专才

香港拥有世界级的基建设施，又与制造业发达的珠江三角洲联系紧密，所以香港物流

业的潜力无限。香港的IT专才,除了懂两文三语(两文:中文、英文。三语:普通话、英语、粤语)外,还熟悉内地的经营环境,并且有良好的法制意识。

2. 地理优势和税率低

地理优势方面,香港在北上和南下所花的时间较其他地区短,且大部分工厂北移,所空置出来的商厦增加,其租金成本与新加坡相若。其次,香港主管级的住宅租金与我国上海及新加坡相比也不会过于昂贵。另外,香港无须征收消费税,加上税率低,大部分设备成本比邻区低10%~25%。

3. 通讯网运营成本相当低

无论是长途电话,还是专用电讯网络,香港的通讯网运营成本相当低。香港为亚太地区重要的商贸中心,拥有健全的金融体系及完善的司法制度,资金可以自由进出,有逾900个国际企业在该港设立总部。因此,香港有优势成为亚太地区的供应链管理枢纽。

4. 特区政府的良好规划是自由港发展的前提

在当今竞争日益剧烈的经济环境中,政府有必要制定统一的物流政策,使物流朝高科技、系统完善及效率高的方向发展,以控制成本及提高竞争力。特区政府成立了促进物流发展的"物流发展局",并根据物流发展局的意见,把发展"数码贸易运输网络"这个电子资讯平台的建设纳入研究课题。特区政府为提高香港作为亚洲运输及物流枢纽的地位,还在北大屿山选址发展现代化物流园,同时,加大香港的资讯和基础设施建设。

5. 拥有完善的海、陆、空运输设施和配套设备及全世界最繁忙的集装箱码头

香港拥有全世界最繁忙的集装箱码头。在海运方面,约80家国际集装航运公司每星期提供400条航线,开往全球500多个目的地。

在空运方面,66家国际航空公司每星期提供约3 800班定期航机,由香港飞往全球130多个目的地。现在,香港国际机场采用了最先进的设备和双跑道设计,以应付日益繁重的运输量。在港口方面,9号码头第一期将投入服务,工程完工后,该码头将拥有4个深水及2个驳船泊位,容量将不少于260万个标准箱,而且也开始了10号码头的可行性研究。陆路建设方面,港府正加紧建设公路,连接机场及各港口到港内各区。

此外,特区政府还积极兴建后海湾通往深圳及蛇口的跨海大桥、连接青衣岛至长沙湾工业区的9号干线等。

6. 完善的软件体系

香港在软件配套方面,拥有相对完善、为外国商家信任的法律体制,提供优质的国际性金融和保险服务。而港务、运输等行业也提供富有专业品质的24小时制的各式客户服务。

香港的各类配套设施、物流服务、货柜码头的服务效率及素质,均属国际水准。

在软环境方面,与物流有关的资讯公司、网站,甚至软件物流供应链管理设计公司,都有不同程度的参与。

7. 对物流人才的重视

为适应物流业的快速发展，提高物流人才素质，香港物流专业协会正积极引进国际认可的物流从业人员专业资格评审机制，还为进修物流课程的在职人士提供资助，以便提升香港物流业的整体技术水平，适应物流业日新月异发展的需要。

8. 区位优势是香港成为内地最大贸易伙伴的必然条件

包括港澳在内的珠江三角洲地区，目前已成为举世瞩目的强大制造中心，并正在向服务业、高增值行业转型，香港力求成为区内的物流枢纽，为内地以及整个东南亚地区提供服务。

香港是内地最大的贸易伙伴，内地也是香港转口货物的最大市场兼主要来源地，香港约有 90% 的转口货物是来自内地或以内地为目的地。

目前，香港部分物流企业已经在内地以合资的形式成立公司，还有超过 10 万家香港公司在内地采购。凭着香港拥有的一流运输设施和交通网络、全球首屈一指的航空货运中心地位，加上珠江三角洲的强大生产能力，两地结伴合作可以发展成为连接内地与世界市场的物流枢纽。

项目二　物流运输管理

LOF公司的运输服务决策

　　LOF 公司是一家建筑和汽车玻璃制造商，它所面临的挑战是要搬运和运输大量棘手的产品。LOF 公司对顾客的服务承诺：既有竞争性价格，又能提供优越的运输服务。这些服务要求 LOF 公司去寻求有创新意识的承运人和势力强大的渠道伙伴关系。

　　过去 LOF 公司曾经使用过多达 534 位承运人进行内向运输和外向运输。玻璃运输往往需要使用专门化设备，以使玻璃损坏降到最低程度。但如果使用专门化设备，则意味着 LOF 公司无法提供回程运输的产品，因此，承运人要么以竞争性低价揽取回程运输产品，要么由 LOF 公司支付空载回程费用。

　　为了解决此类问题，LOF 通过与两位承运人进行联盟，所有内向和外向的零担装运货物全部安排给 ROLS 物流服务公司承担。虽然 ROLS 公司负责装运有关的所有日常事务、跟踪和支付，但是它并不需要运输所有货物，这样安排使 LOF 公司向其供应商提供免费电话号码，对所有内向的装运给予协作，这样可以为内向和外向的装运都选择最低成本的运输方式和承运人，可以大大降低运费，简化工作。

　　另外，CS 物流公司提供第三方的付款服务，负责用电子手段处理所有账单信息。除了技术方面外，LOF 公司在其他承诺上也确定了非常高的服务期望和要求。LOF 公司不是利用价格刺激业务，而是致力于降低成本。尽管 LOF 公司认识到它的合伙人在业务上必须要有充分的回报，但是，超额的利润反而会损害合伙人关系。LOF 公司在所有的组织层次上保持着与其合伙人之间的广泛沟通，有助于进一步了解合伙关系的价值和状况。LOF 公司认为，这样合作关系的处理将会为其顾客创造重大的价值。

　　　　　　　　　　资料来源：http : // zhidao.baidu.com/question/52759216.html

　　运输是整个物流系统的主要环节，其承担了改变物品空间状态的重要任务，是社会物质生产的必要条件，是国民经济的基础和先行官。它连接着生产各个环节、生产与消费、国民经济各部门和各单位、城乡广大区域、不同国家和 地区。物流运输活动环节多、时间长、情况复杂，运输成本在物流总成本中所占比重约为 1/3～2/3。因此加强运输管理，促进运输合理化，可以极大地降低企业的物流总成本，为企业创造更多的经济效益和社会效益。

2.1 运输概述

运输是实现人和物空间位置变化的活动，与人类的生产生活息息相关。可以说，运输的历史和人类的历史同样悠久。

物流运输则专指"物"的载运及输送。它是在不同地域范围间（如两个城市、两个工厂之间或一个大企业内相距较远的两车间之间），以改变"物"的空间位置为目的的活动，是对"物"进行的空间位移。其中包括集货、分配、搬运、中转、装入、卸下、分散等一系列操作。运输和搬运的区别在于，运输是较大范围的活动，而搬运是在同一地域之内的活动。

在物流活动过程中，运输两大主要功能是物品移动功能和短时储存功能。其基本原理是批量经济和距离经济。

2.1.1 现代运输方式

现代运输方式按照不同的划分标准，可以划分为不同的种类。

1. 按运输设备及运输工具不同分类

1) 公路运输

公路运输是使用汽车或其他车辆（如人、畜力车）在公路上进行客货运输的一种方式，如图 2.1 所示。公路运输主要承担近距离、小批量的货运和水运、铁路运输难以到达地区的长途、大批量货运以及铁路、水运优势难以发挥的短途运输。由于公路运输有很强的灵活性，近年来，在有铁路、水运的地区，较长途的大批量运输也开始使用公路运输。

公路运输主要优点是：机动、灵活、适应性强；始建资金少，回收快，运输设备易更新，经营管理方便；易于因地制宜，对到站设施要求不高；可以采取"门到门"运输形式，即从发货者门口直到收货者门口，而不需转运或反复装卸搬运，因而运输速度快；公路运输可作为其他运输方式的衔接手段。公路运输主要缺点是：装载量小，单位运输量消耗能源大，运输成本较高；运行持续性差，安全性低；运输过程中对环境的污染比较严重。公路运输一般适合货物量较小的中短途运输。

公路运输的经济半径一般在 200km 左右。

2) 铁路运输

铁路运输是利用机车、车辆等技术，沿铺设轨道运送客货的一种运输方式，如图 2-2 所示。铁路运输主要承担长距离、大批量的货运。在没有水运条件的地区，几乎所有大批量货物都是依靠铁路运输的，是在干线运输中起主力运输作用的运输形式。

图2-1 公路运输　　　　　　　　　图 2-2 铁路运输

铁路运输的主要优点是：运输速度快，安全性好，运输不受自然条件限制；载运量大，运输成本较低。并且随着高速铁路项目的建设、集装箱和集装化运输的发展、智能铁路的研究进步，铁路运输的运送效率将会大大提高，运输成本则会进一步降低。

铁路运输的主要缺点是：灵活性差，只能在固定线路上实现运输；终端直达性不足，需要以其他运输手段配合和衔接。

铁路运输一般适合货物量大、路途远的运输。铁路运输经济里程一般在 200km 以上。

3) 水路运输

水路运输是指利用船舶、排筏和其他浮运工具，在江、河、湖泊、人工水道以及海洋上运送旅客和货物的一种运输方式，如图 2-3 所示。

图2-3 水路运输

水路运输的主要优点是：船舶在江河湖海上航行，大部分是利用天然的航道来进行运输，水上航道建设投资较其他运输方式要少得多，且通航能力强；可实现大吨位、长距离运输，其运载量大、成本低适合大宗货物的运输。水路运输中的海洋运输是目前能提供大容量、大吨位洲际运输的唯一手段，在发展国际贸易，促进对外经济交流方面具有举足轻重的地位。

水路运输的主要缺点是：运输速度慢，远距离运输时间较长，对于一些即时产品运输并不适用；受港口、水位、季节、气候影响较大，因而一年中中断运输的时间较长。

水路运输主要承担大数量、长距离的运输，是在干线运输中起主力作用的运输形式。

4) 航空运输

航空运输是在具有航空线路和航空港的条件下，利用飞机或其他航空器进行运输的一种运输方式,如图2.4所示。

航空运输的主要优点是:速度快,时效性好;不受地形的限制,在火车、汽车都达不到的地区也可依靠航空运输,因而有其重要意义;货物具有较高的安全性。随着航空技术的不断发展,航空运输在运输业中所占的比重也越来越大。

航空运输的主要缺点是:运载量小,单位运输成本很高;受气候条件影响大;与其他运输方式相比,其灵活性、经济性、运载量等方面都有所不及。

航空运输主要适合运载的货物有两类:一类是价值高、运费承担能力强的货物,如贵重设备的零部件、高档产品等;另一类是紧急需要的物资,如救灾抢险物资等。

5) 管道运输

管道运输是利用管道输送气体、液体和粉状固体的一种运输方式,如图2.5所示。其运输主要靠物体在管道内顺着压力方向循序移动实现的,和其他运输方式的主要区别在于管道设备是静止不动的。

管道运输的主要优点是:运输量大,能够连续不断地运送物资;运输工程量小,占地少,只需铺设管线,修建泵站,土石方工程量比修建铁路小得多。而且在平原地区大多埋在底下,不占农田;安全可靠,能耗小,无污染,成本低;不受气候影响,可以全天候运输,送达货物的可靠性高;管道可以走捷径,运输距离短;可以实现封闭运输,避免货物散失、丢失等损失。

管道运输的主要缺点是:专用性强,只能运输石油、天然气及固体料浆(如煤炭等),但是,在它占据的领域内,具有固定可靠的市场;投资成本大,回收周期长;管道运输量与最高运输量间的幅度小,因此,在油田开发初期,采用管道运输困难时,还要以公路、铁路、水路运输作为过渡。

图2.4 航空运输

图 2.5 管道运输

2. 按运营主体不同分类

1) 自营运输

自营(用)运输是指货主自己搞运输,即自备车辆,自行承担运输责任,从事货物的运输活动。自营(用)运输多限于公路运输,水路运输中也有少量部分属于这种状况,而航空、铁路这种需要巨大投资的运输方式,自营(用)运输无法开展。自营(用)运输的特点是主要以汽车为主要运输工具，其在总运量所占的比重大，且多为近距离、小批量货物运输，运输距离以单程100km以内为主。

2) 经营性运输

经营性运输是以运输服务作为经营对象，为他人提供货物运输服务，并收取运输费用的一种运输运营方式。经营性运输是与自营(用)运输相对应的，它可以在公路、铁路、水路、航空等运输业中广泛开展，是运输业的发展方向。

3) 公共运输

公共运输是指由政府投资或主导经营的各种运输工具(如飞机、火车等)以及相关的基础设施(如公路、铁路、港口、机场以及相关信息系统等)组成的统一体系。由于其涉及因素相当多，因此又称为综合运输体系。这种体系的构筑投资相当大，回收期长，风险大，与国民经济的发展息息相关，是一种基础性系统，在我国一般没有相应的企业投资经营。

3. 按运输的范围分类

1) 干线运输

干线运输是利用铁路、公路的干线、大型船舶的固定航线进行的长距离、大批量的运输，是进行远距离空间位置转移的重要运输形式。干线运输的一般速度较同种工具的其他运输要快，成本也较低，是运输的主体。

2) 支线运输

支线运输是与干线相接的分支线路上的运输。支线运输是干线运输与收、发货地点之间的补充性运输形式，路程较短，运输量相对较小。

3) 二次运输

二次运输是一种补充性的运输形式，指的是干线、支线运输到站后，站与用户仓库或指定地点之间的运输。由于是某个单位的需要，一般运量较小。

4) 企业内运输

企业内运输是指在工商企业范围内，直接为生产经营过程或商品流通服务的运输。一般在车间之间、车间与仓库之间、门店之间进行。但小企业内的这种运输以及大企业车间内部、仓库内部则不称为"运输"，而称为搬运。

4. 按运输的作用分类

1) 集货运输

集货运输是将分散的货物汇集集中的运输形式。一般是短距离、小批量的运输，货物集中后才能利用干线运输形式进行远距离及大批量运输。因此，集货运输是干线运输的一种补充形式。

2) 配送运输

配送运输是将结点中已按用户要求配好的货物配送给各个用户的运输。一般是短距离、小批量的运输，从运输的角度讲是对干线运输的一种补充和完善。

5. 按运输的协作程度分类

1) 一般运输

一般运输是指孤立地采用不同的运输工具或同类运输工具而没有形成有机协作关系的运输，如汽车运输、火车运输等。

2) 联合运输

联合运输 (Joint Transport) 是一次委托，由两个或两个以上运输企业协同将一批货物运送到目的地的活动。它利用每种运输方式的优势，充分发挥各自的效率，是一种综合性的运输形式。采用联合运输，可以缩短货物的在途运输时间、加快运输速度、节省运费、提高运输工具的利用率，同时可以简化托运手续，方便用户。

3) 多式联运

多式联运 (Multimodal Transport) 是联运经营者受托运人、收货人或旅客的委托，为委托人实现两种或两种以上的交通工具相互衔接、转运而共同完成的运输过程。

多式联运是联合运输的一种现代形式，在国内大范围物流和国际物流领域，往往需要反复地使用多种运输手段进行运输。

6. 按运输中途是否换载分类

1) 直达运输

直达运输 (Through Transportation) 是物品由发运地道接收地，中途不需要中转的运输。直达运输可以避免中途换载所出现的运输速度减缓、货损增加、费用增加等一系列弊端，从而能缩短运输时间，加快车船周转，降低运输费用。

2) 中转运输

中转运输 (Transfer Transportation) 是物品由发运地道接收地，中途经过至少几次落地并换装的运输。中转运输可以将干线、支线运输有效地衔接，可以化整为零或集零为整，从而方便用户，提高运输效率。

2.1.2 运输合理化

1. 运输合理化概念

物流合理化是指在一定的条件下以最少的物流运作成本而获得最大的效率和效益。它是对物流设备配置和物流活动组织进行调整改进，实现物流系统整体优化的过程。物流合理化是一个动态过程，其趋势是从合理到更加合理。由于运输是物流系统最重要的功能要素之一，在现代物流的合理化中，物流运输合理化占据着非常重要的地位。

物流运输合理化是按照商品流通规律、交通运输条件、货物合理流向、市场供需情况，走最短的路程、经过最少的环节、用最少的运力、花最少的费用、以最短的时间把货物从生产地运到消费地，即用最少的劳动消耗，运输更多的货物，取得最佳的经济效益。

2. 运输合理化的影响因素

运输合理化的影响因素很多,起决定性作用的有五个因素,称作合理运输的"五要素"。

1) 运输距离

在运输时,运输时间、运输货损、运费、车辆或船舶周转等运输的若干技术经济指标,都与运输距离有一定比例关系。运距长短是运输是否合理的一个最基本因素。

2) 运输环节

每增加一次运输,不但会增加起运的运费和总运费,而且必然会增加运输的附属活动,如装卸、包装等,各项技术经济指标也会因此下降。所以,减少运输环节,尤其是同类运输工具的环节,对合理运输有促进作用。

3) 运输工具

各种运输工具都有其使用的优势领域,对运输工具进行优化选择,按运输工具特点进行装卸运输作业,最大限度地发挥所用运输工具的作用,是运输合理化的重要手段。

4) 运输时间

运输是物流过程中需要花费较多时间的环节,尤其是远程运输。在全部物流时间中,运输时间占绝大部分,所以,运输时间的缩短对整个流通时间的缩短有决定性作用。此外,缩短运输时间,有利于加速运输工具的周转,充分发挥运力的作用,有利于货主资金的周转,有利于运输线路通过能力的提高,对运输合理化有很大贡献。

5) 运输费用

运费在全部物流费用中占很大比例,运费高低在很大程度上决定着整个物流系统的竞争能力。实际上,运输费用的降低,无论对货主企业来讲,还是对物流经营企业来讲,都是运输合理化的一个重要目标,也是各种合理化措施实施是否行之有效的最终判断依据之一。

3. 不合理运输

不合理运输是在现有条件下可以达到的运输水平而未达到,从而造成了运力浪费、运输时间增加、运费超支等问题的运输形式。目前我国存在的不合理运输形式主要有以下几种。

1) 返程或起程空驶

空车无货载行驶,是不合理运输最为严重的形势,主要表现为调运不当、货源计划不周、不采用运输社会化等。但是,在实际运输组织中,有时候必须调运空车,从管理上不能将其看成不合理运输。造成空驶的不合理运输主要有以下几种原因。

(1) 能利用社会化的运输体系而不利用,却依靠自备车送货、提货,这往往出现单程重车、单程空驶的不合理运输。

(2) 由于工作失误或计划不周,造成货源不实,车辆空去空回,形成双程空驶。

(3) 由于车辆过分专用,无法搭运回程货,只能单程实车、单程空回周转。

2) 对流运输

对流运输也称"相向运输""交错运输",指同一种货物或彼此间可以互相代用而又不影响管理、技术及效益的货物，在同一线路上或平行线路上做相对方向的运送，而与对方运程的全部或一部分发生重叠交错的运输。

在判断对流运输时需注意的是，有的对流运输是不很明显的隐蔽对流。例如，不同时间的相向运输，从发生运输的时间看，并未出现对流，可能做出错误的判断，所以要注意隐蔽的对流运输。

3) 迂回运输

迂回运输是舍近求远的一种运输，是可以选取短距离进行运输的情况下，却选择路程较长路线进行运输的一种不合理形式。迂回运输有一定复杂性，不能简单处之。只有当计划不周、地理不熟、组织不当而发生的迂回，才属于不合理运输。而当最短距离有交通阻塞、道路情况不好或对噪声、排气等特殊限制而不能使用时发生的迂回，不能称为不合理运输。

4) 重复运输

本来可以直接将货物运到目的地，但是在未达目的地之外的其他场所将货卸下，再重复装运送达目的地，这是重复运输的一种形式。另一种形式是同品种货物在同一地点一边运进，同时又向外运出。重复运输的最大弊端是增加了非必要的中间环节，这就延缓了流通速度，增加了费用，增大了货损。

5) 倒流运输

倒流运输是指货物从销地或中转地向产地或起运地回流的一种运输现象。倒流运输的不合理程度要甚于对流运输，其原因在于往返两程的运输都是不必要的，形成了双程的浪费。

6) 过远运输

过远运输是指调运物资舍近求远，近处有资源不调而从远处调，造成货物运距的浪费现象。过远运输占用运力时间长，运输工具周转慢，物资占压资金时间长，又易导致货损，增加了费用支出。

7) 运力选择不当

运力选择不当是不正确地利用各种运输工具，未能发挥各种运输工具的优势而造成的不合理现象，常见的是以下几种形式。

（1）弃水走陆。在同时可以利用水运及陆运时，不利用成本较低的水运或水陆联运，而选择成本较高的铁路运输或汽车运输，使水运优势不能发挥。

（2）铁路、大型船舶的过近运输。不是铁路以及大型船舶的经济运行里程，却利用这些运力进行运输。

（3）运输工具承载能力选择不当。不根据承运货物数量及其重量选择，盲目决定运输工具，造成过分超载、损坏车辆或货物不满载、浪费运力的现象。

8) 托运方式选择不当

对于货主，托运方式选择不当，造成运输成本增加的现象。例如应该选择整车运输，反而采取零担托运，应当直达而选择中转运输等，都属于这一类的不合理化运输。

4. 运输合理化的有效措施

为了克服不合理的运输现象，在物流运输管理过程中需要采取一些措施来组织合理的运输，提高运输工具的实载率。

实载率定义为：①单车或单船实际载重与运距之乘积和标定载重与行驶里程之乘积的比率，这在安排单车、单船运输时，是作为判断装载合理与否的重要指标；②车船的统计指标，即一定时期内车船实际完成的货物周转量（以吨千米计）占车船载重吨位与行驶里程之乘积的百分比。

提高实载率的意义在于：充分利用运输工具的额定能力，减少车船空驶和不满载行驶的时间，减少浪费，从而求得运输的合理化。

组织合理运输的主要形式有以下几种。

1) 减少动力投入，增加运输能力

核心思想是少投入，多产出，走高效益之路。运输的投入主要是能耗和基础设施的建设，在设施建设已定型和完成的情况下，尽量减少能源投入，是少投入的核心。主要采取"满载超轴"中的超轴措施。

（1）铁路运输方面：在机动车能力允许情况下，采用多加挂车皮、加长列车的办法，增加运输量。

（2）水路运输方面：运用水运拖排、拖带法和顶推法。对于竹、木等物资的运输，利用竹、木本身浮力，不用运输工具载运，采取拖带法运输，可省去运输工具本身的动力消耗，从而节省能源；将无动力驳船编成一定队形，一般是"纵列"，用拖轮拖带行驶，有比船舶载乘运输运量大的优点，求得合理化；将内河驳船编成一定队形，由机动船顶推前进的航行方法。其优点是航行阻力小，顶推量大，速度较快，运输成本很低。

（3）公路运输方面：采用汽车挂车的方式，在充分利用动力能力的基础上，增加运输能力。

2) 发展社会化运输体系

运输社会化是打破一家一户自成运输体系的状况。一家一户的运输车辆自有、自我服务，不能形成规模，且一家一户运量需求有限，难以自我调剂，因而经常容易出现空驶、运力选择不当、不能满载等浪费现象，且配套的接货发货设施、装卸搬运设施也很难有效地运行，所以浪费颇大。实行运输社会化，可以统一安排运输工具，避免对流、倒流、空驶、运力不当等多种不合理形式，不但可以追求组织效益，而且可以追求规模效益，所以发展社会化的运输体系是运输合理化的非常重要措施。

社会化运输体系中各种联运体系是其中水平较高的方式。联运方式充分利用面向社会的各种运输系统，通过协议进行一票到底的运输，有效打破了一家一户的小生产，受到了欢迎。我国在利用联运这种社会化运输体系时，创造了"一条龙"货运方式。对产、销地及产、销量都较稳定的产品，事先通过与铁路、交通等社会运输部门签订协议，规定专门收发到站、专门航线及运输路线、专门船舶和泊位等，有效保证了许多工业产品的稳定运输,取得了很大成绩。

3) 开展直达运输

直达运输是追求运输合理化的重要形式,其对合理化的追求要点是通过减少过载、换载,从而提高运输速度,省去装卸费用,降低中转货损。直达的优势,尤其是在一次运输批量和用户一次需求量达到了一整车时表现最为突出。此外,在生产资料、生活资料运输中,通过直达,建立稳定的产销关系和运输系统,也有利于提高运输的计划水平。

特别要说明的是,直达运输的合理化也是在一定条件下才会有所表现,不能绝对认为直达一定优于中转。这要根据用户的要求,从物流总体出发做综合判断。例如,从用户需要量看,批量大到一定程度时,直达是合理的,批量较小时中转是合理的。

4) 配装配载运输

配装配载运输是充分利用运输工具的载重量和容积,合理安排装载的货物及载运方法以求得合理化的一种运输方式。配装配载运输也是提高运输工具实载率的一种有效形式。

（1）轻重装配。轻重装配是轻重商品的混合配载,在以重质货物运输为主的情况下,同时搭载一些轻泡货物。例如,海运矿石、黄沙等重质货物,在舱面挡运木材、毛竹等,铁路运矿石、钢材等重物上面搭运轻泡农副产品等,在基本不增加运力投入、基本不减少重质货物运输的情况下,解决了轻泡货的搭运,因而效果显著。

（2）解体运输。它是针对一些体积大且笨重、不易装卸又容易致损的货物所采用的一种装载技术。例如,大型机电产品、科学仪器、自行车等,可将其拆卸装车,分别包装,以缩小其所占用的空间位置,达到便利装卸搬运和提高运输装载效率的目标。

（3）堆码技术。根据车船的货位情况以及不同货物的包装状态、形状,采取有效的堆码技术。例如,多层装载、骑缝装载、紧密装载技术,以达到提高运输效率的目标。与此同时,改进包装技术,逐步实行单元化、托盘化,对提高车船技术装载量也有重要意义。

5) 发展"四就"直拨运输

"四就"直拨运输是就厂、就车站（码头）、就库、就车（船）将货物直接送给用户,而无须再入库。它是减少中转运输环节,力求以最少的中转次数完成运输任务的一种形式。现实中往往出现批量到站或到港的货物,先要进分配部门或批发部门的仓库,再按程序分拨或销售给用户。这样一来,往往出现不合理运输。

"四就"直拨运输与直达运输既有区别又有联系,在运输过程中将"四就"直拨运输与直达运输结合起来会发挥更好的作用。

6) 发展特殊运输技术和运输工具

依靠科技进步是运输合理化的重要途径。例如,专用散装及罐车解决了粉状、液状物运输损耗大、安全性差等问题;大型半挂车解决了大型设备整体运输问题;滚装船解决了车载货的运输问题;集装箱船比一般船能容纳更多的箱体,集装箱高速直达车船加快了运输速度等,都是通过运用先进的科学技术来实现合理化的。

7) 通过流通加工使运输合理化

有不少产品，由于产品本身形态及特性问题，很难实现运输的合理化，如果进行适当加工，就能够有效解决合理运输问题。例如，将造纸材料在产地预先加工成干纸浆，然后压缩体积运输，就能解决造纸材料运输不满载的问题；轻泡产品预先捆紧包装成规定尺寸，装车就容易提高装载量；水产品及肉类预先冷冻，就可提高车辆装载率，并降低运输损耗。

2.2 运输决策管理

2.2.1 运输方式的选择

1. 影响运输方式选择的主要因素

1) 货物的特性

货物的价值、形状、单件的重量、容积、危险性、变质性等都是影响运输方式选择的重要因素。货物的自然属性直接影响着运输方式的选择。一般来说，原材料等大批量的货物、价格低廉或容积形状庞大的货物运输适合于铁路运输或水路运输；重量轻、容积小、价值高的货物适合于航空运输；中短距离的运输适合于公路运输。

2) 可选择的运输工具

尽管现在交通发达，可供选择的运输工具较多，但对于具体时间、地点条件下的运输，不是所有承运人都能很容易地获得所需要的运输工具的。对于运输工具的选择，不仅要考虑运输费用，还要考虑仓储费用，因为运费低的运输工具，一般运量大，而运量大会使库存量增加，库存量增大会相应增加高额的仓储费用，最后运输成本增加，因此要综合考虑。

另外，运输工具的选择还要考虑不同运输方式的营运特性，包括速度、可得性、可靠性、能力和频率等。

3) 运输成本

运输总成本是指为两个地理位置间的运输所支付的费用以及与运输管理、维持运输中存货有关的总费用。如果单纯从运输方式的费用考虑，航空运输比公路运输的费用高很多，公路运输比铁路运输的费用成本高，铁路运输比水路运输的费用高，水路运输又比管道运输的费用高。但是货物的运输总成本不仅仅包括运输工具的运输费用，还包括运输管理、维持运输中包装、保管、库存等费用。这就说明最低运输费用并不意味着最低的运输总成本。所以，货物的运输不能单纯地考虑运输方式的费用，还要考虑运输的速度，这样才能做到使运输总成本达到最小。

运输速度是指完成货物运输所需的时间。提高运输速度，缩短运输时间与降低运输总成本是一种此消彼长的关系。要利用快捷的运输方式，就有可能增加运输总成本；反之，运输总成本的下降有可能导致运输速度的减缓，运输时间的延长。所以，选择期望的运输方式，至关重要的问题就是有效地协调两者之间的关系，使其保持一种均衡状态，这样才是理想的选择。

4) 运输时间

运输时间是指从发货地发货到目的地接收货物之间的时间。运输时间的度量是货物如何快速地实现发货人和收货人之间"门到门"的时间，而不仅仅是运输工具如何快速移动、货物运输起点到终点的时间。一般来说，在没有交汇转运点的情况下，火车运输比汽车运输快，但是在最后的交货之前，货物在铁路货场上可能需要等待一周时间才能最后转运到收货人手中，而汽车运输能直接实现"门到门"的运输，比火车运输花费的时间短。由此看来，不同的运输方式，提供的货物运输时间是不相同的，有的运输方式能提供货物起止点的直接运输，有的则不能。不管选择哪一种运输方式，运输时间都应该用"门到门"的运送时间来进行衡量。

5) 运输安全

运输的安全性包括所运输货物的安全和运输人员的安全，以及公共安全。当货物在运动的运输工具中时，盗窃发生较少，损坏也很少发生。当然，有时运动本身可能导致货物的损坏，但更多的损坏是由于装卸、搬运或是劣质的包装造成的。所以从整个运输过程来说，同其他运输方式相比，载货卡车能够更好地保护货物的安全，因只有卡车才能够实现"门到门"的运输，而不需要中途装卸和搬运。对运输人员和公共安全的考虑也会影响到货物的安全措施，进而影响到运输方式的选择。如对于危险品运输要采取更加安全的措施，而在地面运输中采取的安全措施又远没有在空运中那样严格，这是因为航空运输安全与否造成的后果远比其他运输方式严重，对于某些货物，不健全的安全措施也会影响到公共安全，甚至影响到国家的安全。所以，不管是从货物的安全性考虑，还是从运输人员的安全或公共安全考虑，都会影响到托运人对运输方式的选择。

6) 其他影响因素

除上述列举的影响运输方式选择的因素外，经济环境或社会环境的变化也会制约着托运人对运输方式的选择。例如，随着物流量的增大，噪声、振动、大气污染、事故等问题日益增多，政府为防止这些问题发生的相关法律、法规相继出台，并日益严格；如对公路运输超载货物、超速运行的限制，对航空、水路、铁路、公路运输中特种货物运输的不同规定等，还有防止交通公害的对策、税金、使用费等规定的限制，都会影响托运人对运输方式的选择。

综上所述，选择运输方式时，通常是在保证运输安全的前提下，再衡量运输时间和运输费用，当到货时间得到满足时，再考虑费用低的运输方式。当然，计算运输费用不能单凭运输单价的高低，而应对运输过程中发生的各种费用以及对其他环节费用的影响进行综合分析。

2. 运输方式的选择方法

在各种运输方式中，如何选择适当的运输方式是物流合理化的重要问题。一般来讲，应根据物流系统要求的服务水平和可以接受的物流成本来选择运输方式，也可以选择使用联运的方式。运输方式的选择，需要根据运输环境、运输服务的目标要求，采取定性分析与定量分析的方法进行考虑。

定性分析法主要是依据完成运输任务可用的各种运输方式的运营特点、主要功能、货物的特性以及货主的要求等因素，对运输方式进行直观选择的方法。定性分析法只能在单一运输方式和多式联运方式中选择。单一运输方式选择时根据各自的优缺点进行对比分析，而多式联运是选择两种以上的运输方式联合起来提供运输服务，在不同运输方式间自由变换运输工具，以最合理、最有效的方式实现货物的运输。在实际运输中一般有铁路与公路的联运，公路、水路与铁路联运，航空与公路联运等。

定量分析法有综合评价法、成本比较法、考虑竞争因素法等多种方法。

1）综合评价法

运输方式的选择应满足运输的基本要求，即经济性（F_1）、迅速性（F_2）、安全性（F_3）和便利性（F_4）。四要素的重要度，即权重系数分别用 b_1、b_2、b_3、b_4 来表示。

则运输方式的综合评价方法为

$$F=b_1F_1+b_2F_2+b_3F_3+b_4F_4$$

设铁路、公路、水路和航空运输方式分别以 T、G、S、H 表示，则

$$F(T)=b_1F_1(T)+b_2F_2(T)+b_3F_3(T)+b_4F_4(T)$$

$$F(G)=b_1F_1(G)+b_2F_2(G)+b_3F_3(G)+b_4F_4(G)$$

$$F(S)=b_1F_1(S)+b_2F_2(S)+b_3F_3(S)+b_4F_4(S)$$

$$F(H)=b_1F_1(H)+b_2F_2(H)+b_3F_3(H)+b_4F_4(H)$$

比较其值，数值最大者为应选运输方式。由于 F_1、F_2、F_3、F_4 的数值难以确定，所以应先分别计算出经济性、迅速性、安全性、便利性在各种运输方式中的平均值，再以某种运输方式的值与平均值比较，得到其相对值。

2）成本比较法

如果不以运输服务作为竞争手段，那么能使该运输服务的成本与运输服务水平导致的相关间接库存成本之间达到平衡的运输方式就是最佳服务方案，即运输速度和可靠性会影响托运人和收货人的库存水平以及他们之间的在途库存水平。如果选择速度较慢、可靠性差的运输服务，物流渠道中需要更多的库存，这样要考虑库存持有成本可能升高，以此来抵消运输服务成本降低的情况。因此各种备选方案中，最合理的方案应该是既能满足客户需求，又能使总成本最低的服务。

3）考虑竞争因素法

当买方通过供应渠道从若干个供应商处购买商品时，物流服务和价格会影响到买方对运输服务供应商的选择。反之，运输服务供应商也可以通过供应渠道运输方式的选择控制

物流服务的这些要素，影响买方的惠顾。

对买方来说，良好的运输服务意味着可保持较低的存货水平和较确定的运作时间表。买方行为是将更大的购买份额转向能提供较好运输服务的供应商，运输服务供应商可以用从交易扩大而得的更多利润去支付由于特佳的运输服务增加的成本。这种运输服务方式选择成为运输服务供应商和买方共同的决策。当然当一个运输服务供应商为了争取买方而选择特佳的运输方式时，参与竞争的其他供应商也可能做出竞争反应，此时要考虑更多竞争因素。例如，对于运输费率、产品品种、库存成本的变化等环节，竞争对手都有可能采取反击措施。

2.2.2 运输路线以及运量的选择

1. 运输路线的选择

运输路线的选择实际上是一个多目标决策。运输路线的确定要考虑运输距离、运输环节、运输工具、运输时间和运输费用等多方面因素。运输路线选择问题种类繁多，可将其简单归类为以下类型。

1) 起讫点不同

对分离、单个始发点和终点的网络运输路线选择问题，最简单和直观的方法是最短路线法。网络由结点和线组成，点与点之间由线连接，线代表点与点之间运行的成本。在除初始结点外，所有结点都被认为是未解的，即均未确定是否在选定的运输路线上，始发点作为已解点，计算从原点开始。

2) 多起讫点

当多个货源地可以服务多个目的地时，就要指定为各个目的地服务的供货地，同时找到供货地和目的地之间的最佳路径。解决这类问题可以运用一类特殊的线性规划方法。

3) 起讫点重合

当始发点与终点重合时，寻求访问各点的次序，以求运行时间或距离最小化，这类问题应采用经验探试法比较有效。由经验可知，当运行路线不发生交叉时，经过各停留点的次序是合理的，应尽量使运行路线成"泪滴状"。

4) 其他限制条件

在实际运输中，一些具体的限制使得问题变得更复杂，如每一地点既有货物要送，又有货物要取，部分或全部地点的线路开放时间都有限制，受车辆容量的限制，要求先送货，司机的就餐时间和休息时间等也在考虑范围内。

2.2.3 运输服务商的选择

客户在付出同等运费的情况下总希望得到更加满意的服务，因此服务质量往往成为客户选择不同运输服务商的首要标准。在运输服务商选择时可以依据运输服务质量、运输价格以及利用综合决策模型进行决策。

1. 运输服务质量决策

运输服务质量一般从以下几个方面来衡量。

1) 可靠性

可靠的集货和配送时间可以使托运人或收货人优化存货水平使缺货成本最小。不可靠的货物送达时间导致为了防止缺货情况发生而增加库存水平，增加缺货成本。

2) 运送时间

运送时间与企业客户的订货周期相关，即在订货之后，运送货物需要花费多长时间。

运送时间直接影响存货水平和存货成本。货物运送时间越长，存货水平越高，存货持有时间越长，存货成本越高。

3) 可达性

运输提供者从特定的起点到终点运送货物的能力。如果一种运输方式在起始点到终点之间不能直接服务，将导致额外的成本和运送时间。

4) 受理能力

承运人满足特殊服务需求的运输能力。如有的运输会对运输设备、设施以及通信系统有独特的要求。要求对运输温度进行控制的产品必须使用安装冷冻设备的车辆，对时间要求严格的货物需要配备实时通信系统以准确控制货物的在途位置和到达时间等。

5) 安全性

运输中货物的安全问题主要是防止运输中货物受损或丢失，如果货物受损或丢失则会引起存货或缺货成本的上升。

6) 沟通和诚信

运输过程需要沟通，沟通的内容有货物追踪、客户询问、订货和信息管理等，目的是托运人可以随时知道货物运输过程状态，同时公司通过沟通倾听客户心声，发现他们的需要，并尽力满足。诚信是公司要信守向客户做出的承诺。

虽然各服务商运输质量不断提高，但是客户对服务的要求也越来越高，于是客户在选择不同运输服务商时还考虑其他方面的服务水平或服务理念。

由于运输技术以及运输工具的发展，目前各运输服务商之间的运输质量差异正在缩小，而为了吸引客户，服务商不断更新服务理念，以求与其他服务商有服务差异，为客户提供高附加值的服务，从而稳定自己的市场份额，增强竞争力。现代服务理念的基本准则已经不再是一味地提高服务质量，而是通过差异化服务提高客户的满意度。

2. 运输价格决策

随着运输市场竞争的日益激烈，对于某些货物来说，不同类型的运输服务商提供的服务质量已经没有差别，此时运输价格成为各服务商的竞争手段。由于不同运输服务商各自制定价格的选择基础不同，因此使用的定价方法也不同，主要有以下几种。

1) 服务合同定价法

企业的非标准产品或无市场价格资料可供参考时，只能以实际作业成本为基础协商定价，并签订合同的一种定价方法。常见的有固定价格合同、成本加成合同、成本加固定费用合同以及奖励合同等。

2) 需求导向定价法

根据市场需求强度来确定物流产品的价格，不是仅仅考虑成本，而是注意到市场需求的强度和客户的价值观，根据目标市场客户所能接受的价格水平定价。常见的有习惯定价法、理解价值定价法、区分需求定价法和比较定价法。

3) 竞争导向定价法

根据同一市场或类似市场上竞争对手的物流运输价格来制定本企业物流运输价格。常见的有随行就市定价法、低于竞争者的价格定价、高于竞争者的价格定价、投标定价法和变动成本定价法。

4) 折扣定价法

折扣是对服务承揽支付的报酬，以此来促进物流服务消费的产生，也是一种促销手段，可以鼓励提早付款或高峰以外的物流消费。常见的有数量折扣、现金折扣、季节折扣、代理折扣和回程、方向折扣。

5) 关系定价法

物流企业要制定一个有助于同客户形成持久合作关系的定价策略。首先要理解客户同本企业发展长期关系的需要和动机，其次是要分析潜在竞争者的获利举动，达到"双赢"的目的，常见的有长期合同和多购优惠等。

2.3 运输组织管理

2.3.1 物流运输组织的形式

1. 公路货物运输组织形式

公路货物运输可以按照不同标准进行分类，按货物种类分可以分普通货物运输和特种货物运输；按货物运营方式可以分整车运输、零担运输、集装箱运输和包车运输；按照货物运送速度划分为一般货物运输、快件运输和特快专递；按货物是否保险或保价可以分为不保险运输、保险运输和保价运输。

货物运输组织方法直接影响到货物运输速度与运输费用。在各种运输方式竞争激烈的条件下，做好货物运输组织工作显得尤为重要。货物运输组织方法应在掌握一定货源的基础上，根据货物结构的不同，合理调配和使用车辆，做到车种适合货种，标重配合货重。

1) 普通货物运输

（1）行车组织方法。公路货物运输行车组织方法常采用直达行驶法和分段行驶法两种。直达行驶法是指每辆汽车装运货物由起点经过全线直达终点，卸货后再装货或空车返回，即货物中间不换车。其特点是车辆在路线上运行时间较长，因此驾驶员的工作制度可以根据具体情况采取单人驾驶制、双人驾驶制、换班驾驶制等方式。分段行驶法是指将货物运输路线的全线适当分成若干段（即区段），每一区段均有固定的车辆工作，在区段的衔接点，货物由前一个区段的车辆转交给下一个区段的车辆接运，每个区段的车辆不出本区段工作。为了缩短装卸货交接时间，在条件允许时，也可采取甩挂运输。

（2）甩挂运输组织。甩挂运输也称为甩挂装卸，是指汽车列车（一辆牵引车与一辆或一辆以上挂车的组合）在运输过程中，根据不同的装卸和运行条件，由载货汽车或牵引车按照一定的计划，相应地更换拖带挂车继续行驶的一种运行方式。由于甩挂运输既保留了直达行驶法的优点，又克服了分段行驶法转运时装卸时间长的缺点，使得车辆载重量和时间利用均能得到充分的发挥，具有较佳的经济效益。

2) 特种货物运输

特种货物一般可以分为危险货物、超限货物和鲜活货物三大类。

（1）危险货物运输。危险货物具有爆炸、易燃、毒害、腐蚀、放射性等性质，在受理托运、仓储保管、货物装卸、运送、交付等环节，应加强管理。托运人只能委托有危险化学品运输资质的运输企业承运，在托运时必须说明货物名称、特性、防护方法、形态、包装、单件重量等情况；还要提出资质证书以及经办人的危险货物业务培训合格证与身份证。托运剧毒化学品，还应出具目的地各级公安部门办理的通行证。

（2）超限货物运输。公路超限货物运输是指使用非常规的超重型汽车、列车载运外形尺寸和重量超过常规车辆装载规定的大型物件（简称为大件）的公路运输。

大件是指符合下列条件之一的货物：长度在14m以上或宽度在3.5m以上或高度在3m以上的货物，重量在20t以上的单体货物，或不可解体的成组（捆）货物。

超限货物运输组织工作是依据公路超限货物的特点，其组织工作环节主要包括托运、理货、验道、制定运输方案、签订运输合同、线路运输工作组织以及运输统计与结算等项。在办理托运时，应由大型物件托运人（单位）向已取得大型物件运输经营资格的运输业户或其代理人办理托运，托运人必须在托运单上如实填写大型物件的名称、规格、件数、件重、起运日期、收发货人详细地址及运输过程中的注意事项，应提供货物重心位置的资料并在货件上标明重心位置。凡未按上述要求办理托运或托运单填写不明确，由此发生的运输事故，由托运人承担全部责任。

（3）鲜活货物运输。鲜活货物是指在运输过程中需要采取相应的保鲜措施，并须在规定期限内运抵目的地的货物。鲜活货物一般具有季节性较强、运输责任性较大、运送时间比较紧迫等特点。

良好的运输组织工作对保证鲜活货物的质量十分重要。汽车运输部门按鲜活货物的运输规律,提前做好各方面的准备工作,如事先做好货源摸底和核实工作,妥善安排好运力,保证及时运输。托运鲜活货物时,发货人应保证提供质量新鲜、包装容器符合要求、热状态符合规定的货物,并在托运单上注明最长的运达期限。

2. 铁路货物运输组织形式

铁路货物运输按照一批货物的重量、体积、性质或形状等因素可以分为整车运输、零担运输和集装箱运输 3 种。

1) 整车运输

一批货物的重量、体积、性质或形状需要一辆或一辆以上铁路货车装运(用集装箱装运除外)即为整车运输。整车运输应符合以下条件。

(1) 货物的重量或体积。我国现有的货车以棚车、敞车、平车和罐车为主,标记载重量(简称为标重)大多为 50t、60t 及其以上,棚车的容积在 100m³ 以上。达到这个重量或容积条件的货物,应按整车运输。有一些专为运输某种货物的专用货车,如散装水泥车、散装粮食车、长大货物车、家畜车等,按专用货车的标重、容积确定货物的重量与体积是否需要一辆货车装载。

(2) 货物的性质或形状。有些货物,虽然重量、体积不够一车,但按其性质、形状需要单独使用一辆货车时,也应按整车运输。另外,有些货物除按集装箱运输外,也应按整车运输办理(即不得按零担运输的货物)的有:需要冷藏、保温或加温运输的货物;根据规定应按整车运输的危险货物;易于污染其他货物的污秽品;蜂蜜;不易计算件数的货物;未装容器的活动物;一件货物重量超过 2t、体积超过 3m³ 或长度超过 9m 的货物(经发站确认不影响中转站和到站装卸作业的除外)。

2) 零担运输

一批货物的重量、体积、性质或形状不需要一辆铁路货车装运(用集装箱装运除外),即属于零担运输,简称为零担。

(1) 零担运输的条件。为了便于装卸、交接和保管,有利于提高作业效率和货物安全,除应按整车办理的货物外,一件体积最小不得小于 0.02m³(一件重量在 10kg 以上的除外)、每批件数不超过 300 件的货物,均可按零担运输办理。

(2) 零担货物的分类。根据零担货物的性质和作业特点,零担货物可分为以下几类。

① 普通零担货物,简称普零货物或普零,即按零担办理的普通货物。
② 危险零担货物,简称危零货物或危零,即按零担办理的危险货物。
③ 笨重零担货物,简称笨零货物或笨零,是指一件重量在 1t 以上、体积在 2m³ 以上或长度在 5m 以上,需要以敞车装运的货物。货物的性质适宜敞车装运和吊装吊卸的货物。
④ 零担易腐货物,简称鲜零货物或鲜零,即按零担办理的鲜活易腐货物。

(3) 整零车种类。装运零担货物的车辆称为零担货物车,简称为零担车。零担车的到站必须是2个(普零)或3个(危零或笨零)以内的零担车,称为整装零担车(简称为整零车)。整零车按车内所装货物是否需要中转分为直达整零车和中转整零车两种;按其到站个数分为一站整零车、两站整零车和三站整零车3种。由于上述两种方法的组合,则有一站(两站或三站)直达整零车和一站(两站或三站)中转整零车6种。危零货物只能直接运至到站,不得经中转站中转。

(4)整零车组织条件。整零车组织条件有以下几项。

①一站整零车。车内所装货物不得少于货本标重的50%或容积的90%。

②两站整零车。第一到站的货物不得少于货本标重的20%或容积的30%,第二到站的货物不得少于货本标重的40%或容积的60%;两个到站必须在同一径路上且距离不得超过250km,但符合下列条件之一可以不受距离限制:第二到站的货物重量达到货本标重的50%或容积的70%;两个到站为相邻中转站,即第一到站为中转站,装至第二到站的货物符合第一到站的中转范围。

③三站整零车。危零、笨零货物不够条件组织一站或两站整零车时可以组织同一路径上3个到站的整零车,但第一到站与第三到站的距离不得超过500km。

3) 集装箱运输

集装箱运输(Container Transport)是指以集装箱这种大型容器为载体,将货物集合组装成集装单元,以便在现代流通领域内运用大型装卸机械和大型载运车辆进行装卸、搬运作业和完成运输任务,从而更好地实现货物"门到门"运输的一种新型、高效率和高效益的运输方式。集装箱适于运输精密、贵重、易损的货物,凡适合集装箱运输的货物,都应按集装箱运输要求进行。

3. 水路货物运输组织形式

水路运输按照航行区域,大致分为沿海运输、远洋运输和内河运输3种类型。沿海运输指在我国沿海区域港口之间的运输;远洋运输指除了沿海运输以外所有的海上运输;内河运输指在江、河、湖泊、水库以及人工水道的运输。下面主要介绍远洋货物运输方式。

远洋货物运输业务是根据外贸合同中的运输条款将进出口货物通过海运运到国内外目的港的一种货运业务。对于进出口货物数量较大的,若需要整船载运时,则要办理租船手续;若进出口货物不需要整船装运时,则要洽订班轮或租订部分舱位。

1) 班轮货物运输

班轮货物运输主要通过揽货、订舱、接受托运申请、接货、换取提单、装船、海上运输、卸船、交付货物等程序完成货物运输。其中涉及多种主要单证,有托运单、装货联单、装货清单、载货清单、装箱单、码头收据(场站收据、港站收据)、提单、货物残损单、货物溢短单、提货单等。

2) 租船货物运输

实际租船业务中采用的主要租船经营方式有航次租船、定期租船、包运租船、光船租船。

（1）航次租船是指由船舶所有人负责提供一艘船舶，在指定的港口之间进行一个航次或几个航次运输指定货物的租船方式。

①单航次租船。指船舶所有人与承租人双方合租一个单航次的租船方式。

②来回程航次租船。指船舶所有人与承租人双方合租一个往返航次的租船方式。

③连续单航次或连续来回程航次租船。指船舶所有人与承租人双方合租连续完成几个单航次或几个连续来回程航次的租船方式。

（2）定期租船是指船舶所有人将一艘特定的船舶出租给承租人使用一段时间的租船方式。

（3）包运租船是指船舶所有人提供给承租人一定的运力，在确定的港口之间以事先约定的时间、航次周期和每航次较均等的货运量完成合同规定总运量的租船方式。

（4）光船租船是指租期内船舶所有人只提供一艘空船给承运人使用，而配备船员、供应给养、船舶的营运管理以及一切固定或变动的营运费用都由承租人负担的租船方式。

4. 航空货物运输组织形式

1) 班机运输

班机运输是指在固定航线上定期航行的航班。班机运输有固定的始发站、到达站和经停站。

2) 包机运输

包机运输是由于在班机运输形式下货物舱位常常有限，因此当货物批量较大，包机运输就成为重要的方式。包机运输分为整机包机和部分包机。整机包机指航空公司或包机代理公司按照合同中双方事先约定的条件和运价将整架飞机租给租机人，从一个或几个航空港装运货物至指定目的地的运输方式。部分包机指由几家航空货运代理公司或发货人联合包租一架飞机，或者是由包机公司把一架飞机的舱位分别卖给几家航空货运代理公司的货物运输形式。

5. 管道货物运输组织形式

管道运输是指利用管道，通过一定的压力差而完成物品运输的一种运输方式。目前管道所运货物主要有原油、成品油、天然气、矿砂、煤浆以及其他化工流体等。一般分为输油管道运输、天然气管道运输、固体料浆管道运输 3 类。

1) 输油管道运输

输油管道是连接油田、炼厂、油库或其他用油单位的长距离输送原油或成品油的管道。原油管道的起点大多是油田，终点可能是炼油厂或转运原油的港口、铁路枢纽。成品油管道的起点是炼油厂或成品油库，沿途有很多的支线分油或集油，其终点和分油点则是转运油库或分配油库，在该处用铁路油槽车或汽车油罐车将各种型号的成品油直接送给大型城镇的加油站，或用支线将油品直接送给大型用油企业。

输油管道由输油站和管线两大部分组成。输油站包括首站、末站、中间泵站等，管线主要包括管道、沿线阀室以及一些防腐保护设备等。

2) 天然气管道运输

我国是世界上最早使用管道输送天然气的国家之一。1963年在四川建成的巴渝管线是第一条现代意义的输气管道。输气管道系统主要由矿场集气管网、干线输气管道、城市配气管网以及相关的站、场等设备组成。这些设备从气田的井口装置开始，经矿场集气、净化以及干线输送，再经配气管网送到用户，形成一个统一的、密闭的输气系统。

3) 固体料浆管道运输

固体料浆管道运输是将待运输的固体物质破碎为粉粒状，再与适量的液体配置成可泵送的浆液，通过管道输送这些浆液到目的地后再将固体与液体分离送给用户。目前浆液管道主要输送煤、铁矿石、磷矿石、铜矿石和石灰石等矿物，配置浆液的主要是水，还有少数采用燃料油或甲醇等液体作为载体。

料浆管道的基本组成部分与输气、输油管道大致相同，但是需配置一些制浆、退水干燥设备。其主要由3个组成部分，分别是浆液制备厂、输送管道、浆液后处理系统。以煤浆管道为例，包括煤水供应系统、制浆厂、干线管道、中间加压泵站、终点脱水与干燥装置。

3.3.2 物流运输组织作业流程

1. 水路货物运输作业流程

水路货物运输作业流程主要介绍班轮运输货运流程和租船运输货运流程。

1) 班轮运输货运流程

班轮运输大致流程如图2-6所示。

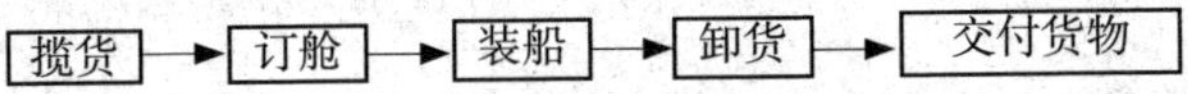

揽货 → 订舱 → 装船 → 卸货 → 交付货物

图2-6 班轮运输流程图

（1）揽货与订舱。揽货就是揽集货载，即从货主那里争取货源的行为。订舱是指货物托运人或其代理人向承运人（即船公司或其代理）申请货物运输，承运人对这种申请给予承诺的行为。

班轮运输不同于租船运输，承运人与托运人之间不需要签订运输合同，而是以口头或传真的形式进行预约。只要承运人对这种预约给予承诺，并做出舱位安排，即表明承托双方已建立了有关货物运输的关系。

（2）接受托运申请。货主或其代理向船公司提出订舱申请后，船公司首先考虑其航线、港口、船舶、运输条件等能否满足发货人的要求，然后再决定是否接受托运申请。

（3）接货。传统的杂货不仅种类繁多，性质各异，形态多样，而且货物又分属不同的货主，如果每个货主都将自己的货物送到船边，势必造成装货现场的混乱。为提高装船效率，加速船舶周转，减少货损，在杂货班轮运输中，对于普通货物的交接装船，通常由船公司在各装货港指定装船代理人，由装船代理人在各装货港的指定地点（通常是码头仓库）接受托运人送来的货物，办理交接手续后，将货物集中整理，并按货物的性质、包装、目的港及卸货次序进行适当的分类后进行装船,即所谓的"仓库收货,集中装船"。对于特殊货物如危险品、冷冻货、贵重货、重大件货等,通常采取由托运人将货物直接送至船边,交接装船的方式,即采取现装或直接装船的方式。仓库管理人员在收到托运人的货物后,应注意认真检查货物的包装和质量,核对货物的数量,无误后即可签署场站收据给托运人。

至此,承运人与托运人之间的货物交接结束。

(4)换取提单。托运人可凭经过签署的场站收据,向船公司或其代理换取提单,然后去银行结汇。

(5)装船。船舶到港前,船公司和码头计划室对本航次需要装运的货物制作装船计划,待船舶到港后,将货物从仓库运至船边,按照计划装船。

(6)海上运输。海上承运人对装船的货物负有安全运输、保管、照料的责任,并根据货物运输提单条款划分与托运人之间的责任、权利、义务。

(7)卸船。船公司在卸货港的代理人根据船舶发来的到港电报,一方面编制相关单证,约定装卸公司,等待船舶进港后卸货;另一方面还要把船舶预定到港的时间通知收货人,以便收货人做好接收货物的准备工作。与装船时一样,如果各个收货人都同时到船边接收货物,同样会使卸货现场十分混乱,所以卸货一般也采用"集中卸货,仓库交付"的方式。

(8)交付货物。在实际业务中,交付货物的过程是收货人凭已经接受了船公司交付的货物并签章的提单交给船公司在卸货港的代理人,经代理人审核无误后,签发提货单交给收货人,然后收货人凭提货单前往码头仓库提取货物,并与卸货代理人办理交接手续。

通常货物交付方式有船边交付货物、选港交付货物、变更卸货港交付货物和凭保证书交付货物几种类型。

2) 租船运输业务流程

租船运输业务流程如图 2-7 所示。

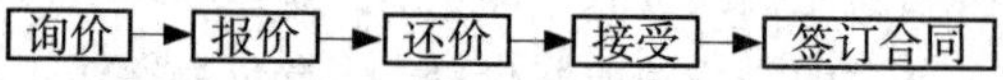

询价 → 报价 → 还价 → 接受 → 签订合同

图2-7 租船运输流程

(1)询价又称询盘。通常是由承租人以其期望的条件通过租船经纪人在租船市场上要求租用船舶的行为,即为货求船。询价主要以电报或电传等书面形式提出。承租人询价所期望的条件一般应包括需要承运货物的种类、数量、装货港和卸货港、装运期限、租船方式或期限、期望的运价(租金)水平以及所需用船舶的明细说明等内容。

询价也可以由船舶所有人为承揽货载而先通过租船经纪人向航运交易市场发出求货载信息,即为船求货。由船舶所有人发出的询价内容包括出租船舶的船名、国籍、船型、船舶的散装和包装容积以及可供租用的时间和希望承揽的货物种类等。询盘的作用是让对方知道发盘所需要的大致情况,内容简单扼要。

(2)报价又称报盘或发盘。它是指当船舶所有人从租船经纪人那里得到承租人的询价,经过成本估算或者比较其他的询价条件后,通过租船经纪人向承租人提出自己所能提供的船舶情况和提供的条件,是船舶出租人对承租人询价的回应。若是船舶所有人先提出询价,则报价由承租人提出。

(3)还价又称还盘。它是指在条件报价的情况下,承租人与船舶所有人之间对报价条件的谈判、协商、讨价还价的过程。

还价意味着询价人对报价人报价的拒绝和新的询价开始。因此,报价人收到还价后还需要对是否同意还价条件作出答复,或再作次出新的报价。这种对还价条件作出答复或再次作出新的报价称为返还价(Counter offer)或称返还盘。

(4)接受又称受盘。它是船舶所有人和承租人经过反复多次还盘后,双方对合同主要条款意见一致,即最后一次还实盘的全部内容在时限内被双方接受,就算成交。根据国际上通常的做法,接受订租后,双方当事人应签署一份"订租确认书",对商谈租船过程中双方承诺的主要条件予以确认,对于细节问题还可以进一步商讨。

(5)签订租船合同。签订确认书只是一种意向合同,正式租船合同要按租船合同范本予以规范,进行编制,明确租船双方的权利和义务,双方当事人签署后即可生效。之后,如果哪一方提出更改或撤销等异议,造成的损失由违约方承担责任。

2. 铁路货物运输作业流程

铁路货物运输流程如图2.8所示。

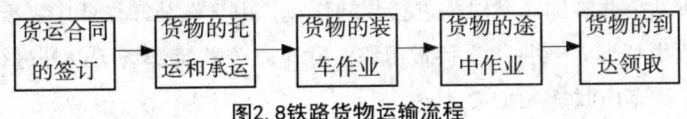

图2.8 铁路货物运输流程

1)货物的托运、受理、承运

铁路实行计划运输,若发货人要求铁路运输整车货物,应向铁路提出月度要车计划,车站根据要车计划受理货物。在进行货物托运时,发货人应向车站按批提出货物运单一份,如使用机械冷藏车运输的货物,同一到站、同一收货人可数批合提一份运单。对于整车要求分卸的货物,除提出基本货运单一分外,每一分卸站应另增加分卸货物运单两份(分卸站、收货人各一份)。

对同一批托运的货物因货物种类较多,发货人不能在运单内逐一填记,或托运集装箱货物,以及同一包装内有两种以上的货物,发货人应提出物品清单一式三份,其中一份由发运站存查,一份随同运输票据递交到达站,一份退还发货人。对在货物运单和物品清单内所填事项的真实性发货人应负完全责任,如谎报货物品名,则应按有关规定核收违约罚款。

对根据中央或省(市)、自治区法令,需凭证明文件运输的货物,发货人应将证明文件与货物运单同时提出,并在货物运单由发货人记载事项一栏内注明文件名称、号码、车站,在证明文件背面注明货物托运数位,并加盖车站日期戳退还发货人或按规定留人在运站存查。

对托运的货物,发货人应根据货物的性质、重量、运输要求以及装载等条件,使用便于运输、装卸并能保证货物质量的包装。对有国家包装标准或专业标准的应按其规定进行包装。对没有统一规定包装标准的货物，车站应与发货人研究制定货物运输包装暂行标准。发货人托运零担货物时，应在每件货物上标明清晰、明显的标记，在使用拴挂的标记（货签）时，应用坚韧材料制作，在每件货物两端各拴挂、粘贴或钉固一个。不适宜用纸制作的货签的托运货物，应使用油漆在货件上书写标记，或用金属、木质、布、塑料板等材料制成的标记。

当零担和集装箱货物由发运站接收完毕或整车货物装车完结，发运站在货物运单上加盖承运日期戳时，即为承运。实行承运前保管的货物，对发货人交由车站的整车货物，铁路从接收完毕时起负有承运前的保管责任。对办理海关、检疫手续及其他特殊情况的证明文件以及有关货物数量、质量、规格的单据，发货人可委托铁路代递至到站交收货人。

2) 货物的装卸

凡在铁路车站装车的货物，发货人应在铁路指定的日期将货物运至车站，车站在接收货物时，应对货名、件数、运输包装、标记等进行检查。对整车运输的货物如发货人未能在铁路指定的日期将货物运至车站，则自指定运至车站的次日起至再次指定装车之日或将货物全部运出车站之日止由发货人负责。

铁路货物的装车和卸车的组织工作，凡在车站公共装卸场所以内由承运人负责。但是有些货物虽在车站公共装卸场所以内进行装卸作业，由于在装卸作业中需要特殊的技术或设备、工具，仍由托运人或收货人负责组织。除车站公共装卸场所以外进行的装卸作业，装车由托运人、卸车由收货人负责。

由托运人装车或收货人卸车的货车，车站应在货车到达前，将具体时间通知托运人或收货人。托运人或收货人在装卸作业完成后，应将装车或卸车结束的时间通知车站。由托运人、收货人负责组织装卸的货车，超过规定的装卸车时间标准或规定的停留时间标准时，承运人向托运人或收货人核收规定的货车使用费。

3) 铁路货物的到达、支付

凡由铁路负责卸车的货物，到达站应不迟于卸车完毕的次日内，用电话或书信向收货人发出催领通知。此外，收货人也可与到达站商定其他通知方法。收货人应于铁路发出或寄发催领通知的次日（不能实行催领通知或会同收货人卸车的货物为卸车的次日）起算，在两天内将货物提走，超过这一期限将收取货物暂存费。从铁路发出催领通知日起（不能实行催领通知时，则从卸车完毕的次日起）满30天仍无人领取的货物（包括收货人拒收、发货人又不提出处理意见的货物），铁路按无法交付货物处理。

收货人在领取货物时，应出示提货凭证，并在货票上签字或盖章。在提货凭证未到或遗失的情况下，则应出示单位的证明文件。收货人在到达站办妥提货手续和支付有关费用后，铁路将货物连同运单一起交给收货人。

3. 公路货物运输作业流程

公路货物运输作业基本流程为备货、托运、派车装运、运送与交货、运输统计与计算等。以零担货运的作业流程为例，进行具体说明。零担货运的作业流程如图2.9所示。

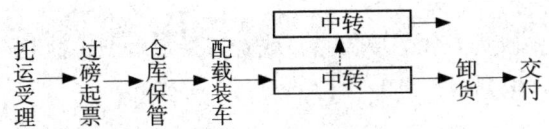

图2.9 零担货运流程

1) 托运受理

托运受理是指零担货物承运人根据经营范围内的线路、站点、运距、中转站、各车站的装卸能力、货物性质以及运输限制等业务规则和有关规定，接受托运零担货物、办理托运手续。受理托运时必须由托运人填写托运单，承运人审核无误后方可承运。

2) 过磅起票

受理人员在收到零担货物托运单后应及时验货过磅，并认真点件交接，做好记录。零担货物过磅后，连同托运单交仓库保管员按托运单编号填写标签以及有关标志，并根据托运单和磅码单填写零担运输货票，照票收清杂费。

3) 仓库保管

零担货物仓库的货位一般分进仓待运货位、急运货位、到达待交货位和以线路划分的货位。货物进出仓库要履行交接手续，照单验收入库和出库，以票对货，票货不漏，做到票货相符。

4) 配载装车

货物装车时必须做好以下准备工作。

（1）按车辆容载量和货物形状、性质进行合理配载，填制配载单和货物交接单。填单时按照货物先远后近、先重后轻、先大后小、先方后圆的顺序填写，按单顺序装车，对不同到达站的和中转的货物要分单填制。

（2）将整理后的各种随货单证分别附于交接清单后面。

（3）按单核对货物堆放位置，做好装车标记。

5) 车辆运行

零担车必须按期发车，不得误班。定期零担班车应按规定路线行驶，凡规定停靠的中途站，车辆必须进站，并由中途站值班人员在行车路单上签证。

6) 货物中转

对于需要中转的货物需要以中转零担班车或沿途零担车的形式运到规定的中转站进行中转。中转作业主要是将来自各个方向仍需继续运输的零担货物卸车后重新集结待运，继续运至终点站。

7) 到站卸货

班车到站后，仓库人员检查货物情况，如无异常，在交接单上签字并加盖业务章，如有异常情况发生，则采取相应处理。

8) 货物交付

货物入库后，通知收货人凭提单提货，或者按指定地点送货上门，并做好交货记录，逾期提取的按照相关规定办理。

4. 航空货物运输作业流程

航空货物运输主要有国际航空运输和国内航空运输。国际航空货物运输流程比国内航空货物运输流程复杂。下面以国际航空货物运输（分出口货物运输和进口货物运输）流程为例进行分析。

1) 出口货物运输流程

出口货物运输流程如图2-10所示。

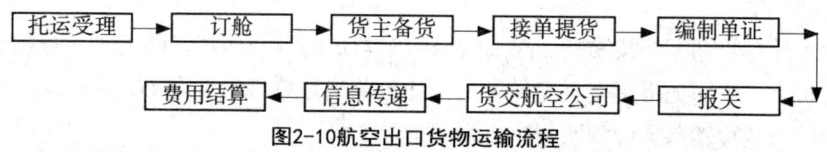

图2-10 航空出口货物运输流程

航空货物出口程序是指航空货运公司从发货人手中接货到将货物交给航空公司承运这一过程所需通过的环节、所需办理的手续以及必备的单证，它的起点是从发货人手中接货，终点是将货交航空公司。

（1）托运受理。托运人（或发货人）在货物出口地寻找合适的航空货运公司，为其代理空运订舱、报关、托运业务；航空货运公司根据自己的业务范围、服务项目等接受托运人委托，并要求其填制航空货物托运书，以此作为委托与接受委托的依据，同时提供相应的装箱单、发票。

（2）订舱。航空货运公司根据发货人的要求及货物本身的特点（一般来说，非紧急的零散货物可以不预先订舱）填写民航部门要求的订舱单，注明货物的名称、体积、质量、件数、目的港、时间等，要求航空公司根据实际情况安排航班和舱位，也就是航空货运公司向航空公司申请运输并预订舱位。

（3）货主备货。航空公司根据航空货运公司填写的订舱单安排航班和舱位，并由航空货运公司及时通知发货人备单、备货。

（4）接单提货。航空货运公司去发货人处提货并送至机场，同时要求发货人提供相关单证，主要有报关单、合同副本、商检证明、出口许可证、出口收汇核销单、配额许可证、登记手册、正本的装箱单、发票等。对于通过空运或铁路等其他运输方式从内地运往境外的出口货物，航空货运公司可以按发货人提供的运单号、航班号及接货地点、接货日期代其提取货物。

（5）编制单证。航空货运公司审核托运人提供的单证，编制报关单报海关初审。编制航空货运单，要注明名称、地址、联络方法、始发及目的港、货物的名称、件数、质量、体积、包装方式等，并将收货人提供的货物随行单据订在运单后面；如果是集中托运的货物，要制作集中托运清单、航空分运单，一并装入一个信袋，订在运单后面。将制作好的运单标签粘贴或拴挂在每一件货物上。

（7）报关。持编制完的航空运单、报关单、装箱单、发票等相关单证到海关报关放行。海关将在报关单、运单正本、出口收汇核销单上盖放行章，并在出口产品退税的单据上盖验讫章。

（8）货交航空公司。将盖有海关放行章的航空运单与货物一起交给航空公司，由其安排航空运输，随附航空运单正本、发票、装箱单、产地证明、品质鉴定书等。航空公司验收单、货无误后，在交接单上签字。

（9）信息传递。货物发出后，航空货运公司及时通知国外代理收货。通知内容包括航班号、运单号、品名、数量、质量、收货人的有关资料等。

（10）费用结算。费用结算主要涉及发货人、承运人和国外代理三个方面，即向发货人收取航空运费、地面运费及各种手续费、服务费，向承运人支付航空运费并向其收取佣金，可按协议与国外代理结算到付运费及利润分成。

2) 进口货物运输流程

进口货物运输流程如图2-11所示。

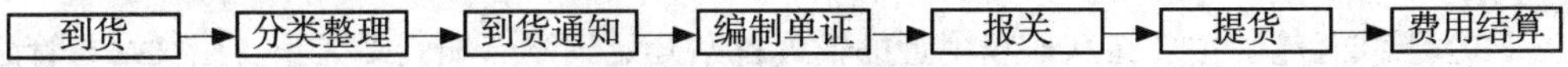

到货 → 分类整理 → 到货通知 → 编制单证 → 报关 → 提货 → 费用结算

图2-11 进口货物运输流程

（1）到货。航空货物入境后存在海关监管仓库内，同时航空公司根据运单上的收货人发出到货通知。

（2）分类整理。航空货运公司在取得航空运单后，根据自己的习惯进行分类整理，其中集中托运货物和单票货物、运费预付和运费到付货物应区分开来。集中托运货物需对总运单项下的货物进行分拨，对每一分运单的货物分别处理。分类整理后，航空货运公司可对每票货编上公司内部的编号，以便于用户查询和内部统计。

（3）到货通知。航空货运公司根据收货人资料寄发到货通知，告知其货物已到港，催促其速办报关、提货手续。

（4）编制单证。根据运单、发票及证明货物合法进口的有关批文编制报关单，并在报关单的右下角加盖报关单位的报关专用章。

（5）报关。将制作好的报关单连同正本的货物装箱单、发票、运单等递交海关，向海关提出办理进口货物报关手续。海关在经过初审、审单、征税等环节后放行货物。只有经过海关放行后的货物才能提出海关监管场所。

（6）提货。凭借盖有海关放行章的正本运单到海关监管场所提取货物并送货给收货人，收货人也可自行提货。

（7）费用结算。货主或委托人在收货时应结清各种费用，如国际段到付运费、报关费、仓储费、劳务费等。

5. 管道货物运输作业流程

1) 输油管道运输

输油管道的起点是首站，主要任务是集油，经计量后加压向下一站输送，主要的设备有输油机泵和油罐；输油管道沿途设有中间泵站，其主要任务是对所输送的油加压、升温，主要设备有输油泵、加热炉、阀门等；输油管道末站接收输油管道送来的全部油品，供给用户或以其他方式转运，主要是设备油罐和计量装置。

2) 输气管道运输

输气管道系统主要由矿场集气、干线运输、城市配送等部分组成。

（1）矿场集气。集气过程指从井口开始，经分离、计量、调压、净化和集中等一系列过程，到干线输送为止。

（2）输气站。主要任务是对气体进行调压、计量、净化、加压和冷却，使气体按要求沿着管道向前流动。由于长距离输气需要不断供给压力能，所以沿途每隔一定距离（一般110～150km)设置一座中间压气站，首站是第一个压气站。当地层压力大到可将气体送到第二站时，首站也可以不设压缩机车间，第二站开始为压气站，最后一站即干线网的终点——城市配气站。

（3）干线运输。主要指从矿场附近的输气首站开始到终点配气站为止。压气站与管路是一个统一的动力系统。压缩机的出站压力就是该站所属管路的起点压力。终点压力为下一个压气站的进站压力。

（4）城市配送。城市配送指从配气站开始，通过各级配气管网和气体调压所按用户要求直接向用户供气的过程。气体在配气站内经过分离、调压、计量和添味后输入城市配送管网。不同管网上管道的设施强度不同，上一级压力的管网必须调压后才能输向下一级管网。城市一般均设有储气库，可以调节输气与供气间的不平衡。

3) 固体料浆管道运输

固体料浆管道运输主要由三个部分组成：浆液制备厂、管道输送、浆液后处理系统。

（1）浆液制备系统。以煤为例，煤浆制备过程包括洗煤、选煤、破碎、场内运输、浆化、储存等环节。从煤堆场用皮带运输机将煤输送至煤仓后，经振动筛粗选后进入球磨机进行初步破碎，再经第二级棒磨机掺水细磨，所得粗浆液进入储浆槽，由提升泵送至安全筛筛分，最后进入稠浆储罐。

（2）管道输送。煤浆管道首站一般与制浆厂合在一起，首站的增压泵从外输罐中抽出浆液，经加压后送入干线。输送途中有中间泵站，主要任务是为煤浆补充压力能，停运时提供清水冲洗管道的功能。

(3)浆液后处理系统。后处理系统包括脱水、储存等部分。管输煤浆可脱水储存,也可以直接储存。脱水的关键是控制煤表面的水含量,一般应保证在7%～11%。

管道中流动的浆液是固液两相的混合物,输送过程中除了要保证稳定流动,还要考虑其沉淀的可能。如果出现沉淀,其磨阻高,输送费用大。

从整个系统来看,要保证系统的经济性需要考虑并确定合理的颗粒大小以及浆液浓度。当细颗粒含量多时可以降低管输费用,但同时制浆、脱水费用会增加。

2.4 运输合同管理

2.4.1 运输合同的订立与履行

《中华人民共和国合同法》(以下简称《合同法》)第二百八十八条规定,运输合同是承运人将旅客或者货物从起运地点运输到约定地点,旅客、托运人或者收货人支付票款或者运输费用的合同。

货物运输合同是承运人和托运人之间达成的明确货物运输权利义务关系的协议。承运人有义务将货物安全、及时、完整地运到托运人指定的目的地,并交付给托运人指定的收货人,托运人或收货人应当支付相应的运输费用。

1. 运输合同的类型

货物运输合同的种类比较多,按照货物的性质不同进行划分,分为普通货物运输合同和特种货物运输合同。特种货物运输合同又可分为危险货物运输合同、鲜活货物运输合同、长大笨重货物运输合同等。按照运输工具的不同进行划分,分为铁路货物运输合同、公路货物运输合同、水路货物运输合同、航空货物运输合同、管道货物运输合同和多式联运货物运输合同。

1)铁路货物运输合同

铁路货物运输合同是铁路承运人将货物从起运地点通过铁路运输到约定地点,托运人或者收货人支付运输费用的合同。

铁路货物运输合同中的承运人是铁路运输企业。铁路运输企业主要是国家铁路运输企业,其主要是指各铁路局和铁路分局。铁路站段不是铁路运输企业,而是铁路运输企业的基层组织,它只能以铁路局或者铁路分局的名义进行运输生产活动。铁路货物运输合同除具有一般货物运输合同的特点外,还具有计划性很强的特点。铁路货物运输合同受国家计划的制约;大宗货物运输受年度、季度和月度运输计划的制约;其他货物运输受运力和其他条件的限制,也要有计划地进行安排。

2) 公路货物运输合同

公路货物运输合同是指明确公路货物运输的承运人与托运人之间权利义务关系的协议。根据这个协议，承运人应将承运的货物经公路从一地运至另一地，托运人应按规定支付相应的运费。

3) 水路货物运输合同

水路货物运输合同是指承运人收取运费，负责将托运人托运的货物经水路由一港（站、点）运至另一港（站、点）的合同。

4) 航空货物运输合同

航空货物运输合同是指航空承运人使用航空器，将托运人托运的货物运到指定地点并交付给收货人，托运人支付货物运输费用的合同。航空货物运输的承运人是指使用民用航空器实施货物运送的人，主要是公共航空运输企业及其代理人。公共航空运输企业是指以营利为目的，使用民用航空器运送旅客、行李、邮件或货物的企业法人。

5) 管道货物运输合同

管道货物运输合同是指从事管道运输业务的承运人和托运人签订的明确运送货物权利义务关系的协议。在管道货物运输合同中，承运人具有单一性，并且管道运输合同的货物种类也比较少，主要限于气体和液体类货物，如石油、天然气等。

6) 货物多式联运合同

货物多式联运合同是指多式联运的承运人以两种或两种以上不同的运输方式，负责将货物从接管地运至目的地交付收货人，并收取全程运费的合同。

2. 运输合同的订立

在订立运输合同时，必须坚持遵守国家法律、行政法规的原则，遵循平等、自愿、公平、诚实信用的原则，遵守社会公德，不得损害社会公共利益的原则。

1）订立合同的过程

订立合同的过程就是当事人双方就权利与义务进行协商，达成协议的过程，是一种法律行为。订立合同的过程需要经过要约与承诺两个阶段。

（1）要约。要约是希望和他人订立合同的意愿。要约在商业活动和对外贸易中也称为报价、发价、出价或者发盘、出盘。提出要约的一方称为要约人，相对的另一方称为受要约人。要约是合同订立所必须经过的一个阶段。

（2）承诺。承诺是受要约人同意要约。做出这种意思表示的人称为承诺人。承诺应以明示的方式做出，缄默或者不行动不视为承诺。除了根据交易习惯或者要约表明可以通过行为做出承诺的以外，承诺的表示应以通知的方式做出。

2）运输合同成立时间、地点和要件

运输合同成立时间。在某些货物（主要是大宗货物、长期运输的货物）的运输中，运输法允许或要求当事人签订书面合同，这些运输合同与一般合同并无显著区别。但普遍情况下，运输合同凭据，即运单和客票，取代了书面合同，经承运人签署的运单和客票取得的时间，是运输合同成立的时间。托运人填运单后，承运人签署运单的时间，是承运人承诺的表示，因而是运输合同成立的时间。客运中，旅客要求购票，承运人口头允诺或出具客票时，客运合同即告成立。

运输合同成立的地点。以承诺发生地，即承运人营业所在地为成立地点。

运输合同成立的要件。只要有双方当事人，双方以订立运输合同为目的，意思表示一致，运输合同即可成立。

3) 运输合同的生效

合同生效是指合同成立后，还需具备一定的条件才能产生法律效力，才可受到法律的保护。这些条件是法律规定的合同必须具备的条件，或者说是法律规定的合同发生法律效力的条件，换言之，成立后的合同分为合法合同和不合法合同。合法合同要件是当事人缔约时具有相应的缔结合同的行为能力，意思表示真实，合同不违反法律或社会公共利益，合同的内容必须确定和可靠。完备的合同为合法合同，受法律的保护，欠缺某种要件的合同则成为无效合同、可撤销的合同和效力未定的合同，其各有不同的法律后果。

运输合同中不区分成立要件和生效要件。一般来说，无论是客运合同还是货运合同，运输法对合同的主体、客体、内容和形式的要求均不同于其他合同，一经成立的合同，大都是有效的、合法的，无效、可撤销、效力未定的运输合同在实践中十分罕见。但是，这并不等于说一切运输合同都是合法合同，都会产生同等的法律后果。实际生活中，不法运输合同行为比比皆是，如公路客运中的强行拉客，铁路客运中的拒绝售票，公路货运中的合同欺诈，铁路货运中的违禁违限运输等。但是，运输合同法中，一般均不以此作为确认合同无效、可撤销或效力未定的依据，而是以损害赔偿和行政制裁两种方式予以处理，实质上是成立和生效的竞合。

3. 运输合同的内容

运输合同的内容由当事人约定，它规定了当事人的权利和义务，是确认合同是否合法的主要根据，也是当事人双方全面履行合同的主要依据。运输合同主要包括以下内容。

1) 当事人的名称或者姓名及其住所

当订立合同的当事人为法人或其他组织时，合同文本中应写明该法人或组织的名称、住所或经营场所、法定代表人或负责人姓名。当合同当事人为自然人时，合同文本中应写明该自然人的姓名、住址。

2) 标的

标的是指合同当事人双方的权利义务共同指向的对象，是订立合同的前提，如果没有标的或标的不明确，合同就无法履行，也不能成立。由于合同种类不同，标的也不同。它可以是某种实物，也可以是某个项目、劳务活动或智力成果。例如运输合同、仓储合同的标的是提供劳务。合同的标的，必须符合国家法律、法规的要求，并不是所有的物和行为都可以作为合同的标的。

3) 数量

数量是标的的计量,是衡量标的大小、多少、轻重的尺度。标的数量是通过计量单位和计量方法来衡量的,必须使用国家法定计量单位,统一的计量方法(国家没有规定的,由双方商定)。订立合同时,计量单位和计量方法必须合法、具体、明确。此外,某些标的物由于物理属性可能会产生自然增减的情况。因此,在合同中还应当明确记载合理磅差、正负尾差、超欠幅度、自然损耗率等。

4) 质量

标的的质量是指标的内在素质(如物理的、机械的、化学的、生物的等)和外观状况。签订合同时必须明确、详细地载明标的的名称、品种、规格、型号、等级、质地等具体内容。标的的质量是合同的主要内容,必须明确质量标准。有国家标准或行业标准的,按国家标准或行业标准签订,没有国家标准或行业标准的,由双方协商签订。对于双方约定提交的样品,如果能够保存,双方应将相同的样品(经双方签封)各自保存一份;如果不易保存,应将样品名称、品种、规格、型号、等级、质地详细记载清楚,各存一份,以作为验收凭证。

5) 价款或者报酬

价款或者报酬是指合同当事人一方向交付标的的另一方所支付的以货币为表现形式的代价。在以物为标的的合同中,这种代价称为价款;在以劳务、智力成果为标的的合同中,这种代价称为报酬。产品的价格或报酬除国家规定必须执行国家定价的以外,由当事人协商议定。价款或者报酬除法律另有规定外,必须采用货币计量来表示。

6) 履行期限、地点和方式

履行期限是指履行合同标的和价款(或者报酬)的时间界限,分为合同的有效期限和合同的履行期限。

履行地点是指交付或提取标的的地方,合同中必须对履行地点做出明确规定。

履行方式是指当事人采用什么方式履行合同义务,主要包括标的的交付方式和价款或者报酬的结算方式。

7) 违约责任

违约责任是指因当事人一方或双方的过错,造成合同不能履行或不能完全履行时责任方必须承担的责任。对于违约责任,法律、法规有规定的,按照法律、法规的规定执行;法律、法规没有规定的,由当事人双方协商确定。当事人一方可以在合同中约定,一方当事人违反合同时,向另一方当事人支付一定数额的违约金;或者约定因违反合同而产生损失赔偿数额的计算方法。但约定的违约金、赔偿金,不得超过法律、法规规定的比例幅度或者限额。在合同中明确规定当事人双方的违约责任,有利于双方严肃认真地签订和履行合同,有利于追究责任方的违约责任。

8) 解决争议的方法

解决争议的方法是指当事人因合同发生纠纷时的处理方法。当事人在合同中约定采用解决争议的方法有：双方协商解决、交由第三方调解、交由仲裁机关仲裁、交由人民法院审理。

4. 运输合同的基本形式

货物运输合同的形式一般应当是书面的，不同的运输方式对货物运输合同的形式有不同的规定。货物运单是运输合同的基本形式。

货物运单是承运人制定的格式货运合同，也是货物的运输凭证。按照运输工具分有公路货物运单、铁路货物运单、航空货物运单和水路货物运单。其中公路货物运单主要包括整车运输、集装箱运输、零担运输的货运单，铁路货物运单主要有铁路行李票、铁路包裹票、铁路货运单、铁路货票，航空货物运单主要有航空主运单、航空分运单。

由于货物运单比较简单，当事人可以通过签订具体的书面合同来明确各自的权利和义务，在此不再详述。

5. 货运合同的履行

1) 托运人

应按合同规定的时间准备好货物，及时发货、收货，装卸地点和货场应具备正常通车条件，按规定做好货物包装和储运标志等。

2) 承运人

应按合同规定的运输期限、货物数量和起止地点组织运输，保质保量完成运输任务，在货物装卸和运输过程中，应与托运方办理货物交接手续，做到责任分明，并分别在发货单和运费结算凭证上签字。

3.4.2 运输合同的变更与解除

1. 货运合同的变更与解除的概念

（1）变更合同是指合同部分内容和条款的修改补充。

（2）解除合同是指解除由合同规定双方的法律关系，提前终止合同的履行。

2. 货运合同变更与解除的前提

合同尚未履行，或没有完全履行时，遇到特殊情况而使合同无法继续履行，或需要变更须经合同双方协商同意，须在合同规定的变更、解除期限内。

3. 合同变更与解除的原因

1) 协商一致变更、解除

《合同法》第七十七条和第九十三条规定了当事人可以通过协商一致变更解除合同。协商解除合同有两种：一种是事前协商解除，即约定解除权。约定解除权的合同又称之为"附解除条件的合同"，是指当事人在订立合同时约定，已发生法律效力的合同，当条件成就时该合同失效，合同须解除，当条件不成就时，合同继续有效。由于约定解除权是当事人在合同订立时约定的,因此,该种协商解除又称为事前的协商解除。另一种协商解除是事后解除,即合同成立后、履行完毕前,当事人双方通过协商的方式解除合同。

事前解除与事后解除相比的区别:①事前解除是当事人在合同中约定解除条件以及一方享有的解除权,而事后解除则是由于订立合同时所依据的主客观情况发生变化,而由当事人根据变化了的情况协商解除;②事前解除并不一定导致合同的解除,因为当事人约定的解除条件并不一定能成就,而事后解除的后果必然导致合同的解除;③事前解除往往存在当事人约定的一方违约的事实,而事后解除并不要求一方违约,即使不存在一方违约的事实,双方也可以协商解除合同;④事前解除尽管由双方约定,但解除权的行使则由一方行使,而事后解除则由双方协商一致,属双方解除合同的问题,即需双方意思表示一致方能解除合同。

2) 法定解除的情形

法定解除是指解除条件由法律直接规定的合同解除。《合同法》第九十四条规定,有下列情形之一的,当事人可以解除合同。

(1)因不可抗力致使不能实现合同目的。

(2)在履行期限届满之前,当事人一方明确表示或者以自己的行为表明不履行主要债务。

(3)当事人一方迟延履行主要债务,经催后在合理期限内仍未履行。

(4)当事人一方迟延履行债务或者有其他违约行为致使不能实现合同目的。

(5)法律规定的其他情形。

4. 合同解除的法律后果

《合同法》第九十七条规定了合同解除的法律后果。依照该条规定,合同解除后,尚未履行的,终止履行;已经履行的,根据履行情况和合同性质,当事人可以要求恢复原状,采取其他补救措施,并有权要求赔偿损失。

合同的解除不同于合同的终止。终止不发生溯及既往的效力,即已经履行的继续有效,终止仅使未履行的合同权利义务消灭,因此,终止不发生恢复原状的问题;而合同的解除一般会发生溯及力,也就是合同解除后应将履行方的权利义务恢复至订立合同时的状态。

其次是导致合同终止的原因不限于违约,债务相互抵消、债务人依法将标的物提存,都可以使合同终止;而导致单方有权解除合同的原因是一方违约。

3.4.3 运输责任的划分

1. 货物运输合同当事人的权利与义务

1) 托运人的权利与义务

(1)托运人的权利。托运人的权力有以下几项。

①托运人有权要求承运人按规定期限将货物运送到约定地点,并交付给收货人。由于承运人的过错而超过运到期限时,托运人有权要求承运人支付违约金、赔偿金。

②托运人有权要求承运人将货物完整无损地运送到约定地点。由于承运人的责任而造成货物灭失、短少、变质、污染、损坏时，托运人有权要求承运人赔偿货物损失。

③托运人有权要求变更或解除合同，承运人如无正当理由，不得拒绝。

（2）托运人的义务。托运人的义务有以下几项。

①托运人的基本义务是按照货物运输合同约定的时间和要求向承运人交付托运的货物和规定的运杂费。货物运输费用一般应按货物运价规则计算，托运人一般应于承运当日向发运站(港)交付，另有约定或规定的除外。

②托运人有义务按照国家规定的标准，对货物进行符合运输要求的包装。货物包装不符合运输要求时，应由托运人改善后承运。

③合同约定应由托运人装卸货物时，托运人应按装卸作业过程的规定按时完成货物装卸，并应遵守有关规程中关于装卸的规定。

④国家规定必须保险的货物，托运人应在托运地投保货物运输险。

2) 承运人的权利和义务

（1）承运人的权利。承运人的权利有以下几项。

①承运人有向托运人和收货人收取运杂费的权利。

②托运人不按规定交付运杂费，承运人有权收取迟交金或拒绝运输。

③托运人不按规定进行包装，在改善包装之前，承运人有权拒绝运输。

④承运人有权拒绝办理违反规定的运输变更。

（2）承运人的义务。

承运人最基本的义务是按合同规定的期限，将货物完整无损地运到指定地点，交付给收货人。

3) 收货人的权利和义务

（1）收货人的权利。收货人的权利有以下几项。

①收货人由于特殊原因，有权请求货物运输的变更，还有权向托运人或承运人提出取消货物运输。

②货物到达站(港)后，根据到货通知和领货凭证，收货人有权领取货物。

③在领取货物时，发现由于承运人的责任而使货物造成货损、货差或逾期运到时，收货人有权按规定请求赔偿金或逾期违约金。

（2）收货人的义务。收货人的义务有以下几项。

①收货人接到领货通知后，应按时领取货物，逾期领取货物时，应按规定交付保管费。

②收货人有权要求退还多收的运输费用，同时有义务向承运人交付在货物发送时未经核收的一切费用，以及负责赔偿或偿付在执行运输合同中，收货人应按规定交付迟交金。

2. 承运人的免责事项

1) 公路运输承运人的免责事项

根据我国的《汽车货物运输规则》，货物在承运责任期间和站、场存放期间内发生毁损或灭失，承运人、站场经营人应负有赔偿责任。但是存在下列情况之一者，承运人、站场经营人举证后可以不负赔偿责任。

（1）不可抵抗力。

（2）货物本身的自然性质变化或者合理损耗。

（3）包装内在的缺陷，造成货物受损。

（4）包装体外表面完好而内装货物毁损或灭失。

（5）托运人违反国家有关法令，致使货物被有关部门查扣、弃置或做其他处理。

（6）押运人员的责任造成的货物毁损或灭失。

（7）托运人或收货人过错造成的货物毁损或灭失。

2) 铁路运输承运人的免责事项

因下列原因造成铁路运输承运人所承运的货物发生全部或部分灭失、重量不足、毁损、腐坏或降低质量，则铁路不负责任。

（1）铁路不能预知和不能消除的情况而造成的后果。

（2）货物在发站承运时质量不符合要求或货物的特殊自然性质以至引起自燃、损坏、生锈等。

（3）发货人或收货人的过失造成的后果。

（4）发货人或收货人装车或卸车的原因造成的后果。

（5）发送铁路规章规定使用敞车类货车造成的后果。

（6）发货人或收货人或其委派的货物押运人未采取保证货物完整的必要措施造成的后果。

（7）容器或包装的缺陷，在承运货物时无法从其外表发现造成的后果。

（8）发货人用不正确或不完全的名称托运不准运送的物品造成的后果。

（9）发货人在托运应按特定条件承运的货物时，使用不正确、不完整名称造成的后果。

（10）货物自然减量、运输中水分减少或其他自然性质，以至货物减量超过规定标准。

3) 航空运输承运人的免责事项

我国《民用航空法》中规定，因发生在航空运输期间的事件造成货物毁灭、遗失或损坏的，承运人应当承担责任，如承运人能证明货物的毁灭、遗失或损坏完全是由下列原因之一造成的，则不承担责任。

（1）货物本身的自然属性、质量或缺陷。

（2）承运人或其受雇人、代理人以外的人包装的货物，造成货物包装不良的。

（3）战争或武装冲突。

（4）政府有关部门实施的与货物入境、出境或过境有关的行为。

4) 水路运输承运人的免责事项

我国《海商法》中规定以下情况承运人对货物在其责任期间发生的灭失或损坏可以免责的事项。

（1）船长、船员、引航员或承运人的其他受雇人在驾驶船舶或管理船舶中的过失。

（2）火灾，但是由于承运人本人的过失造成的除外。

（3）不可抵抗的原因。

（4）基于货方原因的免责，主要托运人、货物所有人或其代理人的行为，货物的自然性质或货物缺陷，货物包装不良或标志欠缺、不清。

项目三 采购管理

正确的采购模式为公司带来好业绩

武汉中商集团股份有限公司是大型商业上市公司,早在集团成立之初,就组建了中商集团供、配货中心,对集团公司下属的八大卖场实行进销分离、集中采购、统一进货、统一核定售价、统一对供应商结算。供、配货中心在运营一年后,以500万元流动资金实现了3.9亿元商品的购进,创造了1∶78的资本高速运作的奇迹,成为全国商业三物流中心之一。

中商集团物流系统之所以能取得如此业绩,与其商品采购制度和采购策略息息相关。

(资料来源:牛鱼龙. 物流经典案例. 经作者整理)

3.1 采购管理概述

采购的含义非常广泛,既包括生产资料的采购,又包括生活资料的采购;既包括企业的采购,又包括事业单位、政府和个人的采购;既包括生产企业的采购,又包括流通企业的采购。

3.1.1 采购管理的概念

1. 采购及采购管理的概念

在市场经济条件下,企事业单位获取所需物质资料的主要途径是市场采购。而采购行为是否合理,对保证生产和服务质量、降低成本、提高经济效益都会产生直接影响。

(1) 采购是指采购人员或采购实体基于生产、转售、消费等目的,购买商品或劳务的交易行为。采购同销售一样,都是市场上一种常见的交易行为。

采购不是单纯的购买行为,而是从市场预测开始,经过商品交易,直到采购的商品到达需求方的全部过程,其中包括:了解需要、市场调查、市场预测、制订计划、确定采购方式、选择供应商、确定质量、价格、交货期、交货方式、包装运输方式、协商洽谈、签订协议、催交订货、质量检验、成本控制、结清货款、加强协作、广集货源等一系列工作环节。

无论是组织还是个人,要生存就要从其外部获取所需要的有形物品或无形服务,这就是采购。企业采购是指企业根据生产经营活动的需要,通过信息搜集、整理和评价,寻找、选择合适的供应商,并就价格和服务等相关条款进行谈判,达成协议,以确保需求得到满足的活动过程。

(2)采购管理是指为保障企业物资供应而对企业的整个采购过程进行计划、组织、指挥、协调和控制的活动。

采购和采购管理是两个不同的概念。采购是一项具体的业务活动,是作业活动,一般由采购员承担具体的采购任务。采购管理是企业管理系统的一个重要子系统,是企业战略管理的重要组成部分,一般由企业的中高层管理人员承担。企业采购管理的目的是为了保证供应,满足生产经营需要,既包括对采购活动的管理,也包括对采购人员和采购资金的管理等。一般情况下,有采购就必然有采购管理。但是,不同的采购活动,由于其采购环境、采购的数量、品种、规格的不同,所以管理过程的复杂程度也不同。

2. 采购管理的地位和重要性

在现代企业的经营管理中,采购管理已变得越来越重要。一般情况下,企业产品的成本中外购部分占比较大的比例,为60%~70%,因此外购条件与原材料的采购成功与否在一定程度上影响着企业的竞争力。采购管理是企业经营管理的核心内容,是企业获取经营利润的一个重要源泉,也是竞争优势的来源之一。随着全球经济一体化和信息时代的到来,采购及采购管理的地位将会被提升到一个新的高度。

1) 采购管理在成本控制中的地位

尽管企业的经济效益是在商品销售之后实现的,但效益高低却与物资购进时间、地点、方式、数量、质量、品种等采购业务有着密切的关系。企业的经济效益是直接通过利润额来表示的,而物资采购过程中支付费用的多少同利润额成反比,因此购进物资的质量和价格对企业经营的效益有很大影响。采购工作能否做到快、准、好,对于企业是否能生产适销对路的产品、增加销售收入是至关重要的。为了提高经济效益,企业在组织物资的采购前,必须注重对采购工作的计划、组织、指挥、协调和监控。

2) 采购管理在供应中的地位

从商品生产和交换的整体供应链中可以看出,每一个企业都既是顾客又是供应商,任何企业的最终目的都是为了满足最终顾客的需求,以获得最大的利润。企业要获取较大的利润,可采取的措施很多,例如降低管理费用、提高工作效率等。但是,企业一般想到的是加快物料和信息的流动,因为加快物料和信息的流动就可以提高生产效率,缩短交货周期,从而使企业可以在相同的时间内创造更多的利润。同时,顾客也会因为企业及时快速地供货而对企业更加有信心,有可能因此而加大订单。这样一来,企业就必须加强采购的力量,选择恰当的供应商,并充分发挥其作用。

3) 采购管理在企业销售工作中的地位

物资采购作为向企业销售提供对象的先导环节,只有使购进物资的品种、数量符合市场需要，产品销售经营业务才能实现高质量、高效率、高效益，从而达到采购与销售的和谐统一；反之，则会导致购销之间的矛盾，影响企业功能的发挥。因此，产品销售工作质量的高低，很大程度上取决于物资采购的质量，而销售活动的拓展和创新也与产品采购的规模和构成有直接联系。

4) 采购管理在企业研发工作中的地位

从某种程度上讲，没有采购支持的研发，其成功率会大打折扣。研发人员经常会感觉到，因为采购不到某种物料，或者受到某种加工工艺的限制，导致设计方案难以实现。另一情况是，设计人员费尽心思所获得的研发样品在功能上与同行业的水平相差甚远，或者即使性能一样，但外观、体积、成本、制造方便性、销售竞争等许多方面都显得逊色，这主要应归结于研发人员信息落后，对先进元器件了解不多，在采购方面支持不够。

5) 采购管理在企业经营中的地位

随着现代经济的发展，许多企业都将供应商看作是自身企业开发与生产的延伸，并与供应商建立合作伙伴关系，在自己不用直接进行投资的前提下，充分利用供应商的能力为自己开发生产产品。这样，一方面可以节省资金，降低投资风险；另一方面又可以利用供应商的专业技术优势和现有的规模生产能力以最快的速度形成生产能力、扩大产品生产规模。现在很多企业对供应商的利用范围逐渐扩大，从原来的原材料和零部件扩展到半成品，甚至于成品。

6) 采购管理在项目中的地位

任何项目的执行都离不开采购活动，如果采购工作做的不好，不仅会影响项目的顺利实施，而且还会影响项目的预计效益，甚至会导致项目的失败。

采购工作是项目执行的关键环节，而且是构成项目执行的重要内容。采购工作能否经济有效地进行，不仅会影响项目成本，而且还会影响到项目管理的充分发挥。一般来说，银行贷款是按照项目实施中实际发生的费用予以支付的，因此如果采购延误就会直接影响银行对贷款支付的进程，采购的进度基本上决定了支付的快慢。从以往的项目管理经验中知道，在项目招标过程中支付贷款的滞后，大多数是由采购不及时造成的。同时，采购问题一直是银行贷款项目检查中重点讨论的中心问题。

3.1.2 采购类型

1. 按照采购性质分类

按照采购性质分类，采购可分为公开采购与秘密采购、大量采购与零星采购、特殊采购与普通采购、正常性采购与投机性采购、计划性采购与市场性采购。公开采购是指采购行为公开化；而秘密采购是指采购行为在秘密中进行。大量采购是指采购数量多的采购行为；而零星采购是指采购数量零星化的采购行为。特殊采购是指采购项目特殊，采购人员事先必须花很多时间从事采购情报搜集的采购行为，如采购特殊规格、特种用途的机器；而普通采购是指采购项目极为普通的采购行为。正常性采购是指采购行为正常化而不带投机性；而投机性采购是指对价格低廉物料大量买进以期涨价时转手图利的采购行为。计划性采购是指依据材料计划或采购计划的采购行为；而市场性采购是指依据市场的情况、价格的波动而从事的采购行为，此种采购行为并非根据材料计划而进行的。

2. 按照采购时间分类

按照采购时间分类，采购可分为长期固定性采购与非固定性采购、计划性采购与紧急采购、预购与现购。长期固定性采购是指采购行为长期而固定性的采购；而非固定性采购是指采购行为非固定，需要时就采购。计划性采购是指根据材料计划或采购计划而采购的行为；而紧急采购是指物料急用时毫无计划性的紧急采购行为。预购是指先将物料买进而后付款的采购行为；而现购是指以现金购买物料的采购行为。

3. 按照采购订约方式分类

按照采购订约方式分类，采购可分为订约采购、口头或电话采购、书信或电报采购以及试探性订单采购。订约采购是指买卖双方根据订约的方式而进行采购的行为；口头或电话采购是指买卖双方不经过订约的方式而是以口头或电话的洽谈方式而进行采购的行为；书信或电报采购是指买卖双方利用书信或电报的往返而进行采购的行为；试探性订单采购是指买卖双方在进行采购事项时因某种缘故不敢大量下订单，先以试探方式下少量订单，等试探性订单采购进行顺利时，才下大量订单。

4. 按照采购范围分类

1) 国内采购

国内采购主要指在国内市场上采购，并不是指采购的物资都一定是国内生产的，也可以在国外企业设在国内的代理商处采购所需物资，只是以本币支付货款，不需以外汇结算。国内采购又分为本地市场采购和外地市场采购两种。通常情况下，采购人员首先应考虑本地市场采购，这样可以节省采购成本和时间，减少运输，同时保障供应；在本地市场不能满足需要时，再考虑从外地市场采购。

2) 国外采购

国外采购指国内采购企业直接向国外厂商采购所需物资的一种行为。这种采购方式一般通过直接向国外厂方咨询，或者向国外厂方设在国内的代理商咨询采购，主要采购对象为成套机器设备、生产线等。国外采购的优点主要有：质量有保证；平抑国内产品的价格，因为国外供应商提供产品的总成本比国内供应商的低一些；可以利用汇率变动获利。但国外采购也存在一些不足，其中包括：交易过程复杂，影响交易效率；需要较高的库存，加大了储存费用；纠纷追索困难，无法满足急需交货。尽管国外采购存在一定的风险，但由于我国在材料、设备等方面技术相对落后，国外采购仍然是我国企业采购的一种重要途径。

国外采购的对象为：国内无法生产的产品，如计算机制造商需要的CPU、汽车制造商需要的光电控制系统等；无代理商经销的产品，通常直接进行国外采购；在价格上占据优势的国外产品，如进口汽车、农产品等。

3.2 采购模式

采购模式是采购主体获取资源或物品、工程、服务的途径、形式与方法。采购模式很多,划分方法也不尽相同。采购模式依据不同的方法可划分为集中采购与分散采购、直接采购与间接采购、招标采购等。

3.2.1 集中采购与分散采购

1. 集中采购

1) 集中采购的含义

集中采购是指企业在核心管理层建立专门的采购机构,统一管理企业所需物品的采购业务。它是相对于分散采购而言的。跨国公司的全球采购部门的建设是集中采购的典型应用,以组建内部采购部门的方式来统一管理其分布于世界各地分支机构的采购业务,减少采购渠道,通过批量采购获得价格优惠。

2) 集中采购的优点

(1) 较大的采购规模可以获得供应商的价格折扣,降低采购成本。

(2) 有利于实施采购的标准化和流程的优化。

(3) 可以使物流过程合理化并降低物流成本。

(4) 实施集中采购有利于企业与供应商之间建立良好的合作关系,在技术开发、货款结算、售后服务支持等诸多方面进行合作。

(5) 集中采购适合采取公开招标、集体决策的方式,有利于采购质量的提高。

(6) 对于供应商而言,可以推动其有效管理。它们不必同时与公司内的几个人打交道,而只需要和采购部经理联系。

(7) 有利于采购中信息化的实现。

3) 集中采购的对象

(1) 关键零部件、原材料或其他战略资源,保密程度高、产权约束多的物品。

(2) 大宗货物或批量物品,价值高或总价多的物品。

(3) 容易出问题或已出问题的物品。

(4) 最好是定期采购的物品,以免影响决策者的正常工作。

2. 分散采购

1) 分散采购的含义

分散采购是指由各预算单位自行开展采购活动的一种采购活动的组织实施形式。分散采购的组织主体是各预算单位,其采购范围与分散程度相关,一般情况下,主要是特殊采购项目。分散采购是集中采购的完善和补充，有利于采购环节与存货、供料等环节的协调配合，有利于增强基层工作责任心，使基层工作富有弹性和成效。

2) 分散采购的优势和劣势

实行分散采购有利有弊。其有利之处主要是：增强采购人的自主权，能够满足采购对及时性和多样性的需求，与集中采购相比分散采购具有货量小、过程短、手续简单，占用资金少、不增加库存成本等优势。其不利之处主要是：失去了规模效益，加大了采购成本，不便于监督管理等。

3) 分散采购的对象

（1）小批量、价值低、总支出在产品经营费用中所占比重小的物品。

（2）分散采购优于集中采购的物品，包括费用、时间、效率、质量等因素均有利，而不影响正常的生产与经营的物品。

（3）市场资源有保证，易于送达且较少的物流费用的物品。

（4）新产品开发、研制、试验所需要的物品。

3. 选择集中采购或分散采购时应考虑的因素

集中采购与分散采购相比，集中采购规模大、效益好，易于取得主动权，易于保证进货质量，有利于统筹安排各种物品的采购业务，有利于整体物流的规划和采购成本的降低，有利于物品单价的降低，有利于物品的配套安排，有利于得到供应商的支持和保障，有利于集体决策。另外，集中采购也有利于增加采购过程的透明度，减少腐败的滋生和蔓延。但是，集中采购相对于分散采购又具有量大、过程长、手续多，容易造成库存成本增加、占有资金增加、采购与需求脱节、保管损失增加、保管水准增高的弊端，且容易挫伤基层的积极性、使命感和创新精神。

在决定采用集中采购或分散采购时，应考虑下面的因素。

1) 采购需求的通用性

经营单位对购买产品所要求的通用性越高，从集中或协作的方法中得到的好处就越多。这就是为什么大型公司中原材料的购买通常集中在一个地点（公司）的原因。

2) 地理位置

当经营单位位于不同的国家或地区时，这可能会极大地阻碍协作的进行。实际上，在欧洲和美国之间的贸易和管理实践中存在较大的差异，甚至在欧洲范围内也存在着重大的文化差异。一些大型公司已经从全球的协作战略转变为地区的协作战略，即变全球性的集中采购为地区性的集中采购。

3) 潜在的节约

一些类型的原材料的价格对采购数量非常敏感，在这种情况下，购买更多的数量会立刻促使成本的节约，例如对于标准商品和高技术部件来说都是如此。

4) 供应市场结构

有时公司会在一些供应市场上选择一个或数量有限的几个大型供应商组织，在这种情况下，各方力量的均衡抗顶对制造商有利，采用一种协同的采购方法可以在面对这些强有力的贸易伙伴时获得一个更好的谈判地位。

5) 所需要的专门技术

有时有效的采购需要非常高的专业技术，例如在高技术半导体和微芯片的采购中。因此，大多数电子产品制造商已经将这些产品的购买集中化，在购买软件和硬件时也是如此。

6) 价格波动

如果物质（如果汁、小麦、咖啡）的价格对政治和经济气候的敏感程度很高，集中采购的方法就会受到偏爱。

7) 客户需求

有时客户会向制造商指定他必须购买哪些产品，这种现象在飞机工业中非常普遍。客户与负责产品制造的经营单位商定的这些条件，将明显阻碍任何以采购协作为目标的努力。除了以上需要考虑的因素外，选择采购方式时，还应该有利于资源的合理配置，加速周转，满足要求，提高综合利用率，保证和促进生产的发展，调动各方面的积极性以促进企业整体目标的实现。

3.2.2 联合采购

联合采购是指两个以上的企业采用某种方式进行的联盟采购行为。相对于集中采购强调企业或集团内部的集中化采购管理而言，联合采购则是指多个企业组成的联盟为共同利益而进行的采购活动，因此可以认为联合采购是集中采购在外延上的进一步拓展。加入联盟中的各企业在采购环节上实施联合可极大地减少采购及相关环节的成本，为本企业创造可观的效益。

1. 实施联合采购的必要性

从企业外部去研究目前我国企业的现行采购机制，就会发现各企业的采购基本上是各自为战，各企业之间缺乏在采购及相关环节的联合和沟通，或采购政策不统一、重复采购、采购效率低下等现象十分突出，很难达到经济有效的采购目标，由此而导致了以下几个问题。

（1）各企业基本都设有采购及相关业务的执行和管理部门。从企业群体、行业直至国家的角度来看，采购机构重叠设置，配套设施重复建设，造成采购环节的管理成本和固定资产投入的增加。

（2）多头对外，分散采购。采购管理政策完全由企业自行制定，与其他企业缺乏横向联系，不了解其他企业的需求和采购状况，因此企业之间对于一些通用材料和相似器材无法统一归口和合并采购，从而无法获得大批量采购带来的价格优惠，使各企业的采购成本居高不下。

（3）各企业自备库存。缺乏企业间的库存信息交流和相互调剂使用，从而使通用材料重复储备，造成各企业的库存量增大，沉淀和积压的物资日益增多。

（4）采购环节的质量控制和技术管理工作重复进行，管理费用居高不下。以转包生产行业为例，各企业在质量保证系统的建立和控制、供应商审核和管理、器材技术标准等各类相关文件的编制和管理上未实现一致化和标准化，各企业重复进行编制和管理工作，自成体系，造成管理费用的上升。

（5）采购应变能力差。以飞机制造行业为例，由于设计、制造方法的改进等原因造成的器材紧急需求不可避免，但由于从国外采购周期较长，器材的紧急需求难以满足。因此，在采购工作中需要突破现行采购机制的约束，探索新形势下企业间的联合采购方式，以解决上述问题。

2. 联合采购的方式

1) 采购战略联盟

采购战略联盟是指两个或两个以上的企业出于对整个资源市场的预期目标和企业自身经营目标的整体考虑，采取的一种长期联合与合作的采购方式。这种联合是自发的，非强制性的，联合各方仍旧保持着各个公司采购的独立性和自主权，彼此因相互间达成的协议及经济利益的考虑联结成松散的整体。现代信息网络技术的发展，开辟了一个崭新的企业合作空间，企业间可通过网络保证采购信息的及时传递，使处于异地甚至异国的企业间实施联合采购成为可能。如美国的福特、通用、克莱斯勒三大汽车公司结为采购战略联盟，曾经实施了高达2400亿美元的庞大联合全球采购计划，为三大厂商节约了大量成本。

2) 通用材料的合并采购

这种方式主要是存在相互竞争关系的企业之间，通过合并通用材料的采购数量和统一归口采购来获取大规模采购带来的低价优惠。在这种联合方式下，每一项采购业务都交给采购成本最低的一方去完成，使联合体的整体采购成本低于原来各方进行单独采购的成本之和。

如美国施乐公司、斯坦雷公司和联合技术公司组成了钢材采购集团，虽然施乐公司的钢材用量仅是其他两家用量的1/4，但是它通过这种方式获得了大规模采购带来的低价好处。这种企业间的采购合作正在世界范围内盛行，联合采购已经超越了企业界限、行业界限、甚至国界，不同国家、不同行业的企业间的联合正悄然兴起。目前，我国一些企业也正在积极探索企业间联合采购的方式，并且取得了不错的效果，如科龙电器集团和小天鹅集团结成的战略联盟在2003年实施了采购金额高达35亿元人民币的联合采购，使双方的采购成本下降了6%左右。

3.2.3 询价采购

1. 询价采购的特点

询价采购是指采购者向选定的若干个供应商发出询价函,让供应商报价,然后根据各个供应商的报价而选定供应商的方法。询价采购是企业较为常用的一种采购方式,也是比较简单的一种采购方式,也称货比三家,就是企业向选定的若干个供应商(通常不少于3家)发出询价函件,让它们报价,然后企业根据各个供应商的报价而选定供应商进行采购的方法。询价采购具有以下优点。

(1) 不是面向整个社会所有的供应商,而是在充分调查的基础上,筛选了一些比较有实力的供应商,进行邀请性采购。所选择的供应商数量不是很多,但是其产品质量好、价格低、企业实力强、服务好、信用度高。询价采购是分别向各个供应商发询价函,供应商并不面对面的竞争,因此各自的产品价格和质量能比较客观、正确地反映出来,避免了面对面竞争时常常发生的价格扭曲、质量走样的事情。

(2) 采购过程比较简单、工作量小。这是因为备选供应商的数量少,通信联系比较方便、灵活,采购程序比较简单,工作量小,采购成本低、效率高。

询价采购的缺点:由于采购频繁,工作量较大,采购供货周期受到制定询价文件、报价、评审选择、签订合同、组织供货等环节流转的影响,采购周期相对来说较长,采购效率不易提高,供货和使用要求时常受到影响。

2. 询价采购的实施步骤

(1) 供应商的调查与选择。询价采购能够发挥出供应商的优越性,克服其局限性,最关键的一条就是对资源市场进行充分调查,了解掌握供应商的基本情况,这是保证询价采购有效实施的第一步。

(2) 编制及发出询价函。询价采购不同于别的采购方式,为了发挥其特点,需要编制简单明了的询价函。一份完整的询价函应该包括项目名称、数量、技术参数、期限、交货地点、供应商的资质证明材料、递交报价单的地点、截止时间以及报价单位法人代表或委托人签字盖章。为了保证供应商的质量及有效选择,一般情况下,询价函应至少选择向3家供应商发出。如果邀请到的供应商不足3家,或者3家报价均高于控制价格,应根据实际需要二次询价或者改变采购方式。

(3) 询价单的递交与评审。供应商应该在报价截止时间前,将报价单密封并在封口处加盖公章,递交到采购部门。同时,采购部门也应该在规定时间内组成评审小组,对供应商的报价进行详细分析、比较,应该注意的是,省钱并不是采购的唯一目的,不能只为了追求节支率,而无限度压价和忽视产品质量。供应商为了抢夺采购市场,甚至以低于成本的价格竞价,从表面上看暂时会对采购商有利,但是从长远来看,会导致供应商之间的恶性竞争,供应商会逐渐失去参与询价采购活动的兴趣或产生一些投机取巧的行为,不利于企业采购的健康发展。

（4）合同的签订、验收及付款程序。选中供应商后，就需要与供应商按照询价采购的程序签订采购合同，合同中要包括采购项目名称、数量、金额、交货方式、履约期限、双方权利义务、保修期、验收方法、付款方式及违约责任等条款。合同签订后，采购单位就要对商品进行验收，验收合格后，由采购方填制验收单，交采购部检验，办理有关付款手续。

（5）履约保证金。为了约束供应商切实履行合同，中标的供应商应在签订合同时向采购部门交纳一定数额的履约保证金。在合同履行完毕，质量无问题时，予以结清。

3.2.4 即时制采购

1. 即时制采购的原理

即时制（JIT）采购又称准时化采购，是一种很理想的采购模式，在20世纪90年代，从即时制生产发展而来。即时制生产方式是在20世纪60年代由日本丰田汽车公司率先使用，这种方式使丰田公司安全度过了1973年爆发的全球石油危机，因此受到了日本和欧美等国家生产企业的重视。近年来，JIT模式不仅作为一种生产方式，而且作为一种采购模式开始流行起来。即时制生产方式是丰田公司的大野耐一先生在美国参观超级市场时受超级市场供货方式的启发而萌生的想法。美国超级市场除了商店货架上的货物之外，是不另外设仓库和库存的。商场每天晚上都根据今天的销售量来预计明天的销售量而向供应商发出订单，第二天清早供应商按照商场需要的品种、需要的数量、在需要的时候、送到需要的地点，所以基本上每天的送货刚好满足商场销售的需要，没有多余，也没有库存和浪费。大野耐一就想到要把这种模式运用到生产中去，因而产生了即时制生产。

即时制生产的基本思想是"杜绝浪费""只在需要的时间，按需要的量，生产所需要的产品"，这种生产方式的核心是追求一种无库存生产系统，或是库存量达到最小的生产系统。即时制这种管理思想被应用到采购中就产生了即时制采购模式，它的核心就是在恰当的时间、恰当的地点，以恰当的数量、恰当的质量采购恰当的物品。

（1）与传统采购面向库存不同，即时制采购是一种直接面向需求的采购模式，它的采购送货是直接送到需求点上。

（2）用户需要什么，就送什么，品种规格符合客户需要。

（3）用户需要什么质量，就送什么质量，品种质量符合客户需要，拒绝次品和废品。

（4）用户需要多少，就送多少，不少送，也不多送。

（5）用户什么时候需要，就什么时候送货，不晚送，也不早送，非常准时。

（6）用户在什么地点需要，就送到什么地点。

2. 即时制采购的优点

（1）生产制造厂商与供应商之间建立长期稳定的战略伙伴关系，签订合同的手续大大简化，不需要双方再进行反复的询价和报价，采购成本会因此而大大降低。

（2）采购的物资可以直接进入生产部门，减少了采购部门的工作压力和不增加价值的活动过程，实现供应链的精细化运作。

（3）大幅度减少原材料和外购件的库存。据国外一些实施即时制采购策略企业的测算，即时制采购可使原材料和外购件的库存降低40%~85%。原材料和外购件库存的降低，有利于减少流动资金占用，加快流动资金周转速度，同时节省原材料和外购件的库存占用空间，从而降低库存成本。

（4）提高采购物资的质量。实施即时制采购，可以使购买的原材料和外购件的质量提高2~3倍。而且，原材料和外购件质量的提高又可以有效地降低质量成本。据测算，实施即时制采购可使质量成本降低26%~63%。

（5）降低原材料和外购件的采购价格。由于制造商和供应商的战略合作以及内部规模效益与长期订货，使得购买的原材料和外购件可以享受较大的价格优惠。例如，生产复印机的美国施乐公司，通过实施即时制采购策略，使其采购物资的价格降低了40%~50%。

（6）推行即时制采购策略，能有效缩短交货时间，加强供需双方信息共享，实现企业供应链同步运作，从而提高企业的劳动生产率，增强企业的适应能力。

3.2.5 政府采购

1. 政府采购概述

政府采购制度起源于欧洲。1782年英国政府成立了"文具公用局"（也称"办公用品局"），负责采购政府所需的货物和投资建设项目，并规定了一套政府采购所特有的采购程序及规章制度，其中包括：超过一定金额的政府采购合同必须使用公开的、竞争的程序完成，即公开招标。瑞士政府也是世界上较早具备完善的政府采购体系的国家之一，它们制定和实施政府采购制度已有200多年的历史。1861年，美国也通过了一项联邦政府采购法规定了采购机构、采购官员应遵循的程序和方法。

1998年，深圳市率先制定了我国政府采购的第一个地方性法规《深圳经济特区政府采购条例》。随后，河北、上海、江苏、辽宁等省市也先后制定了政府采购管理办法。

1998年，国务院明确规定财政部为政府采购的主管部门，从而在我国初步建立起了政府采购管理机构及执行机构，地方各级人民政府也相继在财政部门设立或明确了政府采购管理机构来监督管理政府采购活动。

2. 实行政府采购的作用和意义

目前，世界发达国家和地区基本上都实行了政府采购，这是市场经济发展以及政府行为规范化的必然产物。

1）实行政府采购的作用

（1）政府采购是规范财政支出管理、增强财政资金使用效益的有效途径。政府采购可以把资金限制在预算范围内，以获得竞争价格的优势，进而降低采购成本，形成规模效益。

实际上是以规范化的形式结束过去各部门在使用财政性资金采购的过程中分散的无规可循、无法可依的采购历史，使采购工作迈入法制化、规范化的道路。

（2）政府采购是防范腐败行为、强化廉政建设的重要举措。通过招标方式进行交易，实现交易的公开、公正、公平，可以有效地抑制采购工作中的各种腐败现象和不正之风，有助于净化财经秩序和重塑廉洁之风。

（3）政府采购制度是保护民族产业和国内工业的重要手段。政府采购优先购买国货的政策要求是符合国际惯例的。事实上，政府采购市场已是各国对国内市场进行保护的重点。

2) 实行政府采购的意义

在我国现阶段，特别是在现行财政支出缺乏规范化管理的情况下，积极稳妥地建立、健全政府采购制度是一项当务之急的工作，具有重要的意义。

（1）有利于完善社会主义市场经济体制。建立政府采购制度可以有效地促进公平交易，维护正常的交易秩序。同时，还能促进政府消费行为的市场化。

（2）有利于国家加强宏观调控。政府是国内最大的单一消费者，采购政策对国民经济有着直接的影响，采购政策可调整产业结构，保护民族工业。

（3）有利于加强财政支出管理，提高财政性资金的使用效益。政府采购制度的实施不仅提高了财政支出的透明度，而且有利于提高财政资金的使用效益。

（4）有利于加强廉政建设。政府采购活动在公开、公平、公正和透明的环境中运作，便于从源头上有效地抑制采购活动中的各种腐败行为。

（5）有利于对外开放。政府采购制度的建立为我国进一步对外开放奠定了基础。

3. 政府采购的目标

政府采购有巨大的社会政策功能，利用政府采购推行国家的社会政策目标，是各国政府采购法立法的重要目标之一。我国《中华人民共和国政府采购法》(简称《政府采购法》)第九条规定"政府采购应当有助于实现国家的经济和社会发展政策目标"，主要包括以下内容。

1) 保护环境

政府采购应当优先采购高科技和环保产品，促进环保企业的发展，保证经济的可持续发展。

2) 扶持不发达地区和少数民族地区

我国幅员辽阔，经济发展不平衡，特别是中西部地区和少数民族地区经济相对比较落后，开发中西部地区是我国重要的经济战略，政府采购在扶持不发达地区和少数民族地区方面是有所作为的。

3) 促进中小企业发展

中小企业在社会经济发展中起了重要的作用，国家创造条件促进中小企业的发展，专门制定了《中华人民共和国中小企业促进法》。政府采购应当向中小企业倾斜，促进中小企业的发展，保证经济的持续稳定发展。

4. 政府采购的原则

1) 竞争性原则

竞争是政府采购的最大特点。政府采购的主要目标是通过促进供应商、承包商或服务提供者之间最大限度的竞争来实现的。通过竞争，形成买方市场，促使投标人提供更好的商品、技术和服务，设法降低产品成本和投标报价，从而形成对买方有利的竞争局面，可以以较低的价格采购到优质的商品。

2) 公开透明性原则

公开透明性原则是指有关政府采购的法律、政策、程序和采购过程都要公开，采购机关使用公共资金进行采购，对公众具有管理责任，务必谨慎地执行政府采购政策并使采购具有透明度。

公开透明性原则使得采购法律和程序具有可预测性，有利于投标商预测参加投标的代价和风险，提出最为合理的价格。同时，公开透明性原则还有利于防止采购机构及其上级主管做出随意的或不适当的行为或决定，从而增加潜在的投标商参与采购竞争并中标的信心。

3) 公平性原则

公平性原则是指参加竞争的所有投标商机会均等，享受平等待遇。有兴趣的供应商、承包商或服务提供者都有机会参加竞争；资格预审和投标评价对所有的投标人都使用同一标准，采购过程向所有投标人提供的信息都一致；不歧视公有或非公有、本地或外地投标商等。公平性原则是实现政府采购目标的重要原则。

4) 保护民族经济，提高国民经济竞争力原则

面对经济全球化的挑战，政府采购成为保护民族经济的"主力军"。随着我国加入世贸组织，我国经济已经逐步融入国际经济全球化，需要逐步开放政府采购市场。其实，在我国政府采购市场上早已充斥着形形色色的进口产品，而我国民族企业的产品却很难打入别国的政府采购市场，这就形成了事实上的不平等。因此，用政府采购制度扶持具有竞争力的民族产业，保护民族经济对增强我国综合国力具有重要的经济战略意义。因此，在开放的市场竞争环境中，利用政府采购这个庞大的购买力系统保护民族经济就显得尤为重要。

5) 扩大政府采购的范围与规模原则

我国政府采购制度起步较晚，目前仍处在积极发展的阶段，许多应纳入《政府采购法》调整的公共支出行为仍未纳入规范管理。与发达国家相比，我国政府采购的相对规模较小。本来政府采购就是一项发挥采购商品的规模效应、节约和有效使用有限的财政资金的制度，范围太窄、规模太小就难以发挥政府采购制度的优势，甚至反而会增加成本。因此，扩大政府采购的范围与规模，应该是我国政府采购发展还不完全成熟时期的特殊原则。

5. 政府采购中心

《政府采购法》规定，集中采购机构是非营利性事业法人，根据采购人的委托办理采

购事宜。因此,集中采购机构属于为党政机关各部门办理采购工作的服务性机构。同时,行政性事业单位的性质也决定了集中采购机构属于公益性组织,不以营利为目标,它的运行和所从事的集中采购活动全部依靠国家财政来维持。

(1)政府采购中心不隶属于财政部门。财政部门作为本级政府采购工作的主管部门,要确保其监督工作的客观公正性,就不能既行使政府采购工作的管理职能,同时又实施采购业务的具体操作;否则,对采购工作的管理监督机制就会流于形式、名存实亡。

(2)政府采购中心是一个非营利性的事业组织。采购中心作为采购单位与供应商联系的桥梁,要保持其"公平、公开、公正"的立场,就必须与双方之间都没有任何性质的经济利益关系,而一旦采购中心是一个营利性的组织,就很难保证它在选择中标供应商时就没有权衡其自身利益最大化的"私心",产生各种违背政府采购宗旨的不法行为。

(3)政府采购中心必须要有独立的法人资格。政府采购中心有时要接受采购单位等的委托开展采购业务,就要与它们签订相关的委托协议,或受托与供应商签订有关合同等,这就要求其必须具有独立的法人资格,对自己的事业活动、商业行为等承担相应的风险,并依法承担不可推卸的经济、法律责任。

(4)政府采购中心是一个具有严格的内部牵制约束机制的机构。政府采购中心是行使集中采购的具体操作机构,从事高度集中的商业行为,在其各个运行环节上均有可能涉及商业秘密或信息等,因此,必须要有一套完善的、规范的操作规程,使各操作岗位之间具有一个严密的监督制约机制。如采购活动的决策岗位与具体操作岗位之间就必须相互监督牵制;采购经办人与采购合同审核岗位之间就必须相互分离制约等,以避免内控不严、牵制不力、责任不清等原因,导致不法分子乘虚而入,产生各种各样的腐败行为,扰乱政府采购的正常工作秩序。

某市政府采购案例

2008年1月,某市政府采购中心受该市教育局的委托,以竞争性谈判方式采购一批教学仪器设备。政府采购中心接受委托后,按规定程序在监管机构规定的媒体上发布了采购信息,广泛邀请供应商参加竞争。由于本次未涉及特许经营,采购文件也未对供应商资格提出特殊限制条件,除规定供应商具备《政府采购法》第二十二条的规定条件外,仅要求供应商提供所供仪器设备是正品的证明,并保证售后服务即可。然后政府采购中心在规定的时间内,组成谈判小组,并按规定程序,在有关部门的监督下,于2008年2月16日履行了谈判等程序。

外地的一家公司M从4家供应商中胜出,成为第一候选人。7天后,政府采购中心正等待教育局确认结果时,收到本市一家供应商H的内装有面投诉书的挂号信。其主要内容是:供应商H是成交货物生产商在本市的唯一代理商,M公司不是代理商,其授权书是假的,现M公司正在外地联系货源,要求政府采购中心查处造假者,且查处之前不得公布成交结果。政府采购中心收到挂号信后不到2h,H公司的代表也来到政府采购中心,又当面提出了上述要求。

与此同时,该市财政局党委、纪检组、市纪委、监察局等部门也都收到了H公司的投诉书,内容都是反映政府采购中心"暗箱操作",使"造假者成交",严重违反了《政府采购法》等法律法规,要求市财政局党委、纪检组、市纪委、监察局等部门立即调查处理,并要求查处之前不准政府采购中心公布成交结果。后来政府采购中心没有接受H公司的要求,只向其进行了简单解释,仍按程序在规定的时间内公布了成交结果,市财政局党委、纪检组也没有接受H公司的要求,而是要H公司认真学习《政府采购法》等法律法规,正确对待本次采购。

3.3 招标采购

招标采购是在众多的供应商中选择最佳供应商的有效方法。它体现了公平、公开和公正的原则。招标采购方式通常用于比较重大的建设工程项目、新企业寻找长期物资供应商、政府采购或采购批量比较大等场合。

3.3.1 招标采购的方式

招标采购是通过在一定范围内公开购买信息,说明拟采购物品或项目的交易条件,邀请供应商或承包商在规定的期限内提出报价,经过比较分析后,按既定标准确定最优惠条件的投标人并与其签订采购合同的一种高度组织化的采购方式。

目前世界各国和国际组织的有关采购法律、规则都规定了公开招标、邀请招标、议标3种招标方式。下面主要介绍公开招标和议标。

1. 公开招标

1) 公开招标的含义

公开招标又称竞争性招标,即由招标人在报刊、电子网络或其他媒体上发布招标公告,吸引众多企业单位参加投标竞争,招标人从中选择中标单位的招标的方式。《中华人民共和国招标投标法》(简称《招标投标法》)第十条第二款规定:"公开招标是指招标人以招标公告的方式邀请不特定的法人或者其他组织投标。"

2) 公开招标的种类

按照竞争程度,公开招标方式可以分为国际竞争性招标和国内竞争性招标,其中国际竞争性招标是采用最多、占采购金额最大的一种方式。

3) 公开招标的条件

(1) 招标人需向不特定的法人或者其他组织(有的科研项目的招标还可包括个人)发出投标邀请。招标人应通过公共媒体公布其招标项目、拟采购的具体设备或工程内容等信息,向不特定的人提出邀请。任何认为自己符合招标人要求的法人或其他组织、个人都有权向招标人索取招标文件并届时投标。采用公开招标的招标人不得以任何借口拒绝向符合条件的投标人出售招标文件；依法必须进行招标的项目，招标人不得以地区或者部门不同等借口违法限制任何潜在投标人参加投标。

（2）公开招标须采取公告的方式，向社会公众明示其招标要求，使尽量多的潜在投标商获取招标信息前来投标，从而保证招标的公开性。

在实际生活中，人们经常在报纸上看到"××招标通告"，此种方式即为公开招标方式。采取其他方式如向个别供应商或承包商寄信等方式招标的都不是公开招标方式，不应为公开招标人所采纳。

2. 议标

议标也称谈判招标或限制性招标，是指直接邀请3家以上合格供应商就采购事宜通过谈判来确定中标者。议标主要有以下几种方式。

1) 比价议标方式

"比价"是兼有邀请招标和协商特点的一种招标方式，一般适用于规模不大、内容简单的工程和货物采购。通常的做法是由招标人将采购的有关信息送交选定的几家企业，要求它们在约定的时间提出报价，招标单位经过分析比较，选择符合自己要求的企业，对于工期、造价、质量付款条件等细节进行协商，从而达成协议，签订合同。

2) 直接邀请议标方式

直接邀请议标方式是指选择中标单位不是通过公开或邀请招标，而由招标人或其代理人直接邀请某一企业进行单独协商，达成协议后签订采购合同。如果与一家协商不成，可以邀请另一家，直到协议达成为止。

3) 方案竞赛议标方式

这种方式是选择工程规划设计任务的常用方式。通常组织公开，也可邀请经预先选择的规划设计机构参加竞赛。一般由招标人提出规划设计的基本要求和投资控制数额，同时提供可行性研究报告或设计任务书、场地平面图、有关场地条件和环境情况的说明，以及规划、设计管理部门的有关规定等基础资料，参加竞争的单位据此提出自己的规划或设计方案，阐述方案的优势，并提出该项规划或设计任务的主要人员配置、进度安排和完成任务的时间、总投资估算和设计等，一并报送招标人。然后由招标人邀请有关专家组成的评选委员会，选出中标单位，招标人与中标企业签订合同。对未中选的参审单位给以一定补偿。

此外在科技招标中，一般使用公开招标。招标单位在接到各投标单位的标书后，先就技术、设计、加工、资信能力等方面进行调整，并在初步认可的基础上来选择一名最理想的预中标单位并与之协商，对标书进行调整洽谈，如果双方的意见一致，就可定为中标单位，若不一致则再找第二家预中标的供应商或承包商。这样逐次协商，直到双方达成一致意见为止。这种议标方式使招标单位有更多的灵活性，可以选择到比较理想的供应商和承包商。

计算机招标采购

1. 案例背景

本项目为计算机采购项目，于2007年8月23日下达采购中心，被列入政府采购范围。这次联合集中采购计算机为3120台，涉及120个单位，分布在全市的各个地方。本次采购计算机的配置要求高，其中120台计算机的配置要求为当前最先进配置，具有极高性能价格比的高档多媒体PC。

2. 招标准备

由于本次招标计算机数量多，所以在确定招标方式上，既考虑到120个单位需要计算机的紧迫性，又考虑到采购程序的严密性、招标范围的公开性，最终把招标方式确定为公开招标。同年8月24日以公开招标的方式在政府采购网站发布招标公告，并在当地报纸上发布招标公告。

招标文件编制的具体做法是将计算机分为A、B和C这3个包，A包为2000台计算机，B包为1 000台计算机，C包为120台高档计算机。这样分主要考虑到两个因素：一是要求制造供应商供货时间短，3 000台计算机可能由两家供应商提供，缩短制造周期；二是120台高档计算机要求配置高，性能稳定可靠，兼顾到中高档国内外品牌的投标、中标机会。

随后开始出售标书，共有15家公司购买了招标文件。

3. 招标过程

2007年9月6日在政府采购中心开标，特别邀请公证处的两位公证员开标公证，邀请政府采购监督小组的两位监督员作为监标人，评标专家由政府采购中心提供，在评标当天通知采购中心，保证了评标专家的保密性和公正性。邀请4位资深专家和一位使用单位人员组成评标小组，评标小组决定3 000台计算机项目授予L公司，120台高档计算机项目授予T公司。

4. 履约合同

2007年9月10日与L公司签订合同，L公司授权具体工作由B公司实施。9月14日与T公司签订合同，T公司授权，具体工作由Q公司实施。随后采购中心与使用单位、中标单位、被授权单位召开了协调会议，达成《工作安排备忘录》。在各单位具备安装条件的情况下，2007年10月13日完成了计算机的安装调试。为保证该项目的顺利实施，B公司和Q公司做了大量的工作(事前准备、调查，事中协调、联系用户等)，全心全意地为使用单位服务，最大范围内满足使用单位提出的要求。

5. 后记

定标与签订合同之后，采购中心的工作并未完成，监督履约和项目的验收及付款等是政府采购工作的重要环节。项目的执行责任人必须与供应商、买方、出资方保持经常的联系，了解履约中出现的问题，及时进行协调，这方面的工作今后有待加强。

本次招标项目节约资金 364.8 万元，节约率达 21.9%。效果比较明显。

对于公开招标的项目，要做到公正、公平，其重点在于评标小组的组成。使用单位往往作为评标小组的组成人员之一，在评标时专家评委首先倾听他们的意见，而使用单位有可能提出一些片面的带有某些导向性的意见，如何避免类似的问题有待思考。为了确保大批量计算机的供货质量，在签订供货合同的时候，特别增加了一条，就是在计算机送到单位后，抽出一定数量机器到技监部门做性能和防辐射检测，合格后再使用。

（资料来源：牛鱼龙．经营物流．采购与销售．经作者整理）

3.3.2 招标采购的一般程序

1. 策划

在策划阶段，要对招标投标活动的整个过程做出具体安排，包括制定总体实施方案、项目综合分析、确定招标采购方案、编制招标文件、制定评标办法、组建评标委员会和邀请有关人员等。

2. 招标

招标采购活动方案得到企业领导的同意后，进入第二阶段，就是招标阶段。招标阶段应当做好以下工作。

（1）拟定招标采购工作计划。其主要内容包括：招标物资名称、规格、数量、技术质量标准、估价金额、用途、招标时间、聘请专家人数，然后报公司主管领导批准后，按确定的招标方式开展招标活动。

（2）形成招标书。物资采购主办单位应当根据采购项目的要求认真编制招标文件，招标文件分为两个部分，即"招标标书"和"投标须知"。

（3）由招标负责人、专家和主管领导共同编制，并密封保存，在定标前不得泄密。必要时还可以要求咨询公司代理。

（4）发送招标书。招标人在向投标供应商提供招标文件前，应按招标文件要求对供应商资信进行预审。然后采用适当的方式，将招标书送到潜在投标供应商手中。

招标人于投标截止日前若干个工作日在网上发布招标公告。凡是与招标有关的内容，需要向投标人公开的，一律在网上发布；不能公开的，也不能私下泄露给任何投标方。招标工作要本着"公开选购、公平竞争、公正交易"的原则，严格按程序办事，任何人不得更改程序和私自插进未经确定的单位参加投标，不得私自与供应厂商串通，泄露招标秘密，如有违反者，应严肃处理。

3. 投标

投标供应商收到招标书后，如果投标人符合条件，并愿意投标，就可以进入第三阶段，就是投标阶段。投标阶段应当做以下工作。

（1）编制投标文件。根据招标文件的要求编制投标文件，投标文件内容主要包括投标物资明细价格表、投标项目方案及说明、技术和服务响应书、投标资格和资信、投标保证书等。投标文件加盖供应商单位印章并由法定代表人或其授权代理人签署后，以电子文档的方式在投标截止时间前，通过加密邮件发送给招标指定的邮箱。

（2）在招标规定的截止时间前按招标所规定的金额或比例交纳投标保证金，通过网上电子银行汇入招标办公室指定银行账户上。

（3）投标截止时间前，供应商可以提供补充、修改文件（也按规定密封），也可以书面申请撤回投标，这些文件也可以用加密邮件传送给招标人指定的邮箱。

4. 开标

投标结束后，将投标文件在规定的时间和地点公开进行开标，开标时可以邀请投标商和委托代表参加。这样就可以进入第四阶段，就是开标阶段。开标阶段应当做以下工作。

（1）招标人按规定时间和地点组织开标，开标由招标负责人主持，评委会成员、采购部门、使用单位、社会公证机构参加。开标前宣布开标、评标方法和标准，该标准应当发布在网上。

（2）开标时应当众检查和启封投标书，宣读供应厂商投标文件的主要内容，宣布评标、定标原则和办法。开标时发现投标文件不符合规定要求的应宣布该投标书无效。公开招标、邀请招标、协商招标均应有两个以上有效投标才能成立。

（3）评标委员会依照"公正、科学、合法"的原则和招标文件要求进行评标。所有的投标书的相关内容亦应公布在网上，提高公正性。在满足招标文件各项要求的情况下，接近标底最低投标价中标。对于可能引起误会的做法，招标人应当给予解释。在开标前，如果有不正当的违法行为、采购单位收到诉讼或质疑、或出现突发事故，要变更或取消采购计划。

5. 评标

开标后，就可以进入第五阶段，就是评标阶段。评标阶段应当做以下工作。

（1）投标人可以拿自己的投标书当着全体评标小组陈述自己的投标书，并且接受全体评委的质询，必要时还要辩论。招标人对评标过程进行记录，并做出裁决书，由招标负责人、评标委员会成员签名并备案。

（2）全体评标小组成员对投标人进行分析评比，最后投票选出最优中标人。评标是招标投标活动中十分重要的阶段，评标是否真正做到公正、公平，决定着整个招标投标活动是否公平和公正，而且关系到投标活动的成败。所以评标委员会的组成和工作程序必须有严格的规定。评标委员会不少于5人，依照《招标投标法》第三十七条的规定，评标委员会必须有技术、经济等方面的专家，且人数不得少于成员总数的2/3。供应商通过技术咨询对项目的提前介入，不可避免地使用户具有某种程度上的倾向性，此外，从用户的角度往往希望技术先进一些，指标高一些，这在主观上也造成对评标结果的不公。因此，缺乏技术专家参与评标委员会往往在技术上会倒向一边，并导致评标委员会中商务与技术两方面的对立。

6. 定标

经过专家评比分析后，选择出中标人，这样就可以进入最后阶段，就是定标阶段。定标阶段应当做以下工作。

（1）评标结束后，招标办公室应在3个工作日内以电子文档的形式向中标供应商发出《中标通知书》，同时向落标供应商发出《落标通知书》。

（2）中标人在接到《中标通知书》后，应按通知指定时间、地点，双方签订物资供需合同。

上述6个阶段基本完成了整个招标采购业务活动。不同国家和地区的招标程序会因实际情况略有所变化，但不会存在太大差异。

3.3.3 网上招标

1. 网上招标的作用

网络招标是以招投标相关法律法规为依据，以信息技术为依托，通过互联网发布信息、下载标书、投标、开标、评标、合同授予等工作环节，实现招投标活动的电子信息系统。信息技术在信息传播领域中具有及时性、广泛性等特点，为招投标采购活动公开、公证提供了技术保障，也说明了电子化推动了采购活动本身的公开和透明。

1) 提高招标采购效率，降低采购成本

招标采购能够缩短招标项目采购周期，节约采购活动的时间，提高采购效率。据调查，在目前由世界银行资助的一项有关我国电子化采购活动中，77.1%的被调查者认为实施电子化采购能显著提高管理效率，38%的被调查者认为管理效率有一定提高。

实施网络招标，招标人、投标人、中介机构所负担的差旅费、运输费、印刷费等直接费用也有很大程度的降低。据统计，韩国实施电子化采购每年可以节约近45亿美元的交易成本，差旅费和运输费节约近41亿美元。

2) 降低腐败现象的发生

在我国，社会公众比较关注政府和公共资金的支出情况。加强招标采购透明化建设，让社会公众了解到招标采购活动的整个过程，这样在招标中出现的"暗箱操作"等现象，通过社会公众"阳光监督"，最大限度地得以避免。

将招标采购情况在网上公布是防止行业腐败的有效机制。社会公众可以通过互联网了解采购行为的全过程，实现他们的知情权和监督权，发挥公众和社会监督的作用。如在目前颁布的《北京市城市基础设施特许经营者招标投标程序性规定》中，就增加了招投标信息公示的内容，并取得了良好的社会效果。

3) 节约资源和保护环境

招投标工作要为国民经济和社会发展的全局服务，使建设资源节约型和环境友好型社会、加强和谐社会建设等指导原则和政策，贯彻到招标投标的具体活动中去。

4) 规范市场秩序

国家虽然颁布并实施了《招标投标法》等法律、法规，但是在实际招标过程中，有法不依、执法不严的现象依然存在。网上招标建立在公开、公平、公正的投标环境上，规范了市场秩序，有助于防止上述现象的发生。

2. 招投标制度及招标采购运作模式

1) 招投标制度

招投标制度就是一种规范的比价采购模式。在国际通行的招投标制度 [如世界银行采购招标程序、国际土木工程师协会 (FIDIC) 招标程序] 中，对询价和定价的每一步操作均做出了详细的规定和说明，特别表现在以下 3 个方面。

（1）严格的操作程序、规则和标准招标文件。

（2）具体和明确的技术要求和计量规则。

（3）详细而全面的标准合同条件。

对于大型和复杂的采购项目，招投标制度的优点是非常明显的。近年来我国政府开始推行招投标制度，并首先在政府采购和建筑工程项目管理方面应用，取得了良好的效果。

招投标制度本身并不复杂，但对于绝大多数企业来说，全面实行招投标制度是一件很不容易的事情。首先，招投标要求具备足够法律和商务知识并经过专业训练的人员进行具体操作，这对中小型企业来说是不经济的，这些都限制了招投标制度的应用。不过招投标制度的基本思想仍然是非常有价值的，如对承包商进行资格预审、排除不合格的卖方、报价密封及公证开标、防止恶意操纵等。

2) 招标采购运作模式

（1）政府采购招标。政府采购招标一般都是国家财政拨款，招标范围广、量多、频次高，一般针对的是万元以上额度的采购。

目前，政府招标采购办都会对 IT 企业进行资质认证，一般应有厂家的代理资质，实在没有也要有临时资质。通过认证后，在本年度就可以参与投标。这里，不同地方政府用的招标方法不一样，有的采用电子商务模式实行网上招标，有专门的网页，这样，所有通过资质认证的企业都可以实时参与。还有的采用书面标书形式，标书是免费的，但是要想得到标书就要首先知道有标书，要得到这个信息有两个渠道：一是采购办的人通知企业；二是用户通知企业。这种方式首先就限制了参与者，企业不可能每个标书都得到信息，采购办的人会根据其主观判断来办理。其次通知谁，不通知谁是有选择的，这自然就涉及人际沟通。

政府采购招标有严格规定，如果发现企业违规，3 年内严禁其参与投标。但如何算违规、谁去管理等问题目前没有明确界定。

（2）行业投标。行业投标不像政府投标那样规则一致，不同行业有自己的规定，做法差异较大。大型行业如电信、农垦、银行等都有自己常设的招标采购机构,有的还聘请评标专家组,由相关职能部门如财会、纪检、审计等多方组成。有的行业规模较小,没有专门机构负责,一般由信息或科技管理部门分管。

行业投标有的不承诺最低价中标,原因是行业面窄、专业性强。注重对业务层面的了解,所以,有时会对标书的细节做讨论,也往往带有一些倾向性。行业招标并不十分规范:一是有的行业有自己内部建立的相关公司,所以一般招标会倾向于自己内部公司,毕竟由于体制等多方面的问题,平衡和妥协也是需要的;二是有的行业还没有建立科学的招标体制,往往投标就是走一种形式和过场,主要工作基本上在投标之前就已做好了。

(3)投标公司。投标公司是商业机构,一般受市场用户委托。通过卖标书收取手续费生存,往往承接的是一些较大的项目招标,招标信息一般由内部刊物刊登。它一般不拒绝企业参与招标,但标书卖得越多越好。开标、唱标一般有一个固定时间,由用户及相关专家到场。大家都可以参与,相对公正。当然,有时参与投标的公司进行背后操作的问题也是存在的。

3.3.4 招标中常见问题及其解决办法

自《招标投标法》实施以来,我国招标投标市场发展总体是好的,招标投标活动日趋普及,招标投标领域不断扩大,已经成为经济生活的重要内容。但是,招标投标活动中仍然存在一些不容忽视的问题,妨碍了《招标投标法》的实施,扰乱了市场经济秩序,滋生了腐败现象。为了整顿和规范市场经济秩序,创造公开、公平、公正的市场经济环境,推动反腐败工作的深入开展,必须加强和改进招标投标行政监督,在实践中要及时发现问题,及时采取相应的措施解决问题,进一步规范招标投标活动。

1. 招标代理选择的条件

招标代理机构是依法设立的,从事招标代理业务并提供相关服务的社会中介组织,其机构应具备下列条件。

(1)具有营业场所和相应资金。这是开展业务所必需的物质条件,也是招标代理机构成立的外部条件。营业场所是提供代理服务的固定地点。相应资金是开展代理业务所必要的资金。

(2)具有编制招标文件和组织评标的专业力量。是否能够编制招标文件和组织评标既是衡量招标人能否自行办理招标事宜的标准,也是招标代理机构必须具备的实质条件。从整个招标投标程序看,编制招标文件和组织评标是其中最重要的两个环节。招标文件是整个招标过程中遵循的基础性文件,是投标和评标的依据,也是合同的重要组成部分。招标文件是联系、沟通招标人与投标人的桥梁,是直接影响招标质量的关键。招标文件还是顺利组织评标,公平、公正评定中标人的重要保证,能否编制高质量的招标文件,组织好评标活动,是招标代理机构应具备的实质性要件。

（3）要符合相关规定。《招标投标法》中规定招标代理机构必须有符合法律规定、可以作为评标委员会成员人选的技术、经济等方面的专家库。参加评标委员会的专家，应当占评标委员会总人数的 2/3 以上，应当在从事相关领域工作满 8 年，并且有高级职称或具有同等业务水平，由招标人从国务院有关部门或由省、自治区、直辖市人民政府有关部门提供，或者在代理招标机构的专家库内相关专业中确定。

2. 招标代理存在的问题

（1）招标代理机构备案问题。现在具有建设工程招标代理甲级资格的招标代理机构到异地开展招标代理活动之前，需要到当地建设行政主管部门进行备案，备案的内容与招标代理机构再次申请甲级资质无异(甚至更为复杂)，有的省份还要求法定代表人亲自到场递交备案资料，这种做法是对建设部颁发的资质证书公信力的一种挑战，同时增加了社会成本，建议协会开设招标代理机构信用查询平台，打破招标代理行业地方封锁、垄断的局面，促进全国代理市场的规范发展。

（2）招标代理机构的专家库问题。根据建设部对招标代理机构的要求，具有资质的招标代理机构一定要组建独立的专家库，主要是考察招标代理机构编写招标文件和参与评标的技术支持能力。实际上，目前全国几乎没有哪个地方在评标时从招标代理机构的专家库中抽取专家，如何让招标代理机构的专家库发挥作用，提升招标代理机构的服务深度也是值得研究的问题。

（3）招标代理的收费问题。尽管国家发改委等部委发布了招标代理的收费规定，但目前招标代理的收费方式、收费范围、收费比例各不相同。事实上，对招标代理的收费标准的规定似乎可以更加灵活，或分出不同服务深度，使其更加合理、有效。

3. 招标代理的管理

（1）依法整顿和规范招标代理活动。招标代理机构必须与行政主管部门脱钩，并不得存在任何隶属关系或者其他利益关系。凡违反《中华人民共和国招标投标法》和《中华人民共和国行政许可法》规定设立和认定招标代理机构资格的行为，一律无效。建立健全招标代理市场准入和退出制度。招标代理机构应当依法经营，平等竞争，对严重违法违规的招标代理机构，要取消招标代理资格。招标代理机构可以依法跨区域开展业务，任何地方和部门均不得以登记备案等方式变相加以限制。

（2）建立和完善招标投标行业自律机制。推动组建跨行业、跨地区的招标投标协会。由协会制定行业技术规范和行为准则，通过行业自律，维护招标投标活动的秩序。

（3）要建立招标代理职业道德标准及信用评价体系。建立健全各项规章制度，以加强代理机构管理，整合招标代理队伍，促进其向规范化、法制化方向发展；同时，要加强代理从业人员的培训，提高其综合协调能力、语言交流能力、社交能力、写作能力等多方面的才能，构筑一个复合型的人才基地。要强化职业道德水平，提高从业人员的整体素质。

（4）要发挥行业协会的职能。充分发挥桥梁纽带作用，加强政府与企业间的交流与沟通，组织资格管理、人员培训、学术讨论、市场调研等工作，及时了解企业对政府管理、行业发展的意见和建议，并提出对策，为政府部门制定政策提供支持，要重点培育一批上规模、上水平的代理机构，积极培育招标代理市场，激活招标代理市场，扩大需求，加强代理同行的交流和代理发展的科学理论研究。

对此，招标代理机构必须清醒地认识现状，理清思路，进一步抢抓机遇，力求在短期内提高企业素质，提升核心竞争力，迎接国际化竞争的挑战。同时，政府部门也将进一步转变政府职能，完善管理体制，使其更适应市场经济和参与国际经济合作与竞争的要求，逐步实现管理行为法制化、管理形式科学化、管理主体知识化、管理过程信息化，提高行政管理水平和公共服务能力。

4. 投标的标底

标底是招标单位的绝密资料，不能向任何无关人员泄露。标底一般是以概预算为基础编制的，标底价包括招标工程总造价、单元造价、钢材、木材、水泥总用量及其单方用量，其中没有三材指标而需要议价采购的应注明其数量、单位价差及差价总金额。招标工程总造价中的所含各项费用的说明，包括包干系数或不可预见费用的说明和工程特殊技术措施费的说明。

5. 围标的治理

1）围标的含义

假设评标标底是各投标单位有效报价的算术平均值(A)与招标人招标审定的标底和的平均值(B)，在这种情况下，如果参加投标的某企业的项目经理同时又挂靠其他几个企业以不同的单位参加投标，只要他的几个投标报价比较接近，而又在有效报价范围之内，那么就能控制"A"值，使得"A+B"的平均值向他的投标报价靠拢，达到中标的目的。这就是俗称的"围标"。因为这种手段具有一定的隐蔽性，所以只有对入围投标企业进行严格审查，严防各投标企业之间相互串通"围标"，才能保证"A+B"招标的公平、公正。

2）围标的治理措施

（1）编制高质量的标底。聘请技术过硬、信誉高、实力雄厚的咨询代理机构编制标底和资料清单，使编制出的标底符合社会平均水平，防止高估和高额利润的发生，降低围标的期望收益。

（2）在招标文件的评标程序中，除了对标书的纵向符合性评审，还应加强投标文件的横向符合性评审。目前，评标方法中的初步符合性评审往往只注重投标单位的纵向独立性评审，即对各投标单位的投标文件包括商务符合性和技术符合性做独立的检查，看各标书是否实质上响应招标文件的所有条款、条件，有无显著差异或保留。相对于评审过程中各标书的相互检查比较，称之为横向符合性评审。通过标书横向的初步符合性评审可以找出围标行为，剔除不正当竞争的投标单位，避免其进入下一阶段评标，规范招标投标市场，并对违规单位按招标投标法做相应处罚。

（3）正常情况下，禁止以综合评审法评标，提倡实行合理低价法中标的评标办法：一是可以防止评标时受贿赂的评标专家对围标人打高分，而对其他投标人打低分的不公正现象；二是可以防止中标单位获取超额利润，降低围标的期望收益。

（4）加大对围标成员的惩罚力度，包括经济、行政和刑事惩罚，降低围标的预期收入。特别是对于陪标人、参与围标的招标人和评标专家而言，虽然参与围标对政府或企业本身造成一定的损失，但由于花的是政府或企业的成本，自己却能得到好处，这时的围标行为完全没有预算控制。因此，加大对所有陪标者的处罚，可以有效降低围标现象的发生。

（5）提高招标过程的透明度，减少暗箱操作和加强监督是防患于未然的一个有效措施。纪检和监察部门要对各招标中心进行协调、管理和监督，对于不进行招标、假招标或变应公开招标为邀请招标的项目实行专项审查。纪检、监察人员参加整个招标投标过程，对招标程序是否合法，评标专家是否按规定在专家库中抽取，是否按规定评标办法进行评标，评标是否公正，以及有无其他人员在其中干预等进行监督。设立举报箱，公布举报电话，对有围标行为的招标工程进行揭发，对举报者加以保护和给予奖励。

（6）增加入围的投标人数量，降低中标概率。对符合招标文件的投标人用随机抽取的方法抽取入围；全部评标专家在专家库中随机抽取，实行异地评标专家本地评标的评标制度，招标人不允许参加评标；提高评标专家的人数，变5位评标专家为7位，甚至9位。

（7）实行公开招标，防止招标人以邀请招标的名义只邀请围标者参加投标。

3.4 供应商管理

供应商的业绩对制造企业的影响越来越大，在交货、产品质量、提前期、库存水平、产品设计等方面都影响着制造商的效益。传统的供应关系已不再适应全球竞争加剧、产品需求日新月异的环境，企业为了实现低成本、高质量、柔性生产、快速反应，就必须重视供应商的评价、选择。供应商的评价、选择对于企业来说是多目标的，包含许多可见和不可见的多层次的因素。

3.4.1 供应商调查和开发

1. 供应商调查

对于生产企业而言，供应商的数量较多，层次参差不齐，如果供应商选择失误，会对其生产带来不利，造成中断生产计划、增加存货成本、延迟运送零件或原料、出现缺货或残次物品、引发成品的运送延迟等不良后果。如果企业建立完整的供应商选择与评价体系，就可以掌握供应商的生产情况和产品价格信息，以获取合理的采购价格，最优的服务；确保采购物资的质量和按时交货；可以对供应商进行综合、动态的评估；甚至把供应商结合到产品的生产流程中去，和供应商建立长期的交易伙伴关系以达到效益最优化。因此，要加强对供应商的调查。

2. 供应商开发

供应商开发就是从无到有去寻找新的供应商,建立起适合于企业需要的供应商队伍。供应商开发是一项很重要的工作,同时也是一个庞大复杂的系统工程,需要精心策划、认真组织。

3.4.2 供应商的选择

供应商的选择是供应商管理的主要内容,选择好的供应商,不仅对企业的正常生产起决定作用,而且对企业的发展也非常重要。供应商选择的目的是建立起一支稳定可靠的供应商队伍,为企业生产提供可靠的物资供应。

1. 供应商选择的标准

1) 技术水平

对技术水平的评价主要是看供应商所提供的产品能否在质量上达到采购方的要求。采购物料的质量是否符合采购单位的要求是企业生产经营活动正常进行的必要条件,也是采购单位进行商品采购时首要考虑的因素。采购方需充分调查供应商的技术能力,确保采购商品的质量。

2) 采购成本

对供应商的报价单进行成本分析,是有效选择供应商的方式之一。采购成本不仅包括采购价格,而且包括获得物料过程中所发生的一切费用。降低采购总成本有利于企业提高竞争力和增加利润,是选择供应商的一个主要因素,但并不是最重要的因素。采购总成本包括物料成本、采购管理成本和存储成本。物料成本包括货款、运费和通关费用等;采购管理成本包括人工成本、办公费用、差旅费用及信息费用等。

3) 管理水平

管理水平的高低是判断一个企业经营成功与否的重要标准之一。特别是在采购商品的金额巨大、性能复杂时,对供货商管理能力的评价就更为重要了。采购方可通过分析它们的长期营业额和利润纪录,分析潜在供应商的管理系统和管理方式,或通过企业现有的人员水平来判断供货企业的管理能力。

供应商内部组织与管理关系到日后供应商供货效率和服务质量。如果供应商组织机构设置混乱,采购的效率与质量就会因此下降。甚至会由于供应商部门之间的互相斗争而导致供应活动不能及时地、高质量地完成。另外,供应商的高层主管是否将采购方视为主要客户也是影响供应质量的一个因素,如果供应商的高层没有将采购方视为主要客户,在面临一些突发状况时,便无法取得优先处理的机会。

4) 整体服务水平

整体服务水平是指供应商内部各作业环节能够配合采购方的能力与态度。评价供应商整体服务水平的主要指标有以下几个方面。

（1）安装服务。如空调的免费安装、电脑的装机调试等都属于供应商提供的安装服务。对于采购方来说，安装服务是一大便利。通过安装服务，采购方可以缩短设备的投产时间或投入运行所需要的时间。

（2）培训服务。对于采购方来说，会不会使用所采购的物品决定着该采购过程是否结束。如果采购方对如何使用所采购的物品不甚了解，供应商就有责任向采购方传授所卖产品的使用知识。每一个新产品的问世都应该有相应的辅助活动推出。供应商对产品售前和售后的培训工作情况也会极大地影响采购方对供应商的选择。

（3）维修服务。供应商对所售产品一般都会做出免费维修一段时间的保证。免费维修是对买方利益的保护，同时也对供应商提供的产品提出了更高的质量要求。这样供应商就会想方设法地提高产品质量，避免或减少免费维修情况的出现。

（4）升级服务。这也是一种非常常见的售后服务形式，现代信息时代的产品就更需要升级服务的支持。信息时代的产品更新换代非常快，各种新产品层出不穷，功能越来越强大，价格越来越低廉，供应商提供免费或者有偿的升级服务对采购方有很大的吸引力，这也是供应商竞争力的体现。

（5）技术支持服务。这是供应商寻求广泛合作的一种手段。采购方有时非常想了解在其产品系统中究竟什么样参数的器件最合适，有时浪费大量的时间和费用也不一定能够找到恰当的解决办法。这时，如果供应商向采购方提供相应的技术支持，就可以在为采购方解决难题的同时销售自己的产品。这种双赢的合作方式是现代采购工作中经常采用的模式。

5) 快速响应能力

在市场经济条件下，市场竞争越来越激烈，客户对企业的要求越来越高，交货期越来越短，企业要求供应商能有较好的响应能力，能及时满足企业的需要。同时许多企业为了适应消费者多种多样的需求，实行个性化定制和生产，企业只有提高柔性生产能力，生产多样化的产品，才能适应消费者需求的个性化，才能提高企业产品的市场竞争力，而这些都是以供应商的多品种柔性生产能力以及快速响应能力为基础的。

除了以上的选择标准外，有些企业也把企业信誉、财务状况、生产能力以及配合程度等作为选择的条件。

2. 供应商选择的方法

1) 直观判断

直观判断法是指直接通过调查、征询意见、综合分析和判断来选择供应商的一种方法，是一种主观性较强的判断方法，主要是倾听和采纳有经验的采购人员的意见，或者直接由采购人员凭经验判断。这种方法的准确性取决于所拥有的供应商的资料是否正确、齐全和决策者的分析判断能力与经验。这种方法运作方式简单、快速、方便，但是缺乏科学性，常用于选择企业非主要原材料的供应商。

2) 考核选择

（1）调查了解供应商。供应商调查可以分为初步调查和深入调查。每个阶段的调查对象都有一个供应商选择的问题，而且选择的目的和依据是不同的。

初步调查对象的选择非常简单，选择的基本依据就是其产品的品种、规格、质量、价格水平、生产能力、地理位置和运输条件等。在符合这些条件的供应商当中选择几个，就是初步调查的对象。深入调查对象的选择，一是根据 ABC 分类所确定的自己产品的重要程度；二是根据供应商企业的生产能力水平的实际情况。对于企业的关键产品、重要产品，应对提供这些产品的供应商进行深入研究及考察考核，选择真正能够满足本企业要求的供应商。对于那些不太重要的产品，可以不需要进行深入调查。深入调查对象的选择标准主要是企业的实力、生产能力、技术水平、质量保障体系和管理水平等。

（2）考察供应商。初步确定的供应商还要进入试运行阶段进行考察。试运行阶段的考察更实际、更全面、更严格，因为这是直接面对实际的生产运作。在运作过程中，要对所有评价指标进行考核评估，包括产品质量合格率、准时交货率、交货差错率、交货破损率、价格水平、进货费用水平、信用度、配合程度等的考核和评估。在单项考核评估的基础上，还要进行综合评估。

（3）考核选择供应商。通过试运行阶段得出各个供应商的综合评估成绩，基本上就可以确定哪些供应商可以入选，哪些供应商要被淘汰，哪些供应商应列入候补名单。

3) 招标选择

选择供应商也可以通过招标的方式。招标选择是采购企业采用招标的方式，吸引多个有实力的供应商来投标竞争，然后经过评标小组分析评比，选择最优供应商的方法。

招标方法可以是公开招标，也可以是选择性招标。公开招标对投资者的资格不予限制，选择性招标则由采购单位预先选择若干个供应商，再进行竞标和决标。招标方法竞争性强，采购单位能在更广泛的范围内选择供应商，以获得供应条件有利的、便宜而实用的物资。但招标选择方法手续繁杂、时间长，不能适应紧急订购的需要，订购机动性差，有时订购者了解不够，双方未能充分协商，会造成货不对路或不能按时到货的情况。

4) 协商选择

在可供单位多、采购单位难以抉择时，也可以采用协商选择的方法，即由采购单位选出供应条件较为有利的几个供应商，同它们分别进行协商，再确定合适的供应商。和招标方法相比，协商方法因双方能充分协商，在商品质量、交货日期和售后服务等方面较有保证。但由于选择范围有限，不一定能得到最便宜、供应条件最有利的供应商。当采购时间紧迫、投标单位少、供应商竞争不激烈、订购物资规格和技术条件比较复杂时，协商选择方法比招标选择方法更为合适。

3.5 企业内部采购管理

采购部门是以寻求合格的厂商以维持物料的充分供应为最重要的职责,采购部门的职责逐渐从传统的业务层次提升到战略层次。

3.5.1 采购管理部门的职权分配和采购团队的组建

1. 采购管理部门的职权分配

关于采购任务、职责和权利的分配,有3个不同的层次需要加以区分:战略层次、战术层次、业务层次。

(1)战略层次。战略层次涵盖了那些从长远看来影响公司市场地位的采购决策。这些决策主要是高级管理层的职责。

(2)战术层次。战术层次采购职能包含影响产品、工艺和供应商选择的因素。有关这些问题的决策常常有着较长时间的影响(1~3年)。它们是跨职能的,要求组织内部的其他职能部门的协调与合作(包括工程设计、制造、物流、质量保证)。

(3)业务层次。业务层次指的是与订购和规划预算职能有关的所有活动。这个层次的活动包括物料的订购、监控交货和解决来料的质量争端。

2. 采购团队的组建

为了提高采购管理的效率,可以使用多种方法,组建采购团队就是众多方法中的一种。这种方法通过组建不同类型的团队,例如跨职能的采购团队、有供应商参与的采购团队、新产品开发团队,把分散采购的灵活性和集中采购的低成本优势结合起来,从而使采购管理对企业的成长发挥更大的作用。组建采购团队是供应链管理的一种应用、一种变形。

1) 采购团队的奋斗目标

团队的核心是共同奉献,否则,团队只是松散的个人集合。这一点采购团队也不例外。采购团队的每一位成员都要有大局意识、奉献精神,愿意为完成共同的采购目标而奋斗。

2) 采购团队类型

(1)多部门组成的采购团队。多部门的采购团队至少由来自3个不同职能部门的人员组成,他们在考虑采购目标的基础上,共同完成采购有关的工作。

(2)有供应商参与的采购团队。吸收供应商参与的团队相互交流信息,有利于对供应商的管理,确保得到优质的原料和服务,同时,对新产品的开发也有很大的支持作用。

(3)有最终消费者参与的采购团队。最终消费者参与的团队有利于企业及时了解消费者的需求变化,更好地改进自己的产品。设计的变化必然要求采购的变化,这样更方便采购部门及时制订和修正自己的计划。

3.5.2 交货期管理

交货期是指从采购订货日开始到供应商送货日为止的时间长短。

在市场竞争中,很多企业越发意识到,交货速度往往是竞争优势的首要因素。而物料采购的交货控制至关重要。交货期太早,势必会增加仓储管理费用及损耗,积压资金且负担利息;交货期延迟,会造成停工待料、机器及工人闲置,更会影响企业信誉,或受合约限制而导致逾期罚款或赔偿损失。总之,交货延迟一旦发生,后续的一连串计划(生产计划、出货、输送、销售等)即会发生异常,影响到公司内外的各种事务,甚至造成顾客抱怨,进而使生产成本增加、制造过程混乱,丧失应得的利润。

1. 交货期的构成

实际交货期的长短与前置时间有很大的关系,交货期是由供应商决定的而非客户随意指定。交货期是由以下 6 项前置时间构成的,所有前置时间的总和又称为累积前置时间。

(1)行政作业前置时间。行政作业所包含的时间存在于采购与供应商之间,共同完成采购行为所必须进行的文书及准备工作。在采购方,包括了选择或开发供应商、准备采购订单、取得采购授权、签发订单等;在供应方,则包括采购订单进入生产流程、确认库存、客户信用调查、生产能力分析等。

(2)原料采购前置时间。供应商为了完成客户订单也需要向自己的供应商采购必要的原材料,如塑胶、金属原料、纸箱等,需要花费一定的时间。在订单生产型模式下,产品的生产是等收到客户订单之后才开始的。依订单生产的模式中,原料的采购占总交货期时间的比例相当大。此外,供应商的供应商也有处理订单的前置作业时间。在组合生产型模式下,产品的组合生产也是等收到客户订单后才开始生产,所不同的是一些标准零配件或组装已事先准备妥当,主要标准零配件、材料和组装已在订单接到之前完成,并放入半成品区。一旦接到订单,即可按客户的要求从标准零配件或组装中快速生产出所需产品。而在存货生产型模式下,产品在收到客户订单前已经生产出来并存入了仓库,这种模式对原料采购前置时间的考虑一般很少,通常下了订单后就可安排运送并可确定到货时间。

(3)验收与检验前置时间。该时间包括:①卸货与检查,主要检查是否有不完整的出货,数量是否有误,有无明显的包装损坏;②拆箱检验,确认交货物品是否与订单一致,同时检查数量与外观有无问题;③完成验收文件;④将物品搬运到适当地点。

(4)生产制造前置时间。这是供应商内部的生产线制造出订单上所订货物的生产时间。

一般包括生产线排队时间、准备时间、加工时间、不同工序等候时间以及物料的搬运时间,其中非连续性生产中,排队时间占总时间的一大半。在订单生产型模式下,非加工所占时间较多,所需的交货期也较长。在存货生产型模式下,因生产的产品是为未来订单做准备的,采购交货期相对缩短。在组合生产型模式下,对少量多样的需求有快速反应的能力,交货期比存货生产型模式长,比订单生产型模式短。

(5)运送前置时间。当订单完成后,将货物从供应商的生产地送到客户指定的交货点所花费的时间为运送前置时间，运送前置时间的长短与供应商和客户之间的距离、交货频率以及运输方式有直接关系。

（6）其他前置时间。包括一些不可预计的外部或内部因素所造成的延误以及供应商预留的缓冲时间。

2. 影响交货期的因素

1) 供应商因素

（1）供应商生产能力不足或超能力生产。由于供应商的预防心理，所以其所接受的订单往往会超过其生产能力，以便部分订单取消时，尚能维持"全能生产"的目标。有时供应商为开发客户，对客户的需求状况及验收标准没有做详尽分析和了解就接受订单，之后发觉力不从心，根本无法生产出满足客户要求的产品，造成无法按时交货。

（2）转包失败。供应商由于受设备、技术、人员和成本等因素的限制，除承担产品的一部分制造外，有时需将部分产品的生产转包给他人。由于供应商未尽职尽责，导致外包加工交货延期，或外包部分产品质量不合格，无法完成组装，最后不得不延期交货甚至无法交货。

（3）制造过程设计不良或产品质量欠佳。有些制造商因为制造过程设计不良，产出率偏低，必须花费大量时间对不合格产品加以改造。另外，也可能因为对产品质量的管理欠佳，把关不严，导致最终产品的合格率低下，无法满足交货的数量和质量，造成无法按合同的规定履行。

（4）原材料缺失。供应商在制造过程中也会由于原材料管理不当或其他因素造成原材料短缺，导致制造过程延长，影响按时交货。

（5）报价错误。由于竞争的因素，供应商在采购竞标时为获得订单，报价过低，以致尚未生产既已预知利润过低甚至亏损，因此交货的意愿不强，或将其生产能力转移到其他获利较高的订单上，从而延迟交货。

（6）缺乏责任感和商业信誉。有些供应商在争取订单时态度相当积极，一旦得到订单就消极怠慢，甚至借无法按时交货的理由要求追加成本，如不能得到满足就可能发生延期交货的现象。

2) 采购方因素

（1）紧急订货。采购方由于人为或自然的因素必须进行紧急订货，但供应商没有剩余的生产能力来完成追加订单，如要完成则生产时间需要延长，这样交货期也要延迟，从而影响按时交货。

（2）低价采购。由于采购定价过低，供应商虽然接单但交货意愿不强，甚至借延迟交货来要挟采购方追加价格甚至取消订单。

（3）采购的前置时间不足。企业内部生产部门或使用部门的需求计划与采购部门的采购计划未能完全配合；生产部门或使用部门对需求日程的计算过于保守，未设定正常的延误宽限，采购计划未考虑市场可能的变动或影响交货期的因素进行计算，以致造成实际交货时间与计划交货时间不符等，这些都是形成交货期延误的主要原因。

任何需求计划都应保证各计划的正确性，包括时间、数量等，更需重视各计划之间的配合性。各计划如未能有效配合，只要其中任一计划有误，即会造成整体计划的延误。要防止交货期延误，必须先保证本身计划的健全，而部门之间的计划或业务执行之间的联系，也需要建立良好的制度。

另外，由于请购部门提出请购需求的时间过晚，让采购部门措手不及，或由于采购部门在询价、议价、订购等环节耽搁的时间过多，当供应商接单后，距离交货的日期已不足以保证有足够的时间组织生产，这也会影响交货期。

（4）临时变更采购合同内容。供应商在履行采购合同时，如果采购方临时提出变更采购合同内容，比如变更采购物料的规格、设计、材料甚至价格，这都可能导致供应商生产准备不足或无法按变更后的合同履行，从而导致延迟交货。

（5）技术指导不周。外包的物料制造或工程，有时需要采购方提供技术指导或支持，如采购方技术支持不周或技术指导不到位，会导致供应商生产延误或影响完工时间，从而导致交货不及时。

（6）催货不得当。催货是交货期管理的重要环节和主要措施，是采购方督促供应商按时交货的手段。如果采购人员催货怠慢或催货不及时、不坚决，供应商按期交货的意愿就会大打折扣，往往会导致延迟交货。

3) 其他因素

（1）供需双方缺乏协调配合。如期交货是供需双方配合的结果。任何需求计划不仅要保证各计划的正确性，更重要的是要保证各计划之间的协调配合。在供应链环境下，任何协作单位的作业失误都会导致整体计划的延误，因此，良好的交货期管理应建立在供需双方协调配合的基础上，追求整体计划的健全。

（2）采购方法运用欠妥。不同的采购方法对供应商的约束和管理也不同。招标采购是常用的一种采购方式，能充分体现公平公正。但双方缺乏长期合作，对供应商的信用和承接订单的能力难以准确掌握，供应商由于利益驱动，在安排交货时可能会以利润多少或客户重要程度为标准，交货期管理难度较大。在招标采购方式下，若想避免供应商延期交货，则应注意对供应商来源的评选，有关投标资格应有适当规范，对有不良记录者，应提高警惕。在合约中必须详细规定交货办法及违约赔偿方式，必须规定中标供应商的生产计划进度以及履约督导办法。

（3）不可抗力影响。战争的发生可能使所需物料受到阻断，虽订有严格的合约，但因属不可抗力因素，多无法索赔或追究责任。倘若采购地区有可能发生战争，应事先拟订适当的"应变计划"，以免战争真正发生时，手忙脚乱。

由于劳资纠纷，可能造成员工罢工而无法生产，故在采购时应认真调查，凡存在劳资纠纷可能或公司制度欠佳的供应商，应避免与之签约，以防止因罢工延误交货。自然灾害，如风灾、水灾或地震等均属不可抗力,而且事先难以预防。对此类原因可能造成的延误,应对各项物料做个别检讨。

经济因素包括通货膨胀、汇率及利息变动等,这些因素会导致厂商的生产成本大幅度增加,如无适当补偿办法,必然会导致毁约停产。

各国政治、法律等因素都可能导致交货延迟。例如,政府间关系的改变会影响正常商务交往,造成无法履约或取得物料供应。因此,与政治、法律因素欠缺国家或地区的厂商交易,应随时预防,以免措手不及,造成延误。

3. 交货期管理的措施

1) 采购方交货期管理的措施

采购人员要想有效地控制交货期,必须要做好交货期管理的事前规划、事中执行和事后考核。

2) 供应商交货期管理的措施

(1) 降低供应商的变异性。供应商面临的需求变动实际是由客户下单的模式所决定的,当客户(采购方)更改数量、更改交货日期或频繁地更换供应商时,供应商所面临的需求也跟着变动。客户(采购方)的下单模式则与其主生产过程有极大的关系,因此,采购方最好将重点放在与供应商沟通上,了解供应商的有关情况,而供应商也要了解客户的实际需求,使自己能配合客户实际需求而变动。

(2) 缩短整备时间。供应商整备时间的改善可以增加生产的弹性,并且缩短生产时间,在 JIT 生产环境下,其影响尤其显著。

(3) 解决生产线上的瓶颈。要依需求量来平衡每一个作业环节的可利用产能,是非常难的事,总会有一些工作站忙不过来,而一些工作站却闲置着。那些忙不过来的工作站就会造成瓶颈现象,而瓶颈现象会影响产出量,也会影响整个交货期。

(4) 改善运送时间。运送时间与供应商和客户之间的距离、交货频率以及运输模式有直接的关系。使用当地的供应商可大幅度缩短运送时间,如果供应商位于海外,无论海运或空运,寻求一个信用良好、价格合理、效率高的货运承揽者是非常重要的,如货物需要上栈板,货柜内的空间利用也要加以详细计算。若货物不多,也可考虑采用并货的方式,来节省出货成本及时间。

(5) 降低行政作业时间。行政作业时间的减少,可通过良好的沟通、正确的资料以及有效率的采购作业流程来进行。

快速的信息沟通可通过不同形态的工具来达成,包括利用电子资料交换、条形码、传真、电子邮件、电话或交互式多媒体等,信息可快速地传递到任何角落。另外,在主生产流程确定后,要避免紧急插单的情况发生,任何插单的动作都会引起流程的混乱,这对按时交货非常不利。

(6) 及时供货采购。采用及时供货方式采购,有利于减少库存持有,从而降低成本。

（7）供应商管理库存。供应商承担库存管理的责任是一个新兴的做法。在这个观念指导下，供应商负责库存的计划与保持，所有库存的所有权归属于供应商，直到原料被提领消耗掉，或被转换为成品为止，方可转移至客户。

项目四　装卸搬运管理

联华便利物流中心装卸搬运系统

联华公司创建于 1991 年 5 月,是上海首家发展连锁经营的商业公司。经过 11 年的发展,已成为中国最大的连锁商业企业。2001 年销售额突破 140 亿,连续 3 年位居全国零售业第一。联华公司的快速发展,离不开高效便捷的物流中心的大力支持。目前,联华共有 4 个配送中心,总面积 7 万余平方米。

联华便利物流中心总面积 8 000 平方米,由四层楼的复式结构组成。为实现货物的装卸搬运,配置的主要装卸搬运设备为:电动叉车 8 辆、手动托盘搬运叉车 20 辆、垂直升降机 2 台、笼车 1 000 辆、辊道输送机 5 条、数字拣选设备 2 400 套。在装卸搬运时,操作过程如下:对来货卸下后,把其装在托盘上,由手动叉车将货物运至入库运载处,入库运载装置上升,将货物送上入库输送带。当接到向第一层搬送指示的托盘在经过升降机平台时,不再需要上下搬运,而直接从当前位置经过一层的入库输送带自动分配到一层的入库区等待入库;接到向 2～4 层搬运指示的托盘,将由托盘垂直升降机自动传输到所需楼层。当升降机到达指定楼层时,由各层的入库输送带自动搬运货物至入库区。货物下平台时,由叉车从输送带上取下托盘入库。出库时,根据订单进行拣选配货,拣选后的货物用笼车装载,由各层平台通过笼车垂直输送机送至一层的出货区,装入相应的运输车上。

先进实用的装卸搬运系统,为联华便利店的发展提供了强调的支持,使联华便利物流运作能力和效率大大提高。

4.1　装卸搬运管理概述

4.1.1　装卸搬运的概念

在同一地域范围内(如车站范围、工厂范围、仓库内部等)以改变"物"的存放、支撑状态的活动称为装卸;以改变"物"的空间位置的活动称为搬运,两者合称装卸搬运。

在习惯使用中,物流领域(如铁路运输)常将装卸搬运这一整体活动称为"货物的装卸",在生产领域中常将这一整体活动称为"物料搬运"。实际上,活动内容都是一样的,只是领域不同而已。

在实际操作中，装卸与搬运是密不可分的，两者是伴随在一起发生的。因此，在物流科学中并不过分强调两者差别，而是作为一种活动来对待的。

搬运到"运"与运输的"运"区别之处在于，搬运是在同一地域的小范围内发生的，而运输则是在较大范围内发生的，两者是量变到质变的关系，中间并无一个绝对的界限。

4.1.2 装卸搬运的低位

装卸活动的基本动作包括装车（船）、卸车（船）、堆垛、入库、出库以及联结上述各项动作的短程运输，这些是随运输和保管等活动而产生的必要活动。

在每次物流过程中，装卸活动是不断出现并反复进行的，它出现的频率高于其他各项物流活动，每次装卸活动都要花费很长时间，因而成为决定物流速度的关键。装卸活动所消耗的人力也很多，所以装卸费用在物流成本中所占的比重也比较高。以我国为例，铁路运输的始发和到达的装卸作业费用大致占运输费的 20% 左右，船运占 40% 左右。因此，为了降低物流费用，装卸是个重要环节。此外，进行装卸操作时往往需要接触货物，因此，这是在物流过程中造成货物物破损、散失、损耗、混合等损失的主要环节。例如，袋装水泥纸袋破损和水泥散失主要发生在装卸过程中，玻璃、机械、器皿、煤炭等产品在装卸时最容易造成损失。由此可见，装卸活动是影响物流效率、决定物流技术经济效果的重要环节。

几组相关数据：

1. 据我国相关资料统计，火车货运以 500 千米为分歧点，运距超过 500 千米，运输在途时间多于起止的装卸时间，运距低于 500 千米，装卸时间则超过实际运输时间。

2. 美国与日本之间的远洋船运，一次往返需要 25 天，其中运输时间 13 天，装卸时间 12 天。

3. 我国对生产物流的统计，机械工程每生产 1 吨成品，需进行 252 次 / 吨的装卸搬运，其成本为加工成本的 15.5%。

4.1.3 装卸搬运的特点

（一）装卸搬运是附属性的、伴生性的活动

装卸搬运是物流每一项活动开始及结束时必然发生的活动，因而常被人忽视，总是被看作其他操作时不可缺少的组成部分。例如，一般而言的"汽车运输"，就包含了相随的装卸搬运，仓库中泛指的保管活动，也含有装卸搬运活动。

（二）装卸搬运时支持、保障性的活动

装卸搬运是附属性不能理解成被动的，实际上，装卸搬运对其他物流活动有一定决定性。装卸搬运会影响其他物流活动的质量和速度，例如，装车不当，会引起运输过程中的损失；卸放不当，会引起货物转换成下一步运动的困难。许多物流活动在有效地装卸搬运支持下，才能实现高水平的运作。

(三）装卸搬运是衔接性的活动

在任何其他物流活动互相过渡时，都是以装卸搬运来衔接，因而，装卸搬运往往成为整个物流的"瓶颈"，是物流各功能之间能够形成有机联系和紧密衔接的关键，而这又是一个系统的关键。建立一个有效的物流系统，关键看这一衔接是否有效。比较先进的系统物流方式—联合运输方式就是着力于解决这种衔接而出现的。

4.1.4 装卸搬运的分类

（一）按装卸搬运施行的物流设施、设备对象分类

以此可分为仓库装卸、铁路装卸、港口装卸、汽车装卸、飞机装卸等。仓库装卸配合出库、入库、维护保养等活动进行，并且以堆垛、上架、取货等操作为主。

铁路装卸是对火车车皮的装进及卸出，特点是一次作业就实现一车皮的装进卸出，很少有像仓库装卸时出现的整装零卸零装整卸的情况，港口装卸包括码头前沿的装船，也包括后方的支持性装卸，有的港口装卸还采用小船在码头与大船之间的"过驳"的办法，因而其装卸的流程较为复杂，往往经过几次的装卸及搬运作业才能最后实现船与陆地之间货物的过渡的目的。

汽车装卸一般一次装卸批量不大，由于汽车的灵活性，可以很少或根本减去搬运活动，而直接、单纯利用装卸作业达到车与物流设施之间货物过渡的目的。

（二）按装卸搬运的机械及机械作业方式分类

以此可分为吊车的"吊上吊下"方式，使用叉车的"叉上叉下"方式，使用半挂车的"滚上滚下"方式，"移上移下"方式及"散装散卸"方式等。

1. "吊上吊下"方式

采用各种起重机械从货物上部起吊，依靠起吊装置的垂直移动实现装卸，并在吊车运行的范围内或回转的范围内实现小搬运。由于吊起及放下属于垂直运动，故这种装卸方式属于垂直装卸。

2. "叉上叉下"方式

采用叉车从货物底部托起货物，并依靠叉车的运动进行货物位移，搬运完全靠叉车本身，货物可不经中途落地直接放置到目的处。这种方式垂直运动不大而主要是水平运动，属于水平装卸方式。

3. "滚上滚下"方式

主要指港口装卸的一种水平装卸方式。利用叉车或半挂车、汽车承载货物，连同车辆一起开上船，到达目的地后再从船上开下，称"滚上滚下"方式。利用叉车的"滚上滚下"方式，在船上卸货后，叉车必须离船，利用半挂车、平车或汽车，然后拖车将半挂车、平

车拖至船上后，拖车开下离船后而载货车辆连同货物一起运到目的地，再原车开下或拖车上船拖拉半挂车、平车开下。

"滚上滚下"方式需要专门的船舶，对码头也有不同要求，这种专门的船舶称"滚装船"。

4. "移上移下"方式

在两车之间（如汽车及火车）进行靠接，然后利用各种方式，不使货物垂直运动，而靠水平移动从一个车辆上推移到另一车辆上，称移上移下方式。移上移下方式需要使两种车辆水平靠接，因此，对站台或车辆货台需进行改变，并配合移动工具实现这种装卸。

5. "散装散卸"方式

对散装物进行装卸。一般从装点直到卸点，中间不再落地，这是集装卸与搬运于一体的装卸方式。

（三）按被装物的主要运动形式分类

以此可分垂直装卸、水平装卸两种形式。

（四）按装卸搬运对象分类

以此可分称散装货物装卸、单件货物装卸、集装货物装卸等。

（五）按装卸搬运的作业特点分类

1. 连续装卸

主要是同种大批量散装或小件杂货通过连续输送机械，连续不断地进行作业，中间无停顿，货间无间隔。在装卸量较大、装卸对象固定、货物对象不易形成大包装的情况下采取这一方式。

2. 间歇装卸

有较强的机动性，装卸地点可在较大范围内变动，主要适用于货流不固定的各种货物，尤其适用于包装货物、大件货物，散粒货物也采用此种方式。

4.2 装卸搬运合理化

4.2.1 装卸搬运作业合理化的措施

（一）防止和消除无效作业

所谓无效作业，是指在装卸作业活动中超出必要的装卸、搬运量的作业。显然，防止和消除无效作业对装卸作业的经济效益有重要作用。为了有效地防止和消除无效作业，可以从以下几个方面入手。

1. 尽量减少装卸次数

要使装卸次数降低到最小，要避免没有物流效果的装卸作业。

2. 提高被装卸物料的纯度

物料的纯度，是指物料中含有水分、杂质与物料本身使用无关的物质的多少。物料的纯度越高则装卸作业的有效程度越高；反之，则无效作业就会增多。

3. 包装要适宜

包装是物流中不可缺少的辅助作业手段。包装的轻型化、简单化、实用化会不同程度地减少作用于包装上的无效劳动。

4. 缩短搬运作业的距离

物料在装卸、搬运过程中，要实现水平和垂直两个方向的位移，选择最短的路线完成这一活动，就可以避免超越这一最短路线以上的无效劳动。

（二）提高装卸搬运的灵活性

所谓装卸、搬运的灵活性，是指在装卸作业中的物料进行装卸作业的难易程度。所以，在堆放货物时，事先要考虑到物料装卸作业的方便性。

装卸搬运的灵活性，根据物料所处的状态，即物料装卸搬运的难易程度，可分为不同的级别。如表4-1所示：

表4-1 搬运活性指数表

货物状态	货物移动的机动性	作业需求量				需作业的数目	活性指数
		集中	搬起	升起	运走		
直接置于地面上	移动时需逐个用人力搬到运输工具上	是	是	是	是	4	0
置于容器	可人工一次搬运，但不便于机械使用的	否	是	是	是	3	1
置于托盘	可方便使用机械搬运的	否	否	是	是	2	2
置于车内	不需要借助其他机械便可搬运的	否	否	否	是	1	3
置于传送带	货物处于移动状态	否	否	否	否	0	4

0级——物料杂乱地堆放在地面上的状态

1级——物料装箱或经捆扎后的状态

2级——箱子或被捆扎后的物料，下面放有枕木或其他衬垫后，便于叉车或其他机械作业的状态。

3级——物料被放于台车上或用起重机吊钩钩住，即刻移动的状态。

4级——被装卸、搬运的物料，已经被起动、直接作业的状态。

从理论上讲，活性指数越高越好，但必须考虑到实施的可能性。例如，物料在储存阶段中，活性指数为4的输送带和活性指数为3的车辆，在一般仓库中很少被采用，这是因为大批量的物料不可能存放在输送带和车辆上的缘故。在整个物流过程中货物需要经过多次的装卸搬运，上一步的卸货作业与后一步的装卸或搬运作业关系密切。因此，在组织装卸搬运作业时，应灵活运用各种装卸搬运工具和设备，并且上一道作业要和下一道作业着想，以提高装卸搬运的活性指数。

（三）实现装卸作业的省力化

装卸搬运使物料发生垂直和水平位移，必须通过做功才能实现，要尽力实现装卸作业的省力化。在装卸作业中应尽可能地消除重力的不利影响。在有条件的情况下利用重力进行装卸，可减轻劳动强度和能量的消耗。将设有动力的小型运输带（板）斜放在货车、卡车或站台上进行装卸，使物料在倾斜的输送带（板）上移动，这种装卸就是靠重力的水平分力完成的。在搬运作业中，不用手搬，而是把物料放在一台车上，由器具承担物体的重量，人们只要克服滚动阻力，使物料水平移动，这无疑是十分省力的。

利用重力式移动货架也是一种利用重力进行省力化的装卸方式之一。重力式移动货架的每层格均有一定的倾斜度，利用货箱或托盘可自己沿着倾斜的货架层板自己滑到输送机械上。物料滑动的阻力越小越好，通常货架表面均处理得十分光滑，或者在货架层上装有滚轮，也有在承重物资的货箱或托盘下装上滚轮，这样将滑动摩擦变为滚动摩擦，物料移动时所受阻力会更小。

（四）合理组织装卸搬运设备，提高装卸搬运作业的机械化水平

物资装卸搬运设备运用组织是以完成装卸任务为目的，并以提高装卸设备的生产率、装卸质量和降低装卸搬运作业成本为中心的技术组织活动，它包括下列内容。

（1）确定装卸任务量。根据物流计划、经济合同、装卸作业不均衡程度、装卸次数、装/卸车时限等，来确定作业现场年度、季度、月、旬、日平均装卸任务量。装卸任务量有事先确定的因素，也有临时变动的可能。因此，要合理地运用装卸设备，就必须把计划任务量与实际装卸作业量两者之间的差距缩小到最低水平。同时，装卸作业组织工作还要把装卸作业的物资对象的品种、数量、规格、质量指标以及搬运距离尽可能地作出详细的规划。

（2）根据装卸任务和装卸设备的生产率，确定装卸搬运设备需要用的台数和技术特征。

（3）根据装卸任务、装卸设备生产率和需用台数，编制装卸作业进度计划。它通常包括：装卸搬运设备的作业时间表、作业顺序、负荷情况等详细内容。

（4）下达装卸搬运进度计划，安排劳动力和作业班次。

（5）统计和分析装卸作业成果，评价装卸搬运作业的经济效益。

随着生产力的发展，装卸搬运的机械化程度定将不断提高。由于装卸搬运的机械化能把工人从繁重的体力劳动中解放出来，尤其对于危险品的装卸作业，机械化能保证人和货物的安全，也是装卸搬运机械化程度不断得以提高的优势。

（五）推广组合化装卸搬运

在装卸搬运作业过程中，根据不同物料的种类、性质、形状、重量来确定不同的装卸作业方式。处理物料装卸搬运有三种形式：将普通包装的物料逐个进行装卸，叫作"分块处理"；将颗粒状物资不加小包装而原样装卸，叫作"散装处理"；将物料以托盘、集装箱、集装袋为单位进行组合后进行装卸，叫作"集装处理"。对于包装的物料，尽可能进行"集装处理"，实现单元化装卸搬运，可以充分利用机械进行操作。组合化装卸具有很多优点：

（1）装卸单位大、作业效率高，可大量节约装卸作业时间；

（2）能提高物料装卸搬运的灵活性；

（3）操作单元大小一致，易于实现标准化；

（4）不用手去触及各种物料，可达到保护物料的效果。

（六）合理地规划装卸搬运方式和装卸搬运作业过程

装卸搬运作业过程，是指对整个装卸作业的连续性进行合理的安排，以减少运距和装卸次数。装卸搬运作业现场的平面布置是直接关系到装卸、搬运距离的关键因素，装卸搬运机械要与货场长度、货位面积等相互协调。要有足够的场地集结货场，并满足装卸搬运机械面的要求，场内的道路布置要为装卸搬运创造良好的条件，有利于加速货位的周转。装卸搬运距离达到最小平面布置是减少装卸搬运距离最理想的方法。

提高装卸搬运作业的连续性应做到：作业现场装卸搬运机械合理衔接；不同装卸搬运作业在相互联结使用时，力求使他们的装卸搬运速率相等或接近；充分发挥装卸搬运调度人员的作用，一旦发生装卸搬运作业障碍或停滞状态，立即采用有力的措施补救。

4.2.2 装卸搬运作业的组织

（一）制定科学合理的装卸搬运工艺方案

装卸搬运作业是货物、机械设备、劳动力、作业方法和信息工作等因素组成的整体。装卸搬运工艺方案应该从物流系统角度出发分析制定装卸搬运作业定额，按组织装卸搬运工作的要求分析工艺方案的优缺点，并加以完善。

（二）加强装卸搬运作业调度指挥工作

装卸搬运调度员应根据货物信息、装卸搬运机械设备的性质和数量、车辆和到达时间，装卸搬运点的装卸量、运力能力、装卸搬运工人的技术专长和体力等具体情况合理调度和组织工作的要求分析工艺方案的优缺点，并加以完善。

（三）加强和改善装卸搬运劳动管理

制定各种装卸搬运作业时间定额是改善和加强装卸搬运劳动管理，提高装卸搬运效率的重要手段，装卸搬运作业时间定额要建立在合理先进的水平上，并根据相关条件的变化定期加以完善。

（四）提高现代化通信系统的应用水平

及时掌握运输、仓储、配送等有关信息，是减少车辆等待装卸搬运作业时间的有效措施，应根据有关技术条件建立车辆到达预报系统，根据运输、仓储、配送等作业需要事先安排装卸搬运机具和劳力，做好装卸搬运前的准备工作。

（五）提高装卸搬运机械化的应用水平

提高现代通信水平的同时，还要提高装卸搬运机械化水平，这是做好装卸搬运组织工作的重要技术性基础。要从物流系统的角度综合考虑装卸搬运机械的选用，从而提高装卸搬运质量和效率，减少装卸搬运成本。

4.3 常用的装卸搬运技术和设备

4.3.1 装卸搬运设备的选择

1. 以满足现场作业为前提

装卸搬运机械首先要符合现场作业的性质和物资特点、特性要求，并且，机械的作业能力与现场作业之间要形成最佳的配合状态。

影响物流现场装卸作业量的最基本因素是吞吐量，此外，还要考虑堆码、搬倒作业量、装卸作业的高峰期等因素的影响。装卸搬运机械吨位的具体确定，应对现场要求进行周密的计算、分析，在能完成同样作业效能的前提下，应选择性能好、节省能源、便于维修、利于配套和成本较低的装卸搬运机械。

2. 控制作业费用

装卸搬运作业发生的费用主要有设备投资额、运营费用和装卸作业成本等项。其中，设备投资额是平均每年机械设备投资的总和（包括购置费用、安装费用和直接相关的附属设备费用）与相应的每台机械在1年内完成装卸作业量的比值；装卸机械的运营费用，是指每台机械1年运营总支出（包括维修费用、劳动工资、动力消耗和照明等项）和机械完成装卸量的比值；装卸作业成本，是指在某一物流作业现场机械每装一吨货物所支出的费用，即每年平均设备投资支出和运营支出的总和与每年装卸机械作业现场完成的装卸总吨数之比。

3. 装卸搬运机械的配套

是指根据现场作业性质、运送形式、速度、搬运距离等要求，合理选择不同类型的相关设备。它主要包括要克服各种机械自身的弱点，便于多台装卸搬运机械在生产作业区内能够有效衔接；设备吨位要相互匹配，便于发挥出每台设备的最大能力；合理安排运行距离，缩短总的物流作业时间等内容。装卸机械配套的方法是首先按装卸作业量和被装卸物资的种类进行机械配套，在确定各种机械生产能力的基础上，按每年装卸1万吨货物需要的机械台数和每台机械锁装卸物资的种类和每年完成装卸货物的吨数进行配套。

4.3.2 装卸搬运作业要考虑的要素

在装卸搬运作业管理方面要考虑的许多要素，如果不对这些影响要素加以分析研究，往往无法达到预期的效果。因此，必须针对这些要素加以整理、分析，再决定采用的设备及方法。装卸搬运作业要考虑的要素有以下几个方面。

（1）搬运对象。包括搬运的货物的种类、形态、特性、数量和尺寸；

（2）移动。包括移动的起点、终点，移动的路径，移动的距离，移动的频度和移动的速度；

（3）方法。包括移动时采用的货物形态，移动时所使用的设备；

（4）其他要素。包括装卸搬运地的表面，装卸搬运时的环境等。

4.3.3 主要的装卸搬运设备

（一）叉车

叉车是一种用来装卸、搬运和堆码单元货物的车辆，同时能完成出库、搬运、装卸、入栈4种复合作业使用非常方便的机械。主要用于港口、码头、机场、车站、仓库和工厂等处进行成件货物的装卸和搬运，当配有多种属具时，叉车还能用于散装货物和其他裸装货物的装卸和搬运。叉车具有适用性强、机动灵活效率高的优点。可分为平衡重式、前移式、插腿式、侧面叉车等。

1. 高货位拣选式叉车

高货位拣选式叉车主要作用是高位拣选，操作台上的操作者可与装卸装置一起上下运动，并拣选储存在两侧货架内物品的叉车，适用于多品种、少量入出库的特选式高层货架仓库。起升高度一般为4~6米，最高可达13米，可大大提高仓库的空间利用率。为保证安全，操作台起升时，只能微动运行。如图4-1所示。

2. 侧面叉车

货叉和门架位于车体侧面的装卸作业车辆，称侧面叉车。能以较快的速度搬运长件货物，稳定性很好。如图4-2所示。

3. 平衡重式叉车

在车体前方具有货叉和门架，而在车体尾部设有平衡重以平衡货物的倾翻力矩，以保持叉车的稳定。以电瓶为动力的平衡重式叉车，简称电瓶叉车。它具有操作容易，无废气污染,适合在室内作业,随环保要求的提高,需求有较快的增长,尤其是中、小吨位的叉车。

以内燃机为动力的额平衡重式叉车,简称内燃式叉车。机动性好,是应用最广泛的叉车;功率大,尤其是重、大吨位的叉车。平衡重式叉车主要用于室外作业,是目前应用最广泛的叉车,占叉车总量的80%左右,如图4-3所示。

4. 前移式叉车

前移式叉车有两条前伸的支腿,门架可以前后移动的叉车,运行时门架后移,使货物重心位于前、后轮之间,运行稳定,具有不需要平衡重、自重轻,降低直角通道宽和直角堆垛宽的功能,适用于车间、仓库内工作。如图4-4所示。

5. 插腿式叉车

插腿式叉车是两条腿向前伸出,支撑在很小的车轮上。支腿的高度很小,可同货叉一起插入货物底部,由货叉托起货物。稳定性好,不需要平衡重。它的主要特点是重量小、车速低、结果简单、外形小巧。适用于通道狭窄的仓库内作业,起重量在2吨以下。如图4-5所示。

6. 集装箱叉车

集装箱叉车专门用于集装箱的装卸搬运,也有下面式和侧面式两类。它的主要特点是可搬运较大重量的集装箱货物。如图4-6所示。

图4-1

图4-2

图4-3

图4-4

图4-5

图4-6

（二）输送设备

1. 带式输送机

带式输送机是一种利用连续而具有挠性输送带连续地来输送物料的输送机。带式输送机适合输送各种散状物料，以及在装配、检验、测试等生产线上输送单位质量不太大的成件物品。带式输送机上托辊的形状可分为槽形及平形，运送散料时多用槽形上托辊，槽角可为20°、30°、35°、45°等。平形上托辊也可以运输散料，但比较少，主要用于运送成件货。如图4-7所示。

2. 辊道输送机

辊道输送机是利用辊子的转动来输送成件物品的输送机。它可沿着水平或曲线路径进行输送，其结构简单、安全，使用、维护方便，对不规则的物品可放在托盘或者托板上进行输送。如图4-8所示。

3. 滚柱输送机

滚柱输送机是采用滚柱来取代辊道的输送机。其结构简单，一般用于无动力驱动，适用于成件包装货物或整底面物料的短距离搬运。如图4-9所示。

4. 链式输送机

链式输送机是利用链条牵引、承载或由链条上安装的板条、金属网、辊道等承载物料的输送机。根据链条上安装的承载面的不同又可分为：链条式、链板式、链网式、板条式、链斗式、托盘式和台车式，此外也常用于其他输送机、升降装置等组成各种功能的生产线。如图4-10所示。

图4-7

图4-8

图4-9

图4-10

5. 悬挂输送机

悬挂输送机属于链条（也可为钢索）牵引式的连续输送机。悬挂输送机广泛用于成批大量生产的企业中，作为车间内部流水线上或车间之间的额机械化连续运输设备，以运输毛坯、半成品和其他包装好的物品。悬挂输送机在汽车、家电、服装、屠宰、邮政等方面得到了广泛应用。普通悬挂输送机还可以实现较长距离的输送，从几十米到几百米甚至几千米，速度范围可以从每分钟零点几米到每分钟50米，如图3-11所示。

6. 单轨小车输送机

单轨小车输送是在特定的空中轨道上运行的电动小车，可组成一个承载的、全自动的物料搬运系统。它与悬挂输送机不同，不用链条等牵引带动，而是每个小车都有自己单独的驱动装置，这样灵活性大，不受链条等牵引件的约束。如图3-12所示。

近年来，单轨小车输送机发展迅速，它除了具有空中运输、减少占地面积和充分利用厂房空间等优点外，还具有以下特点。

（1）系统中的各个小车可以独立驱动。

（2）物料由轨道、平移道岔、转盘、升降机等组成，形成立体输送网络。

（3）可采用多种控制方式，如集中控制、分散控制和集散控制方式，小车按设定程序实行全自动作业。

（4）可作为随机物料供应系统，工位要车可随机提车申请，通过小车随机编写要车工位特定地址码，直达要车工位，供应物料。

（5）可作为分拣配送系统，载物小车根据承载货物的不同种类携带的特性地址码，地面设立读址站，可实现自动分拣系统和配送作业等，广泛用于汽车、邮电行业以及工厂企业的装配线、检测线等。

图4-11

图4-12

云南双鹤医药的装卸搬运成本案例

云南双鹤医药的装卸搬运成本案例，表明装卸搬运活动是衔接物流各环节活动正常进行的关键，从云南双鹤医药的装卸搬运成本案例不难看出，装卸搬运应减少操作次数，提高装卸搬运活性指数，实现装卸作业的省力化等等。

云南双鹤医药有限公司是北京双鹤这艘医药航母部署在西南战区的一艘战舰，是一个以市场为核心、现代医药科技为先导、金融支持为框架的新型公司，是西南地区经营药品品种较多、较全的医药专业公司。

虽然云南双鹤已形成规模化的产品生产和网络化的市场销售，但其流通过程中物流管理严重滞后，造成物流成本居高不下，不能形成价格优势。这严重阻碍了物流服务的开拓与发展，成为公司业务发展的"瓶颈"。

装卸搬运活动是衔接物流各环节活动正常进行的关键，而云南双鹤恰好忽视了这一点，由于搬运设备的现代化程度低，只有几个小型货架和手推车，大多数作业仍处于人工作业为主的原始状态，工作效率低，且易损坏物品。另外仓库设计得不合理，造成长距离的搬运。并且库内作业流程混乱，形成重复搬运，大约有70%的无效搬运，这种过多的搬运次数，损坏了商品，也浪费了时间。

项目五　物流包装管理

中海包装公司包装管理的合理化

中海包装公司的产品主要是装食物的塑料容器，容器必须由两个组件组成：盒与盖。公司原先的作业方式是将配套好的盖和盒，以一对的形式包装仓储。传统的操作过程要求首先分别生产盒与盖，然后在生产线上完成盒与盖的配套包装过程，再将其送到仓库中。随着业务的发展，产品的品种从80种增加至500种，而这些产品的盒与盖又有许多是可以相互匹配的。这样，传统的操作过程使得产品库存迅速增加，同时，缺货的现象又经常发生。仓库操作人员经常需要从现有库存中打开包装，拿出产品，并进行重新地装配，以使产品满足已有订单的需求。这样一方面使工作的效率降低，常常不能满足客户的需求，同时，产品库存的精确性也受到了影响。

中海包装公司的传统操作过程是首先分别生产盒与盖，然后在生产线上完成盒与盖的配套包装过程，这种方式缺乏效率。若将盒与盖进行独立的包装，并独立地进入到仓库中的一个配套装配工作区，则可以大大提高库存精确度。由此可见，包装作为物流系统的有机组成部分，应当以有利于系统内部的装卸、运输、保管等作业为原则，包装要能够切实提高物流效率，降低物流成本。

中海包装公司的解决方法是在生产线末端重新设计包装过程，将盒与盖进行独立的包装，并独立地进入到仓库中的一个配套装配工作区，而不先进行盒与盖的配套。每天收到客户订单时，再根据需要将所需的盒与盖放入包装线，两者被压缩包装在一起，并按顾客的要求打上标签，然后成品放到拖车上运走。需求量大的盒与盖，平时可以多装配一些，然后包装入库仓储，再进行大量库存的打标签和装运。中海包装公司用于包装线的投资不到20万元。把配套包装作业放到仓储过程中完成，使流动资金的周转效率大大提高，顾客的满意度得到提高，同时库存的精确度也达到一个更能接受的水平。

（资料来源：http : //jpkc.dlmu.edu.cn/jpkc/lx/ziti/anti.doc．经作者整理）

5.1　包装概述

现代包装业已成为世界许多国家国民经济中一个独立的工业体系，如美国的包装工业在整个国民经济中占第五位，仅次于钢铁、汽车、石油、建筑工业。我国在改革开放以后，包装业发展很快，包装工业产值平均递增近10%，包装业总产值占国民经济总产值的比重也在不断上升，我国包装工业已形成比较完整的工业体系。

5.1.1 包装的概念与功能

1. 包装的概念

一般认为，在社会再生产过程中，包装处于生产过程的终点和物流过程的起点。现代意义上的包装不再仅仅被看作是"产品的包扎""包含着内容物的容器""产品的容器与盛装"。《中华人民共和国包装通用术语》(GB4122—83)中对包装明确定义："所谓包装是指在流通过程中保护产品，方便储运，促进销售，按一定技术方法而采用的容器、材料及辅助物等的总体名称。它也指为了达到上述目的而采用容器、材料及辅助物的过程中施加一定技术方法等的操作活动。"这一定义把包装的物质形态和盛装产品时所采取的技术手段及工艺操作过程，以至装潢形式和包装的作用连成一体，比较完整地说明了包装的含义。

流通加工并非在所有物流活动中必然存在，但是，流通加工随着销售竞争的日益激烈和用户的个性化、多样化需求，越来越显示出它不可替代的重要地位和作用。

2. 包装的功能

1) 保护商品

保护商品是包装最基本和最重要的功能。产品从生产出来到使用之前这段时间内，保护措施是很重要的，包装如不能保护好里面的物品，则会给企业带来巨大的损失。在商品运输途中，由于运输工具和运输道路的原因，商品难免会受到一定的冲击、振动、颠簸和摩擦；在商品的储存过程中，因为商品经常是层叠堆垛码放，商品会受到放在它上面的其他商品的压力，且商品还可能会受到外部环境因素的侵袭，如受潮、发霉、生锈及鼠、虫和有害生物的破坏。这些因素都会对商品造成一定的损害，从而要求商品应有一个好的包装。

包装主要保护商品在流通过程中使其价值和使用价值不受外界因素的损害，包括两方面的含义：一方面包装能够防止被包装物在流通过程中受到质量和数量上的损失，如防止商品在物流过程中的破损变形、变质、渗漏、浪费、偷窃、损耗、散落、掺杂等；另一方面包装能够防止危险性内包装物对与其接触的人、生物和环境造成危害和污染。

2) 方便物流

产品在流通的过程中，从工厂到商店要经历无数次的运输、搬运、仓储等物流环节，好的包装具有方便物资的储存、装卸和运输等的功能。物资经过适当的包装后为装卸作业提供了方便。物资的包装便于各种装卸、搬运机械的使用，有利于提高装卸、搬运机械的生产效率。包装的规格尺寸标准化为集合包装提供了条件，从而能极大地提高装载效率；物资的有效包装也为保管工作提供了方便条件，包装物的各种标志，使仓库管理者易于识别、易于盘点，有特殊要求的物资易于引起注意。易于开包和重新打包的包装方式也为验收提供了方便性，有利于节约验收时间，加快验收速度。另外，包装的规格、形状、重量等与货物运输的关系也十分密切，包装尺寸与运输车辆、船、飞机等运输工具、仓容积的吻合性，方便了运输，提高了运输效率。

3) 促进销售

包装能够促进商品销售、加速商品流转，是产品的"无声的推销员"。包装能诱导购买者产生购买动机，起连接商品与消费者的媒介作用。一方面，包装尤其是特异包装的形状及构造，具有吸引顾客的魅力；另一方面，包装运用文字、图案、色彩等手段引起顾客的购买欲望，通过装潢艺术的特有语言，在瞬间引起消费者的注意，起到宣传介绍商品、推销商品的作用。此外，包装还具有有效传递商品信息和方便顾客消费的功能。

5.1.2 包装的分类

为适应各种物资性质差异和不同运输工具等的要求，现代包装门类繁多，品种复杂。可以从不同角度对包装进行如下分类。

1. 按照包装功能不同分类

1) 商业包装

商业包装又称销售包装或内包装，是以促进销售为主要目的的包装。这种包装的特点是外形美观，有必要的修饰，包装上有对于商品的详细说明，包装单位适于顾客的购买量以及商品陈设的要求。

2) 工业包装

工业包装又称运输包装或大包装、外包装，是指为了在商品的运输、存储和装卸的过程中保护商品所进行的包装。工业包装不像商业包装那样注重外表的美观，它更强调包装的实用性和费用的低廉性。工业包装的特点是以在满足物流要求的基础上使包装费用越低越好，并在包装费用和物流损失两者之间寻找最佳结合点。在有些情况下，工业包装同时又是商业包装。例如，装橘子的纸箱子(15kg装)应属工业包装，在连同箱子出售时，也可以认为是商业包装。为使工业包装更加合理并促进销售，也可以采用商业包装的办法来做工业包装，例如，家电用品就是兼有商业包装性质的工业包装。

2. 按照包装大小不同分类

1) 单件包装

单件包装是指在物流过程中作为一个计件单位的包装。常见的有：箱，如纸箱、木箱、条板箱、夹板箱、金属箱；桶，如木桶、铁桶、塑料桶、纸桶；袋，如纸袋、草袋、麻袋、布袋、纤维编织袋；包，如帆布包；此外还有篓、筐、罐、玻璃瓶、陶缸、瓷坛等。

2) 集合包装

集合包装又称组化包装，是指将若干单件包装，组成一件大包装。常见的集合包装如下。

（1）集装袋或集装包。袋是指用塑料重叠丝编织成的圆形大口袋；包也是用同样的材料编成的袖口式方形包。

（2）托盘。指用木材、金属或塑料（纤维板）制成的托板。托盘的底部有插口，供铲车起卸用。

（3）集装箱。它具有坚固、密封、容量大、可反复使用等特点。

3. 按照包装容器质地不同分类

1) 硬包装

硬包装又称刚性包装，是指充填或取出包装的内装物后，容器形状基本不发生变化，这类包装材质坚硬，质地坚牢，能经受外力的冲击，但往往脆性较大，如木箱、铁箱等。

2) 软包装

软包装又称柔性包装，是指包装内的充填物或内装物取出后，容器形状会发生变化，且材质较软的包装，如麻袋、布袋等。

3) 半硬包装

半硬包装又称半刚性包装，是介于硬包装和软包装之间的包装，它只能承受一定的挤压力，如纸箱等。

4. 按照包装使用范围分类

1) 专用包装

专用包装是指专供某种或某类商品使用的一种或一系列的包装。采用专用包装是根据商品某些特殊的性质来决定的，这类包装都有专门的设计制造过程，只适于某种专门产品。如水泥袋、蛋糕盒、可口可乐瓶等。

2) 通用包装

通用包装是指一种包装能盛装多种商品，被广泛使用的包装容器。通用包装一般不进行专门设计制造，而是根据标准系列尺寸制造的包装，用以包装各种无特殊要求的或标准规格的产品。

5. 按照包装使用次数分类

1) 一次用包装

一次用包装是指只能使用一次，不再回收复用的包装。它随同商品一起出售或销售过程中被消耗、损坏。

2) 多次用包装

多次用包装是指回收后经适当地加工整理，仍可重复利用的包装。多次用包装主要是商品的外包装和一部分内包装。这类包装的材料一般比较牢固。

3) 周转用包装

周转用包装是指工厂和商店用于固定周转、多次复用的包装。其周转方式是：货物的周转包装箱体运至商场或其他用户卸下货物后，再将以前用毕的空包装箱体装车返回。

5.2 包装材料

包装材料是指用于制造包装容器和包装运输、包装装潢、包装印刷、包装辅助材料及与包装有关材料的总称。包装材料与包装功能存在着不可分割的联系。无论从包装材质的选择，还是从包装技术的实施，都是为了保证和实现物资包装的保护性、方便性等。包装材料在产品包装中占有重要的地位，是发展包装技术、提高包装质量、降低包装成本的重要基础。为了对产品进行必要的说明，在包装物上常常注有包装标记和标志，以提醒人们对产品的销售、流通等活动中应注意事宜的重视。

5.2.1 商品包装材料应具备的性能

从现代包装具备的使用价值来看，包装材料应具备保护性能、加工操作性能、外观装饰性能、方便使用性能、节省费用性能、易处理性能。

1. 保护性能

保护性能主要指保护包装内装物，防止其变质，保证质量。企业在选择包装材料时，应注意研究包装材料的机械强度、防潮吸水性、耐腐蚀性、耐热耐寒性、透光性、透气性、防紫外线穿透性、耐油性、适应气温变化性，是否无毒、无异味等。

2. 加工操作性能

加工操作性能主要是指易加工、易包装、易充填、易封合，且适合自动包装机械操作。企业在选择包装材料时，应注意研究包装材料的刚性、挺力、光滑度、易开口性、热合性和防静电性等。

3. 外观装饰性能

外观装饰性能主要指材料的形、色、纹理的美观性，它能产生陈列效果，提高商品身价和激发消费者购买欲。企业在选择包装材料时，应注意研究包装材料的透明度、表面光泽、印刷适应性，是否不因带静电而吸尘等。

4. 方便使用性能

方便使用性能主要是指便于开启包装和取出内装物，便于再封闭。企业在选择包装时，应注意研究包装材料的开启性能、安全性能、是否不易破裂等。

5. 节省费用性能

节省费用性能主要指经济合理地使用包装材料。企业在选择包装材料时，应注意研究如何节省包装材料费用、包装机械设备费用、劳动费用，提高包装效率，减少自身重量等。

6. 易处理性能

易处理性能主要指包装材料要有利于环保，有利于节省资源。企业在选择包装材料时，应注意研究包装材料的回收、复用再生等。

包装材料的性能，一方面决定于包装材料本身的性能，另一面还取决于各种材料的加工技术。随着科学技术的发展，新材料、新技术的不断出现，包装材料满足商品包装的性能会不断地完善。

5.2.2 商品包装对材料的选用

1. 金属材料

金属包装材料是指把金属压制成薄片，用于产品包装的材料，主要指钢材和铝材，其形式为薄板和金属箔，前者为刚性材料，后者为软性材料。

金属材料用于包装有如下优点：

（1）金属材料牢固、不易破碎、不透气、防潮、防光，能有效地保护内装物。

（2）金属有良好的延伸性，容易加工成型。

（3）金属表面有特殊的光泽，使金属包装容器具有良好的装潢效果。

（4）金属材料易于再生使用。

但是，金属材料在包装上的应用受到成本高、能耗大，在流通中易产生变形，易生锈等因素的限制。

刚性金属包装材料主要用于加工运输包装的铁桶、集装箱；也可用于加工饮料、食品销售包装的金属罐；还有少量用于加工各种瓶罐的盖底和捆扎材料等。刚性金属材料的用量有逐步下降的趋势。软性金属包装材料主要用来制造软管、金属箔和复合材料，如食品的包装。应该指出，软性金属包装材料的使用有逐步增加的趋势，金属和纸的复合材料包装更具广泛的前景。

2. 玻璃

玻璃用于包装有如下优点。

（1）玻璃的保护性能良好，不透气、不透湿，有紫外线屏蔽性，化学稳定性高，耐风化、不变形、耐热、耐酸、耐磨，无毒无异味，有一定强度，能有效地保存内装物。

（2）玻璃的透明性好，易于造型，具有特殊的美化商品的效果。

（3）玻璃易于加工，可制成各种规格样式的品种，对产品商品性的适应性强。

（4）玻璃的强化、轻量化技术及复合技术的发展，加强了玻璃对产品包装的适应性，使其在一次性使用的包装材料中有较强的竞争力。

（5）玻璃包装容器易于复用、回收，便于洗刷、消毒、灭菌，能保持良好的清洁状态，一般不会造成公害。

（6）玻璃原材料资源丰富且便宜，价格较稳定。

但是，玻璃用作包装材料存在着耐冲击强度小、碰撞时易破碎、自身重量大、运输成本高、能耗大等缺点，限制了玻璃的应用。

玻璃作为运输包装主要用于存放化工产品(如强酸类)。玻璃纤维复合袋用于存装粉状化工产品和矿产物粉料。玻璃也用于销售包装制玻璃瓶和平底杯式玻璃罐，用于存放酒、饮料、食品、药品、化学试剂、化妆品和文化用品等。

3. 木材

木材作为包装材料历史悠久。几乎所有的木材都可以用于包装材料，特别是用于外包装材料更显优势。由于木材资源有限，且用途比较广泛，不断有被替代品(塑料、复合材料、胶合板等)取代的趋势，木材作为包装材料的比重也在不断下降。但是在一定范围内，木材在包装中的使用还是占有十分重要的地位。

木材是一种天然材料，它本身因树种不同、生长环境不同、树干部位不同而在性质上有很大差异，因此使用时应进行合理的选择和处理。

木材用于包装有如下优点：

(1)木材具有优良的强度、重量比，有一定的弹性，能承受冲击、振动、重压等。

(2)木材资源广泛，可以就地取材。

(3)木材加工方便，不需要复杂的加工机械设备。

(4)木材可加工成胶合板，可减轻包装重量，提高木材的均匀性，且外观好，扩大了木材的应用范围。

但是，木材易于吸收水分、易于变形开裂、易腐败、易受白蚁蛀蚀，还常有异味，不利于成批机械化加工。

4. 纸和纸板

在包装材料中纸的应用最为广泛。纸是植物纤维经过一系列加工过程，加适当胶料、填料、色料制成，主要成分为纤维素。纸属于软性薄片材料，无法形成固定形状的容器，常用于做裹包衬垫和口袋。纸板属于刚性材料，能形成固定形状的容器。

纸和纸板用于包装有如下优点：

(1)纸和纸板的成型性和折叠性优良，便于加工并能高速连续生产。

(2)纸和纸板容易达到卫生要求。

(3)纸和纸板易于印刷，便于介绍和美化商品。

(4)纸和纸板的价格较低，不论是单位面积价格还是单位容积价格，与其他材料相比都是经济可行的。

(5)纸和纸板本身重量轻，能降低运输费用。

(6)纸和纸板质地细腻、均匀、耐摩擦、耐冲击、容易黏合，不受温度影响，无毒、无味、易于加工，适用于不同包装的需要。

(7)纸和纸板的废弃物容易处理，可回收复用和再生，不造成公害，节约资源。

（8）纸板和瓦楞纸板具有适宜的坚牢度、耐冲击性和耐磨性，能安全有效地保护内装产品。

但是，纸和纸板也有一些缺点，如难于封口，受潮后坚牢度下降以及气密性、防潮性、透明性差等，纸和纸板的这些缺点限制了它们在包装中的应用。

纸和纸板的应用相当广泛。在运输包装中，用瓦楞纸板制成的纸箱有取代木箱的趋势。用纸制成的多层纸袋可用于散装产品(如水泥、化工原料等)。用硬纸板制成的复合罐，可以用来代替某些产品的金属罐。在销售包装中纸和纸板应用很广，如纸袋、纸盒、纸杯等。纸制复合材料制品在销售包装中应用也相当普遍，纸材料在标签、吊牌、商标纸方面的用途日益扩大。除此之外，还有大量直接裹包产品的用纸，如鸡皮纸、羊皮纸、保光泽纸、防油纸、防潮纸、防锈纸等。

5. 塑料

塑料用作包装材料大大改变了商品包装的面貌。塑料在包装中的应用已成为现代商品包装的重要标志之一。塑料是一种人工合成的新型高分子材料。它是以合成树脂为主要成分，并加适当的增塑剂、着色剂、稳定剂、填料、抗静电剂和润滑剂等，在一定温度、压力条件下，塑造一定形状，并在常温下保持其形状不变的材料。

塑料用于包装有如下优点：

（1）塑料具有优良的物理机械性能，如有一定的强度、弹性、耐折叠、耐摩擦、抗振动、防潮等性能。

（2）塑料的化学稳定性好。耐酸碱、耐化学试剂、耐油脂、防锈蚀、无毒等。

（3）塑料属于轻质材料。比重约为1，约为金属比重的1/5，为玻璃比重的1/2。

（4）塑料属于节能材料，生产一个同样容量的饮料包装容器所消耗的电能为：铝，3.00kW；玻璃2.40kW；纸，0.18kW；塑料，0.11kW。

（5）塑料加工成型简单，可以多样化。它可制成薄膜、片材、管材、编织布、无纺布、发泡材料等。其成型技术有多种，如吹塑、挤压、铸塑、真空、热收缩、拉伸等。

（6）塑料具有优良的透明性和表面光泽，印刷和装饰性良好，能很好地传达商品信息和美化商品。

（7）塑料价格具有一定的竞争力。

但是，塑料作为包装材料也有不少缺点，如强度不如钢铁；耐热性不及玻璃；在外界因素长期作用下易老化；有些塑料有异味；有些塑料的内部分子有可能渗入内装物；易产生静电；废弃物难以处理，易产生公害；其价格受石油价格影响而波动。所有这些都限制了塑料在包装中的应用。

目前，我国塑料包装容器主要有6种：塑料编织袋(约占2.5%)；塑料周转箱、钙塑箱(约占7%)；塑料打包带、捆扎绳(约占8%)；塑料中空容器(约占11%)；塑料包装薄膜(约占46%)；泡沫塑料(约占2%)及复合材料等。

6. 复合包装材料

随着科学技术的不断发展，人们对各种包装材料的理论性能不断进行研究，包装材料不断创新，出现了复合包装材料。复合包装材料是将两种或两种以上具有不同特性的材料，通过各种方法复合在一起，以改进单一材料的性能，发挥更多优点的材料。复合包装材料在包装领域有广泛的应用，目前已开发研制的复合材料有三四十种。现在使用较多的是塑料薄膜复合材料，另外还有纸基复合材料、塑料基复合材料、金属基复合材料等。

5.2.3 商品包装容器的设计和选用

1. 商品包装容器的设计要求

商品包装容器是为运输、销售使用的盛装产品或包装件的器具总称。包装容器分运输包装容器和销售包装容器两大类，它们与商品价值、用途、性能、形状、运输储存条件和销售对象等都有密切的联系。因此，包装容器的设计应遵循"科学、安全、经济、适用、美观"的原则，以达到保护产品、便利流通、促进销售、方便消费的目的。

1) 合理选择包装材料

包装容器对保护商品作用极大。因此，要根据商品性能来选择不同材料制作包装容器。例如，易碎、怕振的商品，应选用富有弹性的缓冲材料制作容器的内衬；机械产品由于重量大，应采用抗压力强的木箱或铁木结构箱包装；液体和胶体商品应选用不渗漏的材料作为包装容器。除此之外，还要考虑保证包装容器在储运和销售过程中不易损坏。另外，还要注意包装的经济效益及表现效果，在不影响包装质量的前提下，应选用价格便宜的材料；在满足强度要求前提下，选用重量较轻的材料，并注意节省材料等。出口商品的包装材料，还要符合销往国家的法令与合同规定。

2) 包装容器造型结构要科学

产品在设计包装容器的造型结构时，要根据内装物的性质、形状和运输、储存条件，注意产品在包装容器中的合理排列，尽量缩小容器的体积，还要根据包装设计的艺术形态和科学结构，根据力学原理设计抗压力强、缓冲与防震性能好的结构造型。包装容器的规格尺寸应符合标准化要求，应考虑集装化运输的需要，应与集装箱、托盘、运输工具和货架等的尺寸成模数关系。同时，还要适应销售国家或地区的自然条件和环境。

3) 包装容器应符合产品销售的需要

包装容器应有利于产品陈列展销，便于商品置放、堆列或张挂。在产品陈列展销中，包装容器要能突出商品的特点，有利于消费者识别商品和引起注意，在造型结构上应设计消费者容易接收的信号，以符合消费者的心理并吸引消费者购买。另外，包装的造型结构应便于消费者携带、开启和使用；反对过分包装，包装与内装产品的价值应相称。

2. 商品包装造型与容器功能

商品包装是一种具有种种功能的特殊容器，而包装容器是包装造型与包装材料结合的产物，研究包装造型与容器功能间的相关性，可以使包装造型在"实用、艺术、经济"三方面达到高度的统一。

1) 包装造型与包装容器的保护功能

包装造型对于包装容器的保护功能存在着优化问题。如瓶、罐、盒、袋等就是人类长期优化选择的结果。瓶体多为圆柱形而不是方形，因为圆柱形的强度比方形更高；容器的棱角都是圆角而不是锐角，则是因为圆角比锐角更不易破损；近年碳酸饮料的轻量化强化瓶，则是从力学上来考虑优化包装的保护功能的。

2) 包装造型与容器的传达美化功能

包装造型能以其特有的造型形态反映内装物的商品信息。例如，开天窗包装、展开式包装能体现产品的特性，既美观艺术，又可充分展示内装物。一些包装的习惯造型可以预视内装商品。例如，鱼罐头为偏椭圆形或偏方形；火腿罐头大多是马蹄形；猪肉罐头一般是方形或圆形；羊肉罐头大多是梯形；饮料罐头为长圆柱形。又如用粗犷有力的造型作为男用化妆品的包装容器，而用曲线柔和的造型作为女性化妆品的包装容器。

包装造型能与装潢相配合，在商品销售中形成很好的视觉冲击力。包装造型能使人在购物选择中得到视觉美感。如包装造型本身的视觉整体美，即包装容器给人们各种质感：立体质感（浮雕感、编织感、细腻感）、平面质感（线感、面感）、材料质感、色彩感和光感；还有商品本身与销售陈列环境构成的视觉整体美（协调美），如商品包装群在购物环境采光下的展示效果等。

3) 包装造型与容器的便利功能

包装容器造型方便陈列展销，有利于商品销售，可以节省货位，充分利用货架的空间。如堆式包装、悬挂式包装等。

包装容器造型方便使用是当前包装造型研究的主攻方向。这方面的工作主要是指包装容器的造型应符合人类工效学的力学设计原理，这样会使消费者感到使用舒适方便。在容器本体方面，饮料、清洁剂、调味品的包装容器，要求执握牢固省力，不易脱手跌落，倾倒时更方便等。在容器封盖等方面，要求做到开启省力、关闭严密，又有形式美感，如多棱形的封盖，其力矩大于圆形体，就是从人类工效学的力学设计原理考虑的。在容器的纹理方面，要求做到省力牢固、方便开关。在容器执握的部位，常利用密集的沙粒状、条纹状或小立方体等局部造型，形成不光滑的表面，增大手和容器两者间的摩擦力。

3. 商品包装容器的选用

1) 包装袋

包装袋是柔性包装，有较高的韧性、抗拉强度和耐磨性。包装袋广泛适用于运输包装、商业包装、内装、外装。包装袋一般有以下 3 类。

（1）集装袋。这类包装袋是一种大容积的运输包装袋，盛装量在 1t 以上。集装袋一般多用聚丙烯、聚乙烯等聚酯纤维纺织而成。由于集装袋装卸搬运都很方便，装卸效率高，近年来发展很快。

（2）运输包装袋。这类包装袋的盛装数量在 0.5～100kg，大部分是由植物纤维或合成树脂纤维纺织而成的织物袋及由几层挠性材料构成的多层材料包装袋，如麻袋、草袋、水泥袋等。主要用于包装粒装和个体小的货物。

（3）普通包装袋。这类包装袋盛装重量较少，通常用单层材料或双层材料制成。对某些具有特殊要求的包装袋也可用多层不同材料复合而成。包装范围较广，如液状、粉状、块状和异型物等。

2) 包装盒

包装盒是介于刚性和柔性包装之间的一种包装。包装盒材料有一定的挠性，不易变形，有较高的抗压强度，刚性高于袋装材料。包装结构大多是规则几何形状的立方体，也可制成其他形状，如圆盒状、尖角状。包装盒一般容量较小，有开闭装置。包装盒整体强度不大，包装数量也不适合做运输包装，适合做商业包装、内包装，适合包装块状及各种异形物品。

3) 包装箱

包装箱是一种刚性包装。包装箱的材料为刚性或半刚性材料，有较高强度且不易变形。

包装箱与包装盒结构相同，只是容积、外形大于包装盒，两者的区分通常以 10L 分界。包装箱整体强度较适中，抗变形能力强，包装数量较大，适合做运输包装、外包装。包装箱应用范围广，主要用于固体杂货的包装，主要有以下几种：

（1）瓦楞纸箱。瓦楞纸箱是用瓦楞纸板制成的箱形容器。

（2）木箱。木箱是流通领域中常用的一种包装箱，其用量仅次于瓦楞箱。木箱整体耐压强度大，有较好的抗震、抗扭力，能承受较大负荷，制作方便，装载数量大。但木箱箱体重量较大、体积较大，本身防水性差，适用于运输包装。

（3）塑料箱。塑料箱是由刚性塑料材料制成的箱形容器。塑料箱自身重量轻、耐蚀性好、可装载多种商品、整体性强、强度和耐用性能满足反复使用的要求，可制成多种色彩以区分内装物，手握搬运方便，没有木制易伤手的缺点。塑料箱适用于小型运输包装。

（4）集装箱。集装箱是由钢材或铝材制成的大容积物流装运设备，是大型包装箱，也是大型反复使用的转型包装。

4) 包装瓶

包装瓶是一种刚性包装，有较高的抗变形能力。个别包装瓶介于刚性与柔性之间，瓶的外在受外力时虽可发生一定程度变形，但外力一旦撤除，仍可恢复原来形状。包装瓶结构是瓶颈口远远小于瓶身，且在瓶顶部开口，瓶盖密封。包装瓶包装量一般不大，适合美化装潢，主要用于销售包装。适用于液状、粉状物包装。包装瓶可分为圆瓶、方瓶、高瓶、矮瓶、异形瓶等。

包装瓶瓶口和瓶盖种类繁多。瓶盖除了密封瓶口的功能外，还能形成一些实用的附加功能，如防盗、易干、复封、防止儿童开启和便于堆放等。瓶盖主要分为小口瓶盖和广口瓶盖两种。小口瓶盖有五冠盖、拧断盖、螺旋盖、压盖、玻璃磨盖、玻璃螺纹盖。广口瓶盖有螺纹盖、易拉盖、滚压金属盖、纸盖和玻璃盖等。

5) 包装罐(筒)

包装罐(筒)是罐身各处横截面形状大致相同、罐颈短、罐颈内径比罐身内径稍小或无罐颈的一种刚性包装容器。包装罐强度高,抗变形能力强。主要用于运输包装,也可用于销售包装。

5.3 包装技术

研究产品包装技术的目的是以最低的材料消耗和资金消耗,保证产品完美地送到用户手中,做到保护产品、节省材料、缩小体积、减少重量等。

5.3.1 商品包装的一般技术

商品包装操作既包括产品包装技术处理,又包括包装充填、封口、捆扎、裹包、加标和检重等技术活动。产品包装技术是指在包装作业时所采用的技术和方法。任何一个产品包装件在制作和操作过程中都存在技术、方法问题,通过对产品包装件合理的技术处理,才能使产品包装形成一个高质量的有机整体。

企业生产的产品种类繁多、千姿百态,针对产品不同形态特点而采用的技术和方法是大多数产品包装都要考虑的,故称为一般包装技术。针对产品的不同特性而采用技术和方法是为了适应某类产品的特殊需要。由于产品特性不同,在流通过程中受到内、外部因素影响,会使产品变质,影响产品的使用,如有的是受震动冲击而损坏,有的因受潮而变质,有的因接触氧气锈蚀变质。所以,需要采用一些特殊的技术和方法来保护产品免受流通环境各种因素的作用,这类技术称为特殊包装技术。

1. 对内装物的合理置放、固定和加固

在方体的包装中装进形状各异的产品,必须要注意产品的合理置放、固定和加固。这类方法也可称为技巧。利用置放、固定和加固的巧妙,就能达到缩小体积、节省材料、减少损失的目的。例如,对于外形有规则的产品,要注意套装;对于薄弱的部件,要注意加固;包装内重量要注意均衡;产品与产品之间要注意隔离和固定。

2. 对松泡产品进行体积压缩

对于羽绒服、枕芯、絮被、毛线等松泡产品,包装时占用容器的容积太大,会导致运输储存费的增大,所以对于松泡产品需要压缩体积。其有效的方法是真空包装技法,它可大大缩小松泡产品的体积,缩小率可达85%,即使对一些服装、毯子,也可达50%左右。真空包装技术的经济效益是显著的,有的文献指出平均可节省费用15%~30%,包括节省了可能出现的额外费用以及来自于包装材料、运输、储存、重新熨烫等各环节的费用。

3. 外包装形状尺寸的合理选择

有的商品的运输包装件还需装入集装箱,这就存在包装件与集装箱之间的尺寸配合问题。如果配合得好,就能在装箱时不出现空隙,有效地利用箱容,并有效地保护商品。包装尺寸的合理配合主要指容器底面尺寸的配合,也就是说都应采用包装模数系列。至于外包装高度的选择,则应由商品特点来确定,松泡商品可选高一些,沉重的产品可选低一些。

4. 内包装(盒)形状尺寸的合理选择

内包装(盒)一般属于销售包装。在选择其形状尺寸时,要与外包装(尺寸)相配合,内包装(盒)的底面尺寸必须与包装模数协调,而且其高度也应与外包装高度相匹配。当然内包装的形状尺寸还应考虑产品的置放和固定,但它作为销售包装,更重要的是考虑有利于销售,包括有利于展示、装潢、购买(数量成套性)和携带等。例如,展销包装多数属于扁平型,很少有立方形,就是应销售需要而形成的。一盒送礼的巧克力,做成扁形就很醒目、大方、有气派,如果做成立方体,所产生的效果就大不一样了。

5. 包装外的捆扎

包装外捆扎对运输包装功能起着重要作用,有时还能起关键性作用。捆扎的直接目的是将单个物件或数个物件捆紧,以便于运输、储存和装卸。捆扎能防止失盗而保护内装物品,能压缩容积而减少保管费和运费,能加固容器。一般合理捆扎可使容器的强度增加20%~40%。

捆扎有多种方法,一般根据包装形态、运输方式、容器强度、内装物重量等不同情况分别采用井字、十字、双十字和平行捆等不同方法。

对于体积不大的普通运输包装,捆扎一般在打包机上进行,而对于托盘这种集合包装,用普通方法捆扎费工费力,所以发展形成了新的捆扎方法:收缩薄膜包装技术和拉伸薄膜包装技术。

1) 收缩薄膜包装技术

收缩薄膜包装技术是用收缩薄膜裹包集装的物件,然后对裹包好的物件进行适当的加热处理,使薄膜收缩而紧紧贴于物件上,使集装的物件固定为一体。收缩薄膜是一种经过特殊拉伸和冷却处理的聚乙烯薄膜,当薄膜重新受热时,其横向和纵向产生急剧收缩,薄膜厚度增加,收缩率可达30%~70%。这种收缩性是由薄膜内部结构变化而造成的。

2) 拉伸薄膜包装技术

拉伸薄膜包装技术是在20世纪70年代开始采用的一种新的包装技术。它是依靠机械装置,在常温下将弹性薄膜围绕包装件伸拉、裹紧,最后在其末端进行封口而成,薄膜的弹性也使集装的物件紧紧固定为一体。

5.3.2 商品包装的特殊技术

1. 缓冲包装技术

1) 缓冲包装技术的概念

缓冲包装技法又称防振包装技法，是使包装物品免受外界的冲击力、振动力等作用，从而防止损伤的包装技术和方法。

产品在流通过程中发生破损的主要原因是受运输中的振动、冲击以及在装卸作业过程中的跌落等外力作用。不同物品承受外力作用的程度虽然有所不同，但都是超过一定程度便会发生毁损。为使外力不完全作用在产品上，必须采用某些缓冲的办法，使外力对产品的作用限制在损坏限度之内。

2) 选择缓冲包装结构和缓冲包装方法

缓冲包装结构是指对产品、包装容器、缓冲材料进行系统考虑后，所采用的缓冲固定方式。缓冲包装技法一般分为全面缓冲、部分缓冲和悬浮式缓冲3类方法。

（1）全面缓冲是指产品或内包装的整个表面都用缓冲材料衬垫的包装方法，如压缩包装法、裹包包装法、模盒包装法、就地发泡包装法等。

（2）部分缓冲是指仅在产品或内装的拐角或局部地方使用缓冲材料衬垫的包装方法。通常对整体性好的产品或有包装容器的产品特别适用。它既能得到较好的效果，又能降低包装成本。部分缓冲可以有天地盖、左右套、四棱衬垫、八角衬垫和侧衬垫几种。

（3）悬浮式缓冲是指先将产品置于纸盒中，产品与纸盒间各面均用柔软的泡沫塑料衬垫妥当，盒外用帆布包装或装入胶合板箱，然后用弹簧张吊在外包装箱内，使其悬浮吊起。这样通过弹簧和泡沫塑料同时起缓冲作用。这种方法适用于极易受损，且要求确保安全的产品，如精密机电设备、仪表等。

2. 防潮包装技术

防潮包装技法就是采用防潮材料对产品进行包装，以隔绝外部空气相对湿度变化对产品的影响，使得包装内的相对湿度符合产品的要求，从而保护产品质量。所以，防潮包装技术要达到的目标是保持产品质量，采取的基本措施是以包装来隔绝外部空气潮气变化的影响。

实施防潮包装是用低透湿度或透湿度为零的材料，将被包装物与外界潮湿大气相隔绝。凡是能阻止或延缓外界湿空气透入的材料均可用来作为防潮阻隔层材料，如金属、塑料、陶瓷以及经防潮处理的棉、麻、木材等。现代防潮包装中，应用最广泛的材料为聚乙烯、聚丙烯、聚氯乙烯、聚苯乙烯、聚二氯乙烯等。

在具体进行防潮包装时，应注意以下几点。

（1）产品在包装前必须是清洁干燥的，不清洁处应擦净，不干燥时应进行干燥处理。

（2）防潮阻隔性材料应具有平滑均一性，无针孔、砂眼、气泡及破裂等现象。

（3）当产品在进行防潮包装的同时尚需有其他防护时，则应同时按其他防护标准的相应措施来加以解决。

（4）产品有尖突部，并可能损伤防潮隔层时，应预先采取包扎等保护措施。

（5）为防止在运输途中因振动和冲击使内装物发生移动、摩擦等而损伤防潮阻隔层材料，应使用缓冲衬垫材料予以卡紧、支撑和固定，应尽量将其放在防潮阻隔层的外部。所用缓衬垫材料应用不吸湿或湿性小的，不干燥时应进行干燥处理。对内装物不得有腐蚀及其他损害作用。

（6）应尽量缩小内装物的体积和防潮包装的总面积，尽可能使包装表面积对体积的比率达到最小。

（7）应尽量做到连续操作，一次完成包装，若要中间停顿作业，则应采取有效的临时防潮保护措施。

（8）包装场所应清洁干燥，温度应不高于35℃，相对湿度应不大于75%，温度不应剧烈变化以避免发生凝露现象。

（9）防潮包装的封口不论是黏合还是热封合，均须进行良好地密封。塑料薄膜包装的防潮阻隔层的热焊或黏合封口强度应通过封口性试验。

3. 防锈包装技术

1) 防锈包装技术的概念

防锈包装技法是运输储存金属制品与零部件时，为了防止其生锈而降低价值或性能所采用的包装技术和方法。其目的是：消除和减少生锈的各种因素，采取适当的防锈处理，在运输和储存中除防止防锈材料的功能受到损伤外，还要防止一般的外部物理性破坏。锈的主要成分是水合的氧化铁类的腐蚀性生成物，故生锈通常是指铁或铁合金被腐蚀的情况。但在实际工作中常将生锈看成金属发生电化学或化学变化，在其表面生成有害化合物。

严格地讲，钢铁所用的防锈剂对于防止非铁金属的腐蚀不一定都是有效的。考虑到实际所需要的全部金属中，铁及合金占95%，非金属的利用只不过是钢铁的百分之几，所以，金属防锈时就不那么严格区别了。但特别需要指出的是，腐蚀抑制剂对于铁和非铁金属有效的，虽然很多，但其中有的仅仅对于铁是有效的，而对于某些非铁金属是无效的，有的不仅无效，反而还有促进腐蚀和变色的作用。

2) 防锈包装的操作步骤

（1）清洗是尽可能消除后期生锈原因的不可少的一步。根据需要又可细分为脱脂和除锈两个阶段。

（2）干燥是指消除清洗后残存的水和溶剂的工作。干燥应进行得迅速可靠，否则将使清洗工作变得毫无意义。

（3）防锈处理是指清洗、干燥后，选用适当防锈剂对金属制品进行处理的阶段。这是最根本、最重要的工作。在缺少适当的防锈剂或防锈剂应用得不理想时，应代以密封防锈处理。

（4）最后是包装阶段。这一阶段除要达到保存防锈处理效果、保护制品不受物理性损伤、防止防锈剂对其他物品污染之外，还要达到便利储运和提高商品价值的目的。

3) 防锈包装的方法技术

一般采用金属表面涂覆防锈材料、采用气相蚀剂、采用塑料封存等方法。例如轴承在包装前，需在表面清理后用黄油涂覆，然后用防水蜡纸进行裹包后，放入内包装中；在采用容器包装时，还可采用在容器内或周围放入适量吸潮剂（如硅胶）的做法，以吸收包装内部残存的或由外部进入的水汽，使相对湿度下降，破坏电解液的形成，而达到防锈的目的。

钢铁表面防锈处理的方法有：表面镀层、化学防护、涂漆防锈。铝合金制品表面防锈处理有阳极化和化学氧化法两种。金属及制品的塑料封存防锈包装方法主要有：普通塑料袋封存、收缩或拉伸薄膜封存、可剥性塑料封存、茧式防锈包装和套封式防锈包装。此外，商品的包装防锈方法还有充氮和干燥空气等封存法。充氮封存时金属容器内充以干燥氮气；干燥空气封存是容器内置入干燥剂后密封，或达到平衡干燥度后取出干燥剂后再予以密封。

4) 进行防锈包装时的注意事项

作业场的环境应尽量使之对防锈有利，有可能的话，应使用空调控制温湿度，最好能在低湿度、无尘和没有有害气体的洁净空气中进行包装，还应在尽量低的温度下进行作业。

进行防锈包装时，特别应使包装内部所容纳空气的容积最小，这能减少潮气、有害气体和尘埃等的影响。

要特别注意防止包装对象的凸出部分和锐角部分的损坏，或因移动、翻倒使隔离材料遭到破损。在使用防锈包装袋缓冲材料进行堵塞、支撑和固定等方面，需要比其他包装更周密些。在实际工作中，防锈包装因隔离材料的破损而遭受致命损害的情况还是较多的。

4. 防霉包装技术

产品防霉包装是为了防止因霉菌侵袭内装物长霉而影响产品质量，所采取的一定防护措施的包装技术。

产品包装防霉处理方法有：采用耐低温包装、防潮包装和高封密包装。耐低温包装一般是用耐冷耐潮的包装材料制成，经过耐冷处理过的包装能较长时间在低温下存放，而包装材料在低温下不会变质，从而达到以低温抑制微生物的生理活动，达到内装物不霉腐的目的；防潮包装可以防止包装内水分的增加，也可以达到抑制微生物生长和繁殖的作用，可延长内装物品的储存期；高封密包装是采用陶瓷、金属、玻璃等高封密容器进行真空和其他防腐处理（如加适量防腐剂），如对食品的包装常使用真空包装。

企业在进行防霉包装设计时，除了考虑上述几种方法外，还有多种多样的途径可以选用，如可以选用耐霉材料来防霉；可以改变产品结构达到表面隔离而防霉；可以采用防霉处理来防霉；可以通过包装结构和工艺来达到防霉；也可以控制包装储运环境来防霉等。

5.4 包装合理化

包装合理化一方面包括包装总体的合理化，这种合理化往往用整体物流效益与微观包装效益统一来衡量；另一方面也包括包装材料、包装技术、包装方式的合理组合及运用。从多个角度来考察，包装合理化应满足多方面的要求。

5.4.1 包装合理化应注意的几个问题

1. 包装适度

由于包装强度不足、包装材料不足等因素所造成的商品在流通过程中的损耗不可低估。而包装强度设计过高、包装材料选择不当造成的包装过剩也会造成严重损失。因此，包装适度有两层含义：一是防止包装不到位、包装落伍；二是防止包装过度，造成浪费。包装不到位就会使得包装的基本功能得不到实现，使得商品受损、生锈、发霉、变质。而包装落伍则会使产品的形象受到一定影响，无法适应消费者不断更新的消费潮流。包装过度的首要危害就是加大了包装的成本，而这种多余的成本又会转嫁到消费者身上，从而损害了消费者的利益。

若从费用角度考虑，包装适度也体现在包装费用与内装商品的适应匹配上。包装费用包括包装本身的费用和包装作业的费用，平均来说，对于普通商品，包装费用应低于商品售价的15%。但不同商品对包装的要求不同，包装费用占商品价格的比率也可以不同。

2. 包装应适应装卸、运输、仓储等作业的要求

包装是物流系统的有机组成部分，应当以有利于系统内部的装卸、运输、保管等作业为原则。

（1）包装应与装卸搬运相适应。包装尺寸应尽量与运输工具、仓库等相配合，既不溢出，又不留空隙，同时还应将内装商品外围空闲容积减少至最低限度。由于商品的性能、形状及包装功能的不同，关于包装物内部的空闲容积率很难做出统一要求，但可考虑一个适宜的限度，对不同种类的商品分别规定相应的空闲容积率。

（2）包装应与运输相适应。运输工具类型、输送距离长短、道路情况如何都对包装有影响，例如道路情况比较好的短距离汽车运输，就可以采用轻便的包装。同一种产品，如果进行长距离的车船联运，就要求严密厚实的包装。

（3）包装应与仓储相适应。在确定包装时，必须对仓储的条件和方式有所了解。例如，采用高垛就要求包装有很高的强度，否则就会压坏。如果采用低垛或料架保管，包装强度则可相应降低。

3. 大力推行包装机械化、自动化和智能化

为适应物流作业的要求，应广泛采用先进包装技术，大力推行包装机械化、自动化和智能化。包装技术的改进是实现包装合理化的关键，要推广诸如缓冲包装、防锈包装、防湿包装等包装方法，采用组合单元装载技术，即采用托盘、集装箱进行组合包装运输。为了提高作业效率和包装现代化水平，节省劳动力，应尽力开发和推广使用各种包装机械，如裹包机械、充填机械、灌装机械、捆扎机械、集装机械、包装辅助机械等。目前已经出现了一些集机、电、液、气、光等技术于一体，由计算机控制的自动包装线。为了提高物品的安全性和流通的高效性，还应在包装设计、包装工艺、包装材料与结构等方面引入与应用全新的智能概念及方法。

5.4.2 包装标准化

1. 包装标准化的概念

根据国际标准化组织（ISO）的定义，标准化是指对科学、技术与经济领域内重复应用的问题给出解决办法，其目的在于获得最佳秩序。包装标准化是指对包装类型、规格、容量、使用材料、包装容器的结构造型、印刷标志、产品的盛放、衬垫、封装方法、名词术语、检验要求等制定统一的政策和技术规定。

2. 包装标准化的意义

（1）包装标准化是包装质量的保证。标准的本质特征是合理、科学、有效地对重复性事物和概念所做的统一规定。任何一种标准和规范都是从长期的实践过程和科学研究中总结归纳出来的，代表着一定的先进水平。实行包装的标准化是保证包装质量的有效手段。

（2）包装标准化有利于加速货物流通，提高物流效率。产品包装尺寸实现标准化后，可方便地将其集合组装成运输单元整体，使原来依赖人力装卸的各种尺寸的包装件，变得可直接由机械来作业，从而使装卸的效率得到提高，运输的车、船在站、港停留的时间有所缩短，加速货物的流通过程，使运输效率获得大幅度的提高。包装标准化也方便了堆码排列，使得车、船等各种运载工具的容积得到合理、充分的利用，使装载量相应提高，从而提高货运效率，降低货运成本。

（3）包装标准化有利于促进国际贸易的发展。包装标准化还有利于物资流通范围的扩大和国际贸易的发展。若产品不按国际标准进行包装，产品的国际集装袋、集装箱运输就会受到影响，最终影响产品出口，阻碍产品走向国际市场。

3. 包装标准的内容

1) 包装基础标准和方法标准

包装基础标准和方法标准是包装工业基础性的通用标准，包括通用术语、包装标志、包装尺寸、包装技术、包装管理等。这类标准是对包装的基本要求，适用于整个包装工业。

2) 产品包装标准

产品包装标准是对产品包装的技术要求和规定。一种是产品质量标准中对产品包装、标志、运输、储存等做的规定；另一种是专门单独制定的包装标准。

3) 包装工业的产品标准

包装工业的产品标准是指包装工业产品的技术要求和规定，如普通食品包装低、高压聚乙烯重包装袋、塑料打包带等。

5.4.3 绿色包装

1. 绿色包装的含义

绿色包装是指能与自然融为一体，源于自然、归于自然，对生态环境不造成污染，对人体健康不造成危害，能循环再生利用，可促进持续发展的包装。国外把这个新概念也称为"无公害包装"或"环境友好包装"。包装业正在兴起一场"绿色革命"，绿色包装将会成为21世纪包装产业发展的一个主要趋势。

2. 绿色包装的设计原则

20世纪90年代，一些工业国家提出绿色包装必须遵循"3R1D"(Reduce、Reuse、Recycle和Degradable)原则。

（1）减少包装材料消耗(Reduce)。在保证包装的保护、运输、储藏和销售等功能时，首先考虑的因素是尽量减少材料使用总量。

（2）包装容器的再填充使用(Reuse)。考虑全部包装或部分包装在使用过后，进行回收处理，再次使用。

（3）包装材料的再循环处理(Recycle)。把使用过的包装回收、进行处理和再加工，使用于不同领域。

（4）包装材料的可降解(Degradable)。环保包装材料可自行分解，不会污染环境。

项目六　物流配送与配送中心

日本某企业的配送中心

　　设立在日本东京都立川市的菱食立川物流中心，拥有冷冻仓库、恒温仓库、常温仓库约 11000 平方米，其中冷库约 7000 平方米，主要配送食品、酒类、冰激凌等。配送商品品种数为冷冻食品 1500 种、酒类 1000 种、冰淇淋 200 种、食品材料 650 种。一般储存商品、酒类和食品材料 25000 箱，冷藏商品 70000 箱。每天配送数量为冷冻食品 18000 箱、冰激凌 5000 箱、酒类 1000 箱，主要配送到关东地区的 12 个配送中心，然后由 12 个分中心再配送到各零售店铺。这 12 个分中心分为两种类型，一种是"通过中心"（如川口、桐生、市川、山梨等），另一种是"在库型通过中心"（如湘南、桶川、静、极木、茨城等）。通过中心是指收到商品，经分拣后再配送到中小超市，不保持库存；在库型通过中心是指对 A 级商品有一定的库存量，其他商品分拣后直接配送出去。系统内的店铺和系统外的食品店或超市，通过 EOS 系统向菱食情报中心订货，由立川中心承担物流配送。

　　　　　　　　　　资料来源：深圳职业技术学院专业资源库．http://zyk.szpt.edu.cn．

　　与日本菱食立川物流中心类似的大规模物流配送中心在全球范围内广泛存在，根据所配送物品的特点，其配送中心的类型、特点及所使用的技术也有较大差别，在进行规划管理的时候也各有侧重。那么，配送中心有哪些类型，各类别配送中心表现出什么样的特点？配送中心有哪些作业流程，其核心工艺是什么？进行配送中心规划时主要包括哪些内容？对配送中心进行管理又包括哪些内容？这些问题将在这一章中得到解决。

6.1 物流配送概述

　　配送主要涉及从供应链的制造商到终端客户的运输和储存活动。运输的功能在于完成产品空间上的物理转移，克服制造商与客户之间的空间距离，从而产生空间效用；而储存的功能就是将产品保存起来，从而出现客户产品供应与需求在时间上的差距，创造时间效用。所以配送创造了时间效用和空间效用，是物流中一种特殊的、综合的活动形式，包含了商流活动和物流活动，也包含了物流中若干功能要素。

6.1.1 配送的概念

　　按照国家标准《物流术语》（GB/T18354—2006），配送 (Distribution) 是指在经济合理区域范围内，根据客户要求，对物品进行拣选、加工、包装、分割、组配等作业，并按时送达指定地点的物流活动。"配"包括货物的集中、分拣和组配，"送"是以各种不同的方式将货物送达到指定的地点或用户手中。现代物流中的配送同时也是一种资源配置的方式，通过"配"和"送"的有机结合，低成本、高效率地满足用户的需求。

6.1.2 配送的特点

1. 配送是物流多种功能的组合

配送一般集装卸、包装、保管、分拣、配货、运输于一身，是物流的一个缩影或在较小范围中物流全部活动的体现。因此，配送不是一般性的、单纯的送货活动，而是多环节、多项目的综合型、一体化的物流活动。并且，随着现代物流手段和技术的进步以及连锁经营的发展，配送的空间范围也有了很大的拓展，如美国的沃尔玛利用全球卫星定位系统（GlobalPositioning System, GPS）在全球范围内组织配送。

2. 配送以分拣和配货为主要手段

在物流成本中，拣选和配送两大项目几乎占整个物流成本的80%，配送费用的发生大多在厂区外部，影响因素难以控制，拣选成本约是其他堆叠、装卸、运输等成本总和的9倍，占物流搬运成本的绝大部分。

配送活动包含了某一段的运输活动，但又不是运输的全部；也包含了某一段的装卸、包装、流通加工等活动，但又不是这些活动的全部或全过程。因此，配送虽然综合了多项物流功能，但其主要手段是分拣和配货。

3. 配送需要高水平的装备配置

物流服务面对着成千上万的供应厂商和消费者以及瞬息万变的市场，承担着为众多用户的商品进行配送和及时满足他们不同需要的任务，这就要求必须配备现代化装备和应用管理系统，具备必要的物质条件，尤其是要重视计算机网络的运用。通过计算机网络可以广泛收集信息，及时进行分析比较，通过科学的决策模型，迅速做出正确的决策，这是解决系统化、复杂化和紧迫性问题最有效的工具和手段。同时采用现代化的配送设施和配送网络，将会逐渐形成社会化大流通的格局。专业化的生产和严密组织起来的大流通，对物流手段的现代化提出了更高要求，如对自动分拣输送系统、立体仓库、AGV自动导向系统、商品条码分类系统等型高效大规模的物流配送机械系统有着广泛而迫切的需求。

4. 配送是以供给者送货到户式的服务性供应

从服务方式来讲，配送是一种"门到门"的服务，可以将货物从物流据点一直送到用户的仓库、营业所、车间乃至生产线的起点或个体消费者手中。

6.1.3 配送与运输及送货的区别

1. 与运输的区别

配送是从物流据点至用户的一种特殊送货形式,在整个输送过程中处于"二次输送""支线输送""终端输送"的位置。配送是"中转"型送货,其起止点是物流据点至用户。通常是短距离少量货物的移动。其与运输的区别见表6-1。

表6-1 运输与配送的区别

序号	运输	配送
1	长距离大量货物的移动	短距离少量货物的移动
2	物流据点间的移动	物流据点到用户
3	地区间货物的移动	地区内部货物的移动
4	卡车一次向一地单独运送	卡车一次向多处运送,每处只获得少量货物

专业化分工在流通领域的反映,其与配送的区别主要在于以下4个方面。

(1)从事传统送货的是专职流通企业,不是生产企业,而配送可以是生产企业。

(2)传统送货尤其从工厂至用户的送货往往是直达型,配送一般是"中转"型送货。

(3)传统的送货是生产什么或有什么就送什么,配送则是需要什么送什么。

(4)配送不单是送货,在活动内容中还有"分货""配货""配装"等项工作,这是难度较大的工作,要圆满实现它,必须有发达的商品经济和现代的交通运输工具以及经营管理水平。在商品经济不发达的国家及历史阶段,很难按用户要求实现配货,更难于实现大范围高效率的配货。因此,传统送货和配送存在着内容和时代的差别。

6.1.4 配送的分类

按不同的标准,配送的分类见表6-2。

表6-2 配送的分类

序号	分类标准	类型
1	按配送起点	配送中心配送、仓库配送、商业门店配送和生产企业配送等
2	按配送对象的种类和数量	单品种批量配送、多品种小批量配送、配套配送等
3	按配送时间和数量	定时配送、定量配送、定时与定量配送、即时配送、定时和定路线配送等
4	按配送的组织形态	自营配送、代理配送、共同配送等
5	按配送的经营权限	物流模式、授权模式、配销模式等
6	按配送的功能	转送模式、分销模式、储存模式和加工模式等

(1)按配送起点可分为配送中心配送、仓库配送、商业门店配送和生产企业配送等。

(2)按配送对象的种类和数量可分为单品种大批量配送、多品种小批量配送和配套配送等3种形式。

（3）按配送的时间和数量可分为定时配送、定量配送、定时与定量配送、即时配送、定时和定路线配送等。

（4）按配送的组织形态可分为自营配送、代理配送和共同配送3种模式。

自营配送是指由厂商（一般是生产商）自己经营配送中心，将物品送到各个用户，如图6.1所示。

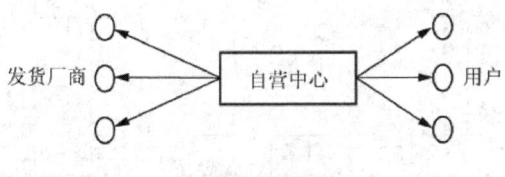

图6.1 自营配送

共同配送是指生产、批发或零售连锁企业共同参与，由一家配送中心承担它们的配送作业的配送行为，如多家公司将各自的商品汇总装在同一辆卡车上，共同进行配送工作。由于配送是共同化的，所以这种方式可以提高配送车辆的利用率，从而降低物流成本，增加企业的经济效益。共同配送是当今世界上发达国家广泛使用的一种配送方式。

代理配送是指交易双方将物流进行外包，由第三方物流服务企业承担物品的运输、仓储和配送。社会物流服务企业依靠自身的专业优势、规模优势和信息优势为供需双方提供及时、准确、快速的"门到门""门到库""门到点"的配送服务，并附加包装或流通加工等增值服务，为企业快速响应市场变化创造有利的条件。例如，美国联合包裹运送服务公司(UPS)和美国USCO物流公司就是北美较大的两家专业物流公司，公司内部有专门的医疗药品供应链，负责代理许多大型医药批发商向医院、诊所、研究所、公司、政府机构、零售药店等客户提供药品配送的服务。

目前自营配送模式在中国采用的较多，随着中国经济的进一步发展，后两种模式将被逐步采用。

（5）按配送的经营权限进行分类，可将配送划分为物流模式、授权模式和配销模式。物流模式的配送只进行物流作业，商品经营决策或者说商流的任务由相关部门来完成，如实施自营配送的连锁企业，商流工作由连锁总部的商品部负责，配送中心只负责根据总部发来的进货和配送指令进行相关物流作业，如图6.2所示。

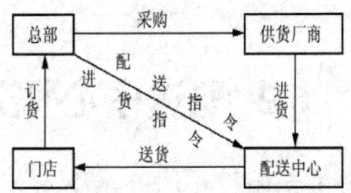

图6.2 物流模式的配送

授权模式的配送指一些企业或连锁总部将商品采购权及定价权授予配送中心，企业或连锁总部则保留商品组合、批发销售以及业务监管的权利。配送中心既负责商品配送，也负责配送商品的采购，如图6.3所示。

配销模式的配送是指既负责商品采购，也可以向用户直接批发销售商品的配送。配销模式的配送中心一般也是相对独立的利润中心，如图6.4所示。

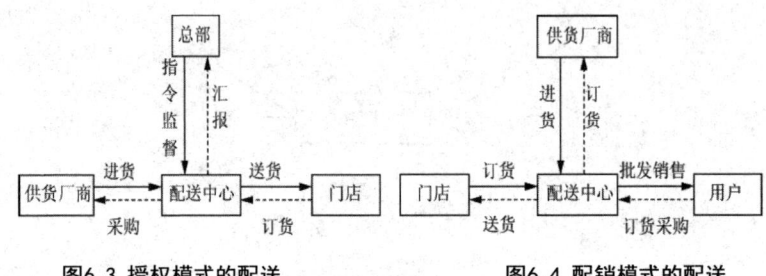

图6.3 授权模式的配送　　　　　图6.4 配销模式的配送

（6）按配送的功能可分为转送模式、分销模式、储存模式和加工模式4种。

转送模式配送的主要功能是中转，不具备商品保管、在库管理等功能，主要进行商品的周转、分拣等作业。采用这种模式的配送中心通常被称为转送中心(Transfer Center, TC)。其一般与供货商关系密切，货源充足，商品在配送中心的储存时间较短，储存量也很少。

分销模式配送拥有商品保管、在库管理等功能，同时又进行商品周转、分拣和配送业务。采用这种模式的配送中心通常被称为分销中心(Distribution Center, DC)，一般设立在口岸或中心城市，以便对腹地和周边进行分拨或分销。

储存模式配送兼有储存和配送双重功能，以商品的储存、保管功能为主，商品在配送中心的储存时间比转送模式要长。采用这种模式的配送中心通常被称为存储中心(Stock Center,SC)。此类配送中心拥有较大规模的仓储设施，具有很强的储存功能，从而把零售店铺的商品储存时间和空间减至最低程度。

加工模式配送将大批采购的半成品(多为生鲜食品)进行加工、解冻、分割、包装，然后分送各分店或用户，这种模式较适合于超市生鲜食品部。采用这种模式的配送中心通常被称为流通加工中心(Process Center, PC)。此类配送中心的主要功能是对产品进行清洗、整理、包装、再生产，以保证其上市即可出售并消费。

6.2 配送中心概述

双汇集团成功引入连锁配送管理系统

双汇商业公司已经在河南、河北、四川、湖北等省开设了200多家连锁店。在销售运行模式上，除了像其他连锁企业一样统一形象、统一标准、统一服务、统一配送、统一管理以外，双汇连锁店还因为其特殊的行业性质而具有一些其他特点，如商业连锁公司有自己的大型物流配送中心，专用的冷藏运输车统一把按照HACCP质量体系生产的产品准确及时地送到各个门店；连锁店生鲜肉销售不过夜——凌晨由总部把当天的生鲜肉送达各门店，未售完的晚上拉回总部另行处理；等等。

随着连锁店的增多，弊端越来越突出地暴露出来。一是，配送中心人员过多，几十家分店已经有70多个人在忙活，如果按照双汇的计划，在"十五"期间发展到2000家分店，得多少人统计数据？二是，因为统计时间长，所以要求各门店前一天很早时候就得把第二天的数字报送到配送中心，从而会导致数据不够准确，于是经常发生有的店已经没货可卖，而有的店却有余货不得不晚上拉回厂家的情况。三是，缺乏准确性和及时性的数据，严重影响集团领导的决策。

在双汇集团高层领导的重视下，凭借雄厚的技术开发实力和先进的项目管理经验，成立了双汇软件公司，在很短的时间内即完成了具有国际先进水平的"SW连锁配送管理系统"的汉化及客户化工作，并迅速付诸实施。

SW商业连锁配送系统为双汇商业公司提供了完备统一的订单管理、库存管理、采购管理、运输管理和财务管理等功能，实现了连锁分销体系中的物流、资金流和信息流在配送、制造和采购这3个领域的结合，达到了快速反应、降低库存、节约成本、整合运输等管理目标。

另外，SW商业连锁配送系统支持多配送中心集中管理，目前四川绵阳和河南漯河的两个配送中心以及各自所辖所有门店均实现了所有业务网上处理，使用效果非常突出。管理部门彻底改变了时效性差、准确性差、控制力度差等问题，大大减少了业务人员的工作量，管理力度、细度和效率大大提高。典型的例子是，以前70个人管几十个门店，忙得焦头烂额；现在20个人管几百个门店，依然井然有序。

资料来源：无忧考网. http://www.51test.net.

配送中心是从事货物配备和组织对用户的送货，以高水平实现销售和供应服务的现代流通设施，是基于物流合理化和发展市场两个需要而发展的，以组织配送式销售和供应，执行实物配送为主要功能的流通型物流结点。配送中心的运作成本占企业整个物流系统运作成本的20%以上，因此它逐渐成为物流系统中重要的组成部分，同时也是现代化物流的标志。

6.2.1 配送中心的概念

按照国家标准《物流术语》(GB/T18354—2006)，配送中心(Distribution Center)是指从事配送业务且具有完善信息网络的场所或组织，应基本符合下列要求：

（1）主要为特定客户或末端客户提供服务。

（2）配送功能健全。

（3）辐射范围小。

（4）多品种、小批量、多批次、短周期。

定义中强调了配送中心具有完善的信息网络场所或组织，以与商场、贸易中心、仓库等流通设施相区别。因此，在配送中心这个流通设施中，必须以现代装备和工艺为基础，不但处理商流而且处理物流，是兼有商流、物流全功能的流通设施。

6.2.2 配送中心的分类

随着社会生产的发展和流通规模的不断扩大，配送中心不仅数量增加，也由于服务功能和组织形式的不同演绎出许多新的类型。按照不同的标准，可对配送中心进行不同的分类，如图6.5所示。

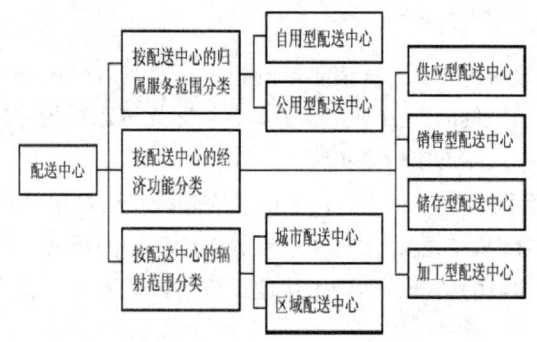

图6.5 配送中心分类

1. 按配送中心的归属及服务范围分类

（1）自用型配送中心。自用型配送中心是指隶属于某一个企业或企业集团，通常只为本企业服务，不对本企业或企业集团外开展配送业务的配送中心。在国内外，这类配送中心常见于商业连锁体系自建的配送机构，例如，美国沃尔玛商品公司的配送中心，即为其公司独资建立，专门为本公司所属的零售门店配送商品。我国的红旗连锁等也是自建配送中心，专为本企业的连锁店配送商品。这类配送中心可以逐步在对外开展配送业务的基础上向公用型配送中心转化。

（2）公用型配送中心。公用型配送中心是以营利为目的，面向社会开展后勤服务的配送组织。其主要特点是服务范围不局限于某一企业或企业集团内部。随着物流业的发展，物流服务逐步从其他行业中独立出来，向社会化方面发展，公用型配送中心作为社会物流的一种组织形式在国内外迅速普及。

2. 按配送中心的经济功能不同分类

（1）供应型配送中心。供应型配送中心是以向客户供应商品和提供后勤保障为主要特点的配送中心。在实践中，有许多配送中心与生产企业或大型商业组织建立起相对稳定的供需关系，为其供应原材料、零配件和其他商品，这类配送中心即属于供应型配送中心。

（2）销售型配送中心。销售型配送中心是以销售商品为目的，借助配送这一服务手段来开展经营活动的配送中心。这种类型的配送中心多为商品生产者和经营者为促进商品的销售，通过为客户代办理货、加工和送货等服务手段来降低物流成本，提高服务质量，由此而采用各种现代物流技术，装备各种物流设施，运用现代配送理念来组织物流活动而形成的配送中心。这类配送中心是典型的配销经营模式，在国内外普遍存在，我国近年由商业和物资部门改组重建的生产资料和生活资料配送中心等就属于这种类型，如钢材配送中心、家具配送中心等。

（3）储存型配送中心。储存型配送中心充分强化商品的储备和储存功能，是在充分发挥储存作用的基础上开展配送活动的配送中心。这类配送中心通常具有较大规模的仓库和储物场地，在紧缺资源条件下，能形成储备丰富的资源优势。在我国，储存配型中心多起源于传统的仓储企业。

（4）加工型配送中心。这种配送中心的主要功能是对商品进行清洗、下料、分解、集装等加工活动，以流通加工为核心开展配送活动。如深圳市菜篮子配送中心，就是以肉类加工为核心开展配送业务的加工型配送中心。另外，如水泥等建筑材料以及煤炭等商品的配送供应中心，通常需要大量的加工活动，所以，在生产资料的配送活动中有许多加工型配送中心。

3. 按配送中心辐射范围分类

（1）城市配送中心。这类配送中心的配送范围以城市为中心，其配送运输距离通常在汽车运输的经济里程内，可以采用汽车作为运输工具，将商品直接配送到最终客户，运距较短、反应能力强，其服务对象多为连锁零售商业的门店或最终消费者，城市配送是一种适于多品种、少批量、对用户的配送方式。

（2）区域配送中心。这类配送中心库存商品准备充分，辐射能力强，因而其配送范围广，可以跨省、市，甚至跨国开展配送业务，经营规模较大，配送批量也较大。其服务对象经常是下一级的城市配送中心、零售商或生产企业用户。例如一些大型连锁集团建设的区域配送中心，主要负责某一区域范围内部分商品的集中采购，再配送给下一级配送中心。前面所提到的红旗连锁也是属于此类。

6.2.3 配送中心的功能

从配送中心在世界各国的发展历程来看，欧、美、日等国家的配送中心基本上多是在仓储、运输、批发等企业基础上建设发展起来的，因此，配送中心不仅具有储存、集散、衔接等传统的物流功能，而且在物流现代化的进程中，配送中心也在不断强化分拣、加工、信息处理等功能。

1. 储存功能

配送中心必须按照用户的要求，将其所需要的商品在规定的时间送到指定的地点，以满足生产和消费的需要，因此，必须储备一定数量的商品。储存在配送运行过程中创造着时间效用，配送中心通过集中商品形成储备，来保证配送服务所需要的货源。

2. 集散功能

配送中心凭借自身拥有的物流设施和设备将分散的商品集中起来，经过分拣、配装，输送给多家客户。集散功能是流通型物流结点的一项基本功能，通过集散商品来调节生产与消费，实现资源的有效配置。

3. 分拣功能

配送中心必须依据客户对于商品品种、规格、数量等方面的不同要求，从储备的商品中通过拣选、分货等作业完成配货工作，为配送运输做好准备，以满足不同客户的需要。这是配送中心与普通仓库和一般送货形态的主要区别。

4. 加工功能

配送中心为促进销售、便利物流或提高原材料的利用率，按用户的要求并根据合理配送的原则而对商品进行下料、打孔、解体、分装、贴标签、组装等初加工活动，因而使配送中心具备一定的加工能力。加工功能不仅提高了配送中心的经营和服务水平，也有利于提高资源利用率。

5. 衔接功能

配送中心是重要的流通结点，衔接着生产与消费，它不仅通过集货和储存平衡供求，而且能有效地协调产销在时间上、地域上的分离。

6. 信息处理功能

配送中心不仅实现物的流通，而且也通过信息情报协调各环节的作业，协调生产与消费。配送信息随着物流活动的开展而产生，特别是多品种、少批量生产和多频度、少批量配送，这样不仅使信息量增加，而且对信息处理的速度和准确性也提出了更高的要求。

6.2.4 配送中心的作业流程

配送中心是为了提供完善的配送服务而设立的经营组织，其核心职能是通过集货、储存、加工、分拣、配送运输等环节完成配送。不同功能的配送中心和不同商品的配送，其作业过程和作业环节会有所区别，但都是在基本流程的基础上对相应作业环节进行调整。配送中心的基本作业流程如图6.6所示。

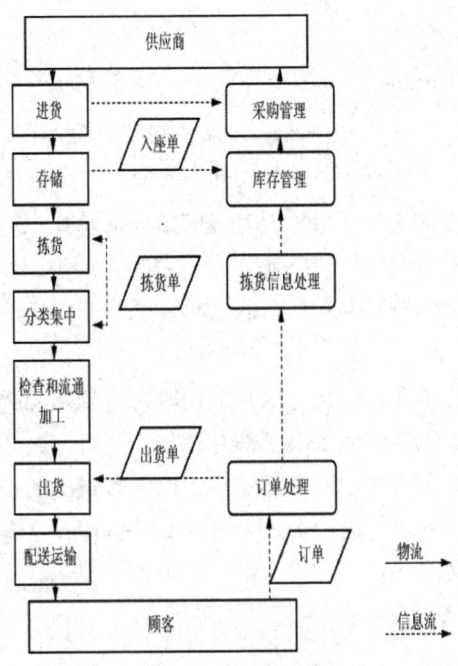

图6.6 配送基本作业流程图

1. 订单处理

配送中心与其他经济实体一样，具有明确的经营目标和服务对象。因此，在配送中心规划建设、开展配送活动之前，必须根据订单信息，对顾客分布、商品特性及品种数量、送货频率等资料进行分析，以此确定所要配送的货物的种类、规格、数量和配送时间等。订单处理是配送中心组织、调度的前提和依据，是其他各项作业的基础。

2. 进货

配送中心进货主要包括订货、接货、验收入库3个环节。

（1）订货。配送中心收到和汇总用户的订单以后，首选要确定商品的种类和数量，然后查询现在存货数量是否满足配送需要。如果存货数量低于某一水平，则必须向供应商发出订单，进行订货。配送中心也可以根据需求情况提前订货，以备发货。对于物流模式的配送中心，订货工作由其客户直接向供应商下达采购订单，配送中心的进货工作从负责接收商品开始。备货是决定配送成败的初期工作，如果备货成本太高，会大大降低配送的效益。

（2）接货。当供应商（生产企业）接到配送中心或用户发出订单后，会根据订单的要求组织供货，配送中心则必须及时组织人力、物力接收货物，有时还必须到站（港）、码头接运货物。

（3）验收。货物到达配送中心，即由配送中心负责对货物进行验收，验收的内容包括质量、数量、包装3个方面。验收的依据主要是合同条款要求和有关质量标准。验收合格的商品办理有关登账、录入信息及货物入库手续,组织货物入库。

3. 储存

在配送活动的运作过程中,配送中心的储存作业是为了给配送提供货源保证,对配销模式的配送中心来说,一次性集中采购,储备一定数量的商品,可以享受价格上的优惠。在储存阶段主要任务是保证商品在储存期间质量完好,数量准确。

配送中的储存有储备及暂存两种形态,配送储备是按一定时期的配送经营要求,形成对配送的资源保证。这种类型的储备数量较大,储存结构也比较完善,视货源及到货情况,可以有计划地确定周转储备及保险储备的结构和数量。配送的储备保证有时在配送中心附近单独设库解决。

另一种储存形态是暂存,是具体执行配送时,按分拣配货要求,在理货场地所做的少量储存准备。由于总体储存效益取决于储存总量,所以,这部分暂存数量只会对工作方便与否造成影响,而不会影响储存的总效益,因而在数量上的控制并不严格。还有另一种形式的暂存,即是分拣。配货之后,形成发送货载的暂存,这个暂存主要是调节配货与送货的节奏,暂存时间不长。

4. 分拣

分拣作业即拣货作业人员根据客户订单要求,将其所需要的商品尽可能迅速、准确地从其储位或其他区域拣取出来,需要简单加工的商品,拣出之后还必须集中加工,然后按一定的方式进行分类集中,等待配装送货。分拣与配送不同于其他物流环节,是配送成败的一项重要支持性工作,也是完善送货、支持送货的准备性工作,是不同配送企业在送货时进行竞争和提高经济效益的必然延伸。有了分拣及配货就会大大提高送货服务水平,所以,分拣及配货是决定整个配送系统水平的关键因素。

5. 流通加工

配送中心所进行的加工作业有以下几种:

(1) 初级加工活动,如按照用户的要求下料、套裁、改制等。

(2) 辅助性加工活动,如给商品加贴条码、拴(贴)标签、简单包装等。

(3) 深加工活动,如把蔬菜、水果等食品进行冲洗、切割、过秤、分级和装袋;把不同品种的煤炭混合在一起,加工成"配煤"等。加工作业不仅是一种增值性经济活动,而且完善了配送中心的服务功能。

6. 配装出货

为了充分利用运输车辆的容积和载重能力,提高运输效率,可以将不同用户的货物组合配装在同一载货车上,因此,在出货之前还需完成组配或配装作业。有效地混载与配装,不但能降低送货成本,而且可以减少交通流量、改变交通拥挤状况。

目前,各配送中心普遍推行混装(或同载)送货方式,其作业过程有两个基本要求:

（1）按送货点到达的先后顺序组织装车，先到的装在混载货体的上面或外面，后到的装在下面。

（2）要做到"轻者在上，重者在下"，"重不压轻"。配装出货是配送中心的末端作业，也是整个配送流程中的一个重要环节。

7. 送货

在配送中首先要从运输方式、运输路线、运输工具3个方面来全面计划，科学选择经济、合理、安全的方式将货物送达客户的手中。通常，配送中心使用自备的车辆进行送货作业，有时也借助于社会上专业运输组织的力量，联合进行送货作业。此外，适应不同用户的需要，配送中心在进行送货作业时，可以采取定时间、定路线为固定用户送货，也可以不受时间、路线的限制，机动灵活地进行送货作业。

在实际运营中，送达货物和用户接货往往会出现不协调，使配送前功尽弃。因此，要圆满实现运到之货的移交，并有效、方便地处理相关手续完成结算，还应讲究卸货地点和卸货方式等。另外，送达服务是送货人员直接与最终客户接触，送交的成功与否关系到企业的形象和声誉。

6.3 配送中心分拣作业与技术

随着商品品种的日益繁多和连锁销售配送中心的增多，多品种、高频次的商品拣选作业得到迅速发展。拣选作业是配送中心业务最大、劳动强度最强、出错率最高的作业。在配送作业的各环节中，它是整个配送作业系统的核心工艺，在配送搬运成本中，分拣作业的搬运成本约占90%，分拣时间约占整个配送中心作业时间的30%～40%。因此，合理规划分拣作业系统，对提高配送中心的作业效率和服务水平具有决定性的影响。

6.3.1 分拣信息与作业过程

1. 分拣信息

在分拣过程中，分拣信息附着在物流单元上，分拣作业是在分拣信息的引导下，通过查找货位、拣取和搬运货物，并按一定的方式将货物分类、集中。分拣信息是分拣工作的命令。分拣的信息是对顾客的订单要求进行加工后产生的，它包括以下几部分：

（1）基本部分。每种货物的品名、规格、数量，订单要求的货物总量及货物发送单元要求。

（2）主要部分。货物储位、拣货集中地、储备货物的补货量，储备货物的储存和补货登记。

（3）附加部分。货物的价格、代码和标签，货物的包装，货物发送单元的可靠性要求，发送货物单元的代码和标签。

分拣信息可采用传票、拣货单、无线电频率识别器(RF)等方式传递。

2. 分拣作业过程

分拣作业过程包括4个环节：行走、拣取、搬运和分类。

拣货时，无论采用何种方法，拣货作业人员或机器必须接触并拣取货物。因此，形成了拣货过程中的人员行走或货物的运动。缩短人员或设备行走及货物的运动距离成为提高分拣作业效率的关键。

无论人员或机械拣取货物，都必须首先确认被拣货物的品名、规格、数量等内容是否与分拣信息传递的指示一致。在拣货信息被确认后，拣取过程由人工或自动化设备完成。在出货频率不是很高，且货物的体积小、批量少、搬运的质量在人力范围所及的情况下，可采用人工拣取方式；对于体积大、质量也大的货物可以利用叉车等搬运机械辅助作业；对于出库频率很高的货物应采用自动分拣系统。

为了提高分拣效率，配送中心或仓库在收到多个客户的订单后，以按批作业方式安排拣取。然后，根据不同的客户或送货路线分类集中。有些需要进行流通加工的货物还可根据加工方法进行分类，加工完毕后再按一定方式分类出货。分类完成后，货物经过查对、包装就可以出货、装运、送货。

从分拣作业的4个基本过程可以看出，分拣作业所消耗的时间主要包括以下4个方面：

（1）形成拣货指令的订单信息处理过程所需时间。

（2）行走或货物运动的时间。

（3）准确找到方位并确认所拣货物及其数量所需时间。

（4）拣取完毕，将货物分类集中的时间。

因此，提高分拣效率，主要应缩短以上4个作业时间。此外，为防止分拣错误的发生，提高物、账的相符率以及顾客的满意度，降低作业成本也是分拣作业管理的目标。

6.3.2 拣货方式

拣货作业可以简单地划分为订单别拣取、批量拣取及复合拣取3种方式。订单别拣取是分别按每份订单来拣货；批量拣取是多张订单累积成一批，汇总数量后形成拣货单，然后根据拣货单的指示一次性拣取商品，再进行分类；复合拣取充分利用以上两种方式的特点，并综合运用于拣货作业中。

1. 订单别拣取

订单别拣取针对每一份订单，作业员巡回于仓库内，按照订单所列商品及数量，将客户所订购的商品逐一由仓库储位或其他作业区中取出，然后集中在一起的拣货方式，又称为摘果式。订单别拣取方式的特点如下：

（1）作业方法单纯，接到订单可拣货、送货，所以作业前置时间短。

（2）作业人员责任明确，易于安排人力。
（3）拣货后不用进行分类作业，适用于配送批量大的订单的处理。
（4）商品品类多时，拣货行走路径加长，拣取效率较低。
（5）拣货区域大时，搬运系统设计困难。

订单别拣取的处理弹性比较大，临时性的生产能力调整较为容易，适合订单大小差异较大、订单数量变化频繁、季节性强的商品配送。商品外形体积变化较大、商品差异较大的情况下宜采用订单别拣取方式，如化妆品、家具、电器、百货、高级服饰等。订单别拣取作业的基本流程如图6.7所示。

2. 批量拣取

批量拣取是将多张订单集合成一批，按照商品品种类别加总后再进行拣货，然后依据不同客户或不同订单分类集中的拣货方式，又称为播种式。批量拣取方式的特点如下：

（1）适合配送批量大的订单作业。
（2）可以缩短拣取货物时的行走时间，增加单位时间的拣货量。
（3）必须等订单累积到一定数量时，才做一次性的处理，因此，会有停滞时间产生。

批量拣取方式通常在系统化、自动化设置之后，作业速度提高，而产能调整能力减小的情况下采用，适合订单变化较小，订单数量稳定的配送中心和外形较规则、固定的商品出货，如箱装、扁袋装的商品。其次需进行流通加工的商品也适合批量拣取，再批量进行加工，然后分类配送，这样有利于提高拣货及加工效率。批量拣取作业流程如图6.8所示。

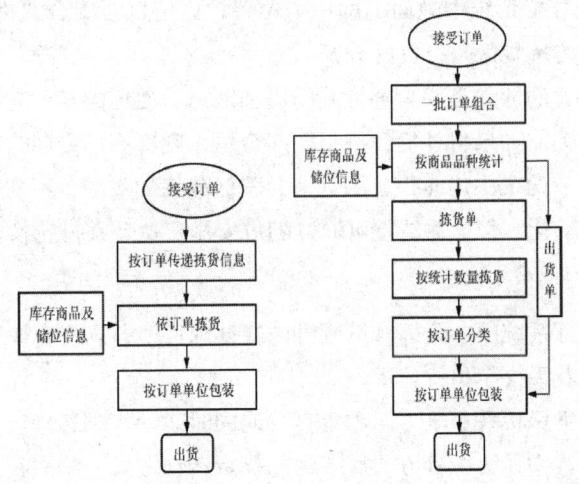

图6.7 订单别拣取作业流程　　图6.8 批量拣取作业流程

3. 复合拣取

如果出货单数量不多，订单别拣取和批量拣取的效率和效果都没有什么差别。但是如果在拣货员与出货验放员数量不变，出货单数量相同，同样是大量出货的情况下比较，它们的优劣见表6-3。

表6-3 拣货方式效率比较表

商品种类	每种数量	订单别拣取		批量拣取	
		时间	误差率	时间	误差率
多	多	100	3.2%	65	1.1%
	少	100	1.5%	85	0.4%
少	多	100	2.3%	96	0.1%
	少	100	0.3%	112	0.1%

注：时间指每一出货单自开始拣货到验放完成的平均处理时间；误差率是指出货验放时发现的错单次数占出货单总数的比例。

从表中可以看出，批量拣选在误差上占了明显优势，而且在大多数情况中，处理时间也比摘取式节省。如果转换成人力成本来计算，应可节省17%~25%的费用或是相当的工时。为了克服订单别拣取和批量拣取方式的缺点，配送中心也可以采取将订单别拣取和批量拣取组合起来的复合拣取方式。复合拣取即根据订单的品种、数量及出库频率，确定哪些订单适应于订单别拣取，哪些适应于批量拣取，从而分别采取不同的拣货方式。

6.3.3 分拣的物流技术

分拣因其构成的物流技术不同，存在很大差别，主要有以下几种：

1. 分拣货架的运动

静态货架可以是分拣系统中地面上的一个位置，也可以是组合式货架或抽屉式货架。这种货架可在空间上将拣货区与补货区分开。

采用空间分割方式的缺点是要为补货专门增加通道。通道的宽度与补货单元的大小及所采用的补货技术有关。如果将补货和拣货空间合一，则没有了专门的补货通道。这种空间合一安排的优点是节约了土建面积，缺点是会降低分拣的效率、不能做到及时补货、不能使补货过程实现自动化，但这些缺点可通过随机安排货位及并排轮换补货的方法解决。

2. 拣货运动

在静态货架的分拣系统中，分拣人员或机械式分拣货架的方式有如下几种：

（1）分拣人员带着手推车步行拣货。

（2）拣货机械如堆垛机在水平方向和垂直方向同时运动，到达指定货位后，由人取货或将货叉伸出取货。其中，第一种方式属一维的拣货运动方式；第二种方式属二维的拣货运动方式。与人员行走拣货相比，使用堆垛机运动拣货可充分利用仓储空间，并可缩小拣货行走通道的宽度与长度。

3. 拣货及拣货技术

拣货可通过如下方式进行：

（1）人力拣货。这种方式不需要技术支持。

（2）机械拣货。人力操纵可回转的拣货设备，通过拣取装置拣货。

（3）自动拣货。由机器人按计算机指令拣货，或通过分类装置拣货。

人力拣货或机械拣货应按人机工程学的要求，对拣货的空间进行设计。机器人拣货时，货物的存放地点不能随意变动，但如果采用了CCD(电子耦合器件)后，机器人可通过传感器了解货物储位和包装的变化，并向机器人发出指令，之后机器人就可自行变更预定的运动路线。分类装置拣货时，则应考虑每种分类装置的适应范围，选择合适的分类装置。

4. 集货技术与系统

集货系统包括集货地点、集货容器和集货输送系统：

（1）托盘、电瓶搬运车集货系统。

（2）带货架的小车集货系统。

（3）集货容器与输送机构成的分布式系统。

（4）无集货容器的活动集货系统。

（5）自动集货系统。

采用容器集货可使无包装的货物处于包装状态，从而减少包装所需要的人工投入，达到降低分拣成本的效果。但集货过程中的货物不一定要用容器盛装，拣取的货物可直接放在输送机上，由输送机送到集货点。采用这种方式，在拣货过程中，拣取货物的数量不受容器容积的限制，从而可使分拣工作不间断进行。

如果分拣装置有足够空间，可设计一个蜂房结构，放置多个托盘或容器。通过这种方式可同时完成一些较小的分拣任务。

6.4 配送中心系统规划与设计

配送中心的规划有时候是在某个区域进行全新的规划设计，而有时候配送中心的规划是对已有系统的优化或重新设计。例如外资企业进驻中国以后，欲在某城市或区域设配送中心，对于外资企业来说，配送中心系统是一个全新的从头开始的工作。进行全新的设计和已有配送网络的优化需要考虑的内容也有所区别。但无论哪种情况，都会涉及配送中心的选址、内部布局规划、设施及设备规划、信息系统规划等。

6.4.1 配送中心选址

配送中心的合理选址是物流系统中具有战略意义的投资决策问题，配送中心选址是否合理，对整个系统的物流合理化和商品流通的社会效益有着决定性的影响。

物流配送中心是联结生产和消费的流通部门，是利用时间及场所创造效益的设施。因而，货物类别和流通方式不同，设置配送中心的目的和必要性也是多种多样的，常见的见

表6-4。

表6-4 设置配送中心的目的和必要性

1	调整大量生产和大量消费的时间差而进行的保管
2	调整生产和消费波动而进行的保管
3	以经济的运输批量发货和进货而进行的储备
4	把分散保管的库存物资汇集在一起,并提高包括保管、装卸在内的效率
5	从各个方面把多种供应商品集中起来,或者为了向消费者计划运输而将商品集中起来
6	提高对顾客的配送服务水平,而在靠近消费的地区保管
7	维持对顾客的配送服务水平,平时保持合理的库存
8	降低运输成本,组织批量运输或者设置货物集结点向终端用户配送
9	商流和物流活动分开,以提高效率
10	提高运输效率,在消费地点进行装配和加工

在分清设置配送中心的目的后,还要考虑如下一些基本原则:

1. 系统工程原则

物流配送中心的工作,包括收验货、搬运、储存、装卸、分拣、配货、送货、信息处理以及供应商、连锁商场等店铺的连接,如何使它们之间十分均衡、协调地运转是极为重要的。其关键是做好物流量的分析和预测,把握住物流最合理的流程。

2. 价值工程原则

在激烈的市场竞争中,配送的准点和缺货率低等方面的要求越来越高,在满足高质量服务的同时,又必须考虑物流成本。特别是建造配送中心耗资巨大,必须对建设项目进行可行性研究,并作多个方案的技术、经济比较,以求最大的企业效益和社会效益,而选址方案的确定正是其中关键的一环。

3. 柔性的原则

由于市场瞬息万变,产品的规格、批量随之变化,在进行物流配送中心的选址时,应考虑到方案的选择应有较强的应变能力,以适应物流量扩大和经营范围的拓展,或者内部布局变化的灵活性。在规划设计第一期工程时,应将第二期工程纳入总体规划,并充分考虑到扩建时业务工作的需要。

6.4.2 配送中心内部布局规划

配送中心的总体设计是在物流系统设计上进行的。由于配送中心具有收货、验货、库存保管、挑选分拣、流通加工、信息处理以及采购、组织货源等多种功能,配送中心的总体设计首先要确定总体的规模,主要包括物流量、单位面积作业量、占地面积的确定和配送中心区域布置。

1. 预测物流量

物流量预测包括历年业务经营的大量原始数据分析,及根据企业发展的规模和目标进行的预测。在确定配送中心的能力时,要考虑商品的库存周转率、最大库存水平。通常以备齐商品的品种作为前提,根据商品数量的 ABC 分析,做到 A 类商品备齐率为 100%,B 类商品为 95%,C 类商品数量为 90%,由此来研究、确定配送中心的平均储存量和最大储存量。

2. 确定单位面积的作业量定额

根据范围和经验,可确定单位面积的作业量定额,从而确定各项物流活动所需的作业场所面积。例如,储存型仓库比流通型仓库的保管效率高,即使使用叉车托盘作业,储存型仓库的走支道面积占仓库面积的 30% 以下,而流通型仓库往往要占 50%。但也要避免一味追求储存率高,而造成理货场堵塞、作业混杂等现象,以至无法达到配送中心要求的周转快、出货迅速的目标。

3. 确定配送中心的占地面积

一般来说,辅助生产建筑的面积为配送中心建筑面积的 5% ~ 8%,另外还要考虑办公、生活用户建筑面积,为配送中心的 5% 左右。于是,配送中心总的建筑面积便可大体确定。之后再根据规划部门对建筑覆盖率和建筑容积率的规定,可基本上估算出配送中心的占地面积。

4. 配送中心区域布置

主要是作业区的构成及其面积大小的确定。一般配送中心的作业区包括接货区、储存区、理货区、配装区、发货区和加工区,各个区域的布局可按图 6.9 所示的步骤进行。

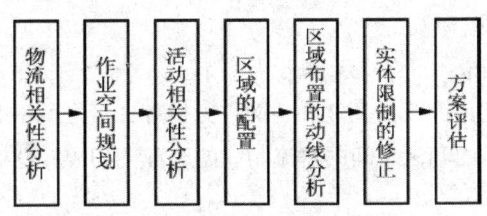

图 6.9 配送中心区域配置步骤

1) 物流相关性分析

即对配送中心各区域间的物流量进行分析,用物流强度和物流相关表来表示各功能区域之间的物流关系强弱,确定各区域的物流相关程度。物流量分析即汇总各项物流作业活动从某区域至另一区域的物料流量,填写从—至表,作为分析各区域间物料流量大小的依据,若不同物流作业在各区域之间的物料搬运单位不同,则必须先转换为相同单位后,再合并计算其物流流量的总和。

2) 作业空间规划

即针对作业流量、作业活动特性、设备形式、建筑物特性、成本与效率等因素加以考量,以决定适合的作业空间大小及长、宽、高比例。

3) 活动相关性分析

配送中心内除了与物流有关的功能区域（或区域）外，还有许多与物流无关的管理或辅助性的功能区域。这些区域尽管本身没有物流活动，但却与其他区域有密切的业务关系，故还需要对所有区域进行业务活动相关性分析，确定各区域之间的密切程度。

各作业区域间的活动相关关系可以从程序性的关系、组织与管理上的关系、功能上的关系、环境上的关系等相关要素，对任何两个区域的相关性进行评价，一般将区域间的相关程度分为6个等级，如A、E、I、O、U、X这6级，包括绝对重要、重要到不可接近等。确定各要素接近程度的等级后，再以加权平均的方法计算两两区域间的重要相关程度。

一般相关程度高的区域在布置时应尽量紧临或接近，如出货区与秤重区，而相关程度低的区域则不宜接近，如库存区与司机休息室。在规划过程中应由规划设计者根据使用单位或企业经营者的意见，进行综合的分析和判断。

4) 区域的配置

配送中心的区域布置方法有两种，即流程性布置法和活动相关性布置法。流程性布置法是根据物流移动路线和物流相关表作为布置的主要依据，适用于物流作业区域的布置；活动相关性布置法是根据各区域的综合相关表进行区域布置。一般用于整个厂区或辅助性区域的布置。

配送中心的区域布置可以用绘图方法直接绘成平面布置图；也可以将各功能区域按面积制成相应的卡片，在配送中心总面积图上进行摆放，以找出合理方案；还可以采用计算机辅助平面区域布置技术进行平面布置。平面布置可以做出几种方案，最后通过综合比较和评价选择一个最佳方案。

5) 区域布置的动线分析

动线分析就是根据选用的设备性能和功能，分析各区域之间的物流动线形式，绘制物流动线图，逐一分析区域内和区域间的物流动线的合理性和顺畅性。

6) 实体限制修正

经由上述的规划分析，得到了厂房区域布置的草图，最后还应根据一些实际限制条件进行必要的修正与调整。这些因素包括厂房与土地面积比例、厂房建筑的特性、法规限制、交通出入限制等因素。

7) 方案评估

在系统规划设计阶段，通常需针对不同的物流设备选择，分别制定区域配置方案，最后通过对各个方案进行比较评估，从中选择一个最优方案。

8.4.3 配送中心设施及设备规划

配送中心内部设备主要包括物料搬运设备、储存设备、分拣设备、包装设备和加工设备等，这些设备是配送中心进行各种作业操作不可缺少的工具。

1. 物料搬运设备选型

物料搬运系统是否合理，直接影响配送中心的生产效率。搬运设备的选型和空间布局设计包括设备的选择、设备的指派和搬运设备的搬运路径的确定。各种搬运设备组成一个搬运系统，一个良好的搬运系统是配送中心高效运作的基础。

2. 存储设备选型

配送中心的储存设备主要包括储存货架、托盘和容器等，托盘和容器一般都已有标准或系列，可以根据货物的特性和数量大小进行选择；而储存货架的种类很多，在配送中心内的应用可以灵活多变，通过配备不同类型的货架，可以适应各种货物的储存和出货需求，它是配送中心内的关键设备。货架的种类有许多种，以满足各种不同的物品、储存单位、承载容器及存取方式的需求。

在设备选型之前要进行存储需求分析，考虑存储物品的特性、存取特征、出入库量、搬运设备和库房结构等因素，在选择存储设备时要考虑充分利用容量、便于存取货物、有利于提高搬运效率和货物在仓库的快速流动等原则。设备选型后还应对所选方案做出定性、定量评价，选取优化方案。

6.4.4 配送中心信息系统规划

飞利浦物流配送管理系统的成功

飞利浦电子有限公司是全球最大的电子产品生产商之一，其香港公司需为位于香港地区的 19 间专门店、超市等配送。公司已经运行 SAP 的 ERP 企业资源管理。

客户在物流方面遇到的困难数量大，依靠纸张单据，出错率高，工作量大，手工做配送计划需要时间长，并需专人负责拣货时漏单和点算，错误多，配送结果没有实时跟踪，无法及时处理物流中的问题，计费需大量手工计算，错误率高。

自 1995 年起，易宝就开始提供物流解决方案，把 SAP 的电子数据从企业内部延伸到物流流程，大幅降低抄单和手工作业的人为错误率，配送计划自动化，缩短配送时间，采用条形码 (Bar Code)，提高生产效率，降低出错率。

采用 PDA 和无线 GPRS，配送单自动下载及实时跟踪系统做自动计费和核算。把所有的商品信息贯穿整个业务流程，包括从 ERP 到配送，从公司内到公司外利用 Internet 把货主、物流部门、第三方运输公司和客户连接，物流信息完全透明，使用条形码把人为出错率减到最低，工作效率明显增加。利用 PDA 和 GPRS 进行实时监控，通过 PDA 在现场进行数据采集，包括配送状况和费用统计，对货主和运输公司进行商品的数据统计和分析，并提供报表。

产品实施后，每年节省超过 1000 工作小时，配送准确率达 99.95%，提供数字统计和分析，提高公司总体形象和客户满意度，报表更新从几天一次缩短到几分钟一次。

资料来源：http : //irc.bhut.edu.cn/bbs/dispbbs.nsp?forumID=10&ootid=5505.

在物流配送中心的全部运营中，信息流始终伴随着各项物流活动。当作业区域及基本作业程序确定时,通过对物流中心全体事务流程的分析,便可进行信息系统框架结构及其主功能系统的规划。当相关物流设备和周边设施的规划实际完成之后,便可配合设备管理和控制要求,进行全体信息系统的详细设计。

在完成了配送中心的作业程序分析及其设备规划之后,可根据各项作业的功能特性及物流中心主管部门对管理的要求的程度,规划物流配送中心信息系统的功能,并建立功能结构。一般要求物流配送中心主要信息系统的功能如下:

1. 销售贩卖功能

以商业活动的相关业务为主,如订单处理、采购定价和市场分析等。

2. 仓储保管功能

以仓储作业相关的业务为主,如进、销、存资料管理、储位管理和库存管理等。

3. 输配送功能

以配送运送的调度和指标工作为主,如拣货计划、配派车辆和路线规划等。

4. 信息提供功能

进一步提供分析完整的管理信息,如业绩管理、决策分析和资源计划等。

就现代化物流中心而言,信息系统的功能不再是只处理作业信息,而是进一步向业绩管理和决策支持分析的高层次发展。为此,在规划物流中心信息管理系统功能框架时,应基本包括如下6个单元:采货进货管理系统、销售发货系统、库存储位管理系统、财务会计系统、运营业绩管理系统、决策支持系统。

6.5 配送中心管理

配送中心经过设计建成后的日常运营中,除了一般企业运作管理中的人力资源管理、组织流程设计等管理职能外,通常会涉及计划的制订与实施、配送方式的选择、配送路线的优化等决策。配送方式主要指拣货方式,前文已述,此处对配送计划的制订与实施和配送路线的优化相关问题进行阐述。

6.5.1 配送计划的制订与实施

1. 配送计划的种类

配送计划一般包括配送主计划、每日配送计划和特殊配送计划。

配送主计划是指针对未来一定时期内,对已知客户需求进行前期的配送规划,以便于对车辆、人员、支出等做统筹安排,满足客户的需要。例如,为迎接家电行业3—7月份空调销售旺季的到来,某公司于年初制订空调配送主计划,根据各个零售店往年销售情况运用预测方法初步确定配送需求量,提前安排车辆、人员等,制订配送主计划,全面保证销售任务的完成。每日配送计划是针对上述配送主计划,逐日进行实际配送作业的调度计划。例如,订单增减、取消、配送任务细分、时间安排、车辆调度等。

特别配送计划是指针对突发事件或者不在主计划规划范围内的配送业务,或者不影响正常性每日配送业务所做的计划。它是配送主计划和每日配送计划的必要补充。例如,大地震期间由于有人传言水质出了问题,许多居民纷纷涌向附近的超市抢购纯净水、矿泉水,致使超市中水的配送需求剧增,超市应对这种情况就需要做出特别的配送计划。

2. 配送计划的内容

1) 分配地点、数量与配送业务

在配送作业中,地点、数量与配送服务水平有密切关系。地点是指配送的起点和终点。由于每一个地点配送量的不同,周边环境、自有资源的不同,应有针对性地综合考虑车辆数量、地点的特征、距离、线路,将配送任务合理分配,并且逐步摸索规律,使配送业务达到配送路线最短、所用车辆最少、总成本最低、服务水平最高。

2) 确定车辆数量

车辆数量很大程度上影响着配送时效。拥有较多的配送车辆可以同时进行不同的配送,从而提高配送时效性;配送车辆数量不足,往往需要车辆不断往返,造成配送延迟。但是,数量庞大的车队会增加购置费用、养护费用、人工、管理费用等项支出,这与提高客户服务水平之间存在很大的矛盾。如何能在客户制定的时间内送达,与合理经济的车辆数量配置有十分密切的关系。如何在有限的资源能力内最大限度地满足客户需求是在配送计划中应该注意的问题。

3) 确定车队构成以及车辆组合

配送车队一般应根据配送量、货物特征、配送路线选择、配送成本分析进行自有车辆组合,同时,必要时也可考虑通过适当选用外车组建配送车队,适当调节自有车辆与外车的比例,可以适应客户需求变化,有效地调度自有车辆,降低成本。

4) 控制车辆最长行驶里程

在制订配送计划的人员配置计划时,应尽量避免由于司机疲劳驾驶而造成的交通隐患,全面保护人员及货物安全。通常可以通过核定行驶里程和行驶时间评估工作量,从而有效避免超负荷作业。

5) 车辆容积、载重限制

选定配送车辆需要根据车辆本身的容积、载重限制结合货物自身的体积、重量考虑最大装载量,以使车辆的有限空间不被浪费,降低配送成本。

6) 路网结构的选择

通常情况下,配送中心辐射范围为 60km,也就是说以配送中心所在地为原点,半径为 60km 以内的配送地点,均属于配送中心服务范围。这些配送地点可以形成很多区域网络,所有的配送方案都应该满足这些区域网络内各个地点的要求。配送路网中设计直线式往返配送路线较为简单,通常只需要考虑路上的流量。

7) 时间范围的确定

客户通常根据自身需要指定配送时间，这些特定的时间段往往在特定路段与上下班高峰期重合，因此在制订配送计划时应对交通流量等影响因素予以充分考虑，或者与客户协商，尽量选择夜间配送、凌晨配送、假日配送等方式。

8) 与客户作业层面的衔接

配送计划应该对客户作业层面有所考虑，如货物装卸搬运作业是否托盘标准化、一贯化、容器化，有无装卸搬运辅助设备，客户方面是否有作业配合，是否提供随到随装条件，是否需要搬运装卸等候，停车地点距离货物存放地点远近，等等。

9) 达到最佳化目标

物流配送的最佳化目标是指按"四最"的标准，在客户指定的时间内，准确无误地按客户需求将货物送达指定地点。"四最"是指配送路线最短、所用车辆最少、作业总成本最低、服务水平最高。

3. 配送计划的实施

配送计划的实施主要包括以下内容：

1) 下达配送计划

配送计划确定后，将到货的品种、规格、数量分别通知用户和配送点，以便用户做好接货准备，配送点做好配送准备。

2) 按计划给配送点进行配货

各配送点按配送计划审定库存物品的持有程度，若有缺货情况应立即组织进货，同时配送点各职能部门按配送计划进行配货、分货、包装、配装等工作。

3) 装车发运

各理货部门按计划将各用户所需的各种货物进行配货后，将各用户货物组合装车，发货车辆按指定线路送达用户，并通知财务结算。

6.5.2 配送路线的优化

1. 配送路线的确定原则

配送路线是指各送货车辆向各个用户送货时所要经过的线路。配送路线合理与否对配送速度、车辆的合理利用和配送费用都有直接影响，因此配送线路的优化问题是配送工作的主要问题之一。采用科学合理的方法来确定配送路线是配送活动中非常重要的一项工作。

1) 确定目标

目标的选择是根据配送的具体要求、配送中心的实力及客观条件来确定的。配送线路规划的目标可以有多种选择。

（1）以效益最高为目标，指计算时以利润最大化为目标。

（2）以成本最低为目标，实际上也是选择了以效益为目标。

（3）以路程最短为目标，如果成本与路程相关性较强，可以选它作为目标。

（4）以吨公里数最小为目标，在"节约里程法"的计算中，采用这一目标。

（5）以准确性最高为目标，它是配送中心中重要的服务指标。

当然还可以选择运力利用最合理、劳动消耗最低作为目标。

2) 确定配送路线的约束条件

一般配送的约束条件有以下几项：

（1）满足所有收货人对货物品种、规格、数量的要求。

（2）满足收货人对货物送达时间范围的要求。

（3）在允许通行的时间段内进行配送。

（4）各配送路线的货物量不得超过车辆容积和载重量的限制。

（5）在配送中心现有运力允许的范围内。

2. 配送路线的优化方法

随着配送的复杂化，配送线路的优化一般要结合数学方法，以及计算机求解的方法来制定合理的配送方案。在目前应用较广的优化配送方案中，一个较成熟的方法是节约法，也称为节约里程法。

所谓节约里程法是根据配送中心的运输能力、配送中心到各个用户的距离，以及各个用户之间的距离来制定出使总的车辆运输时间公里数最小的配送方案。

其具体操作步骤为，物流公司在收到配送信息后，根据配送地点，通过系统或者人工安排的路线，对配送单进行分类，划分出该单进入时间排序的阶段，根据运输到货期限，安排车辆批次，按时发运。时间排序的制定建立在两个原则之上：首先是提供良好的服务，不能误点；其次是优化配送时间，尽可能把属于一个时间期限的货物集中在一起配送，以此减少运输车次，节省物流费用。

项目七 流通加工

应了解流通加工的作用、形式；掌握各种流通加工的内容与方法、合理化途径及流通加工的两类技术经济指标。

流通加工（Distribution processing）指在物品从生产领域向消费领域流动过程中，为了满足消费者多样化需求和促进销售、维护产品质量、提高物流效率，对物品进行的加工作业的总称。

7.1 流通加工概述

7.1.1 流通加工产生的原因

流通加工的出现，反映了物流理论的发展，反映了人们对物流、生产分工与观念的变革，它是大生产发展的必然和必须。流通加工产生的背景及观念变化反映在以下几方面：

1. 与现代生产方式有关

现代生产发展趋势之一是生产规模大型化、专业化。依靠单品种、大批量的生产方法，降低生产成本，获取较高的经济效益。这样就出现了生产相对集中的趋势，这种规模大型化、专业化程度越高，生产相对集中的程度也越高。生产的集中化进一步引起产、需之间的分离，即生产与消费不在同一个地点，有一定空间距离；生产及消费在时间上不能同步，存在着一定的"时间差异"；生产者及消费者并不处于一个封闭圈内，某些人生产的产品供给成千上万人消费，而某些人消费的产品又来自许多生产者。弥补上述分离的手段则是运输、储藏及交易。近年来，人们进一步认识到，现代生产引起的产需分离并不局限于上述三个方面，还有一种重大的分离就是生产及需求在产品功能上的分离。大生产的特点之一便是"少品种、大批量、专业化"，产品的功能（规格、品种、性能）往往不能和消费需要密切衔接。弥补这一分离的方法，就是流通加工。所以，流通加工的诞生，是现代生产发展的一种必然结果。

2. 与消费的个性化有关

消费的个性化和产品的标准化之间存在着矛盾，从而使本来就存在的产需分离变得更严重。本来，弥补这种分离可以采取增加一道生产工序或消费单位加工改制的方法，但在个性化问题十分突出之后,采取上述弥补措施将会使生产及尘产管理复杂性及难度增加,按个性化生产的产品也难以组织高效率、大批量流通。所以,在出现了消费个性化的新形势及新观念之后,也为流通加工开辟了道路。

3. 与人们对流通作用的观念转变有关

在生产不太复杂,生产规模不大时,所有的加工、制造几乎全部集中于生产及再生产过程中,而流通过程只是实现商品价值及使用价值的转移而已。

在社会生产向大规模、专业化生产转变之后,社会生产越来越复杂,生产的标准化和消费的个性化出现,生产过程中的加工制造则常常满足不了消费的要求,由于流通的复杂化,生产过程中的加工制造也常常不能满足流通的要求。于是,部分加工活动开始由生产及再生产过程向流通过程转移,从而在流通过程中形成了某些加工活动,这就是流通加工。

流通加工的出现使流通过程明显地具有了某种"生产性",改革了长期以来形成的"价值及使用价值转移"的旧观念,这就从理论上明确了:流通过程是可以主动创造价值的,而不单是被动地"保持"和"转移"价值的过程。因此,人们必须研究流通过程中孕育着多少创造价值的潜在能力,这就有可能通过努力在流通过程中进一步提高商品的价值和使用价值,同时,以很少的代价实现这一目标。这样,就引起了流通过程从观念到方法的巨大变化,流通加工则因适应这种变化而诞生。

4. 效益观念的树立也是促使流通加工形式得以发展的重要原因

21世纪60年代后,效益问题逐渐引起人们的重视。过去人们盲目追求高技术,引起了燃料、材料投入的大幅度上升,结果新技术、新设备是采用了,但往往是得不偿失。70年代初,第一次石油危机的发生证实了效益的重要性,使人们牢牢树立了效益观念,流通加工可以以少量的投入获得很大的效果,是高效益的加工方式,自然得以促进发展。

所以,流通加工从技术来讲,可能不如生产技术复杂,但这种方式是现代观念的反映,在现代的社会再生产过程中起着重要作用。

7.1.2 流通加工的作用

7.1.2.1 流通加工与生产型加工的差别

流通加工和一般的生产型加工在加工方法、加工组织、生产管理方面并无显著区别,但在加工对象、加工程度方面差别较大,其差别主要为:

(1)流通加工的对象是进入流通过程的商品,具有商品的属性,以此来区别多环节生产加工中的一环。生产加工对象不是最终产品,而是零配件、半成品,从而使物品发生物理、化学或形状的变化。

(2)流通加工过程大多是简单加工,而不是复杂加工,一般来讲,如果必须进行复杂加工才能形成人们所需的产品,那么,就需要设生产加工来完成,生产过程理应完成大部分加工活动,流通加工对生产加工是一种辅助及补充。流通加工绝不是对生产加工的取消或代替。

（3）从价值观点看，生产加工的目的在于创造价值及使用价值，而流通加工则在于完善其使用价值，并在不作大改变的情况下提高价值。

（4）流通加工的组织者是从事流通工作的人员，能密切结合流通的需要进行加工活动，从加工单位来看，流通加工由商业或物资流通企业完成，而生产加工则由生产企业完成。

7.1.2.2 流通加工的作用

流通加工的作用有以下几方面：

1. 提高原材料利用率

利用流通加工环节进行集中下料，可将生产厂直接运来的简单规格产品，按使用部门的要求下料。集中下料可以优材优用、小材大用、合理套裁，取得很好的技术经济效果。北京、济南、丹东等城市对平板玻璃进行流通加工(集中裁制、开片供应)，玻璃利用率从60%左右提高到85.95%。

2. 方便用户，进行初级加工

用量小或临时需要的使用单位，缺乏进行高效率初级加工的能力，依靠流通加工可使使用单位省去进行初级加工的设备及人力，从而方便了用户。目前发展较快的初级加工有：将水泥加工成生混凝土，将原木或板方材加工成门窗，冷拉钢筋及冲制异型零件，钢板打孔等。

3. 提高加工效率及设备利用率

建立集中加工点，可以采用效率高、技术先进、加工量大的专门机具和设备。这样做可提高加工质量，提高设备利用率，提高加工效率。从而降低加工费用及原材料成本。例如，一般的使用部门在对钢板下料时，采用气割的方法，留出较大的加工余量，这样出材率低，加工质量也不好。集中加工后，利用高效率的剪切设备，在一定程度上防止了上述缺点。

4. 充分发挥各种输送手段的最高效率

流通加工环节将实物的流通分成两个阶段。一般说来，从生产厂到流通加工点这段输送距离长，而从流通加工点到消费环节这段距离短。第一阶段是在数量有限的生产厂与流通加工点之间进行定点、直达、大批量的远距离输送，因此，可以采用船舶、火车等大量输送的手段；第二阶段则是利用汽车和其他小型车辆来输送经过流通加工后的多规格、小批量、多用户的产品。这样可以充分发挥各种输送手段的最高效率，加快输送速度，节省运力运费。

5. 改变功能，提高收益

在流通过程中可以进行一些改变产品某些功能的简单加工。其目的除上述几点外，还在于提高产品销售的经济效益。例如，内地的许多制成品（如洋娃娃玩具、时装、轻工纺织产品、工艺美术品等）在深圳进行简单的装潢加工，改变了产品外观功能，仅此一项，就可使产品售价提高 20% 以上。所以，在物流领域中，流通加工可以成为高附加值的活动。这种高附加值的形成，主要着眼于满足用户的需要、提高服务功能而取得的，是贯彻物流战略思想的表现，是一种低投入、高产出的加工形式。

7.2 流通加工形式与内容

7.2.1 流通加工的形式

按加工目的的不同，有以下基本的流通加工形式：

1. 为弥补生产领域加工不足的深加工

有许多产品在生产领域的加工只能到一定程度，这是由于存在许多限制因素限制了生产领域不能完全实现终极的加工。例如钢铁厂的大规模生产只能按标准规定的规格生产，以使产品有较强的通用性，使生产能有较高的效率和效益。

2. 为满足需求多样化进行的服务性加工

需求存在着多样化和多变化两个特点，为满足这种要求，经常要用户自己设置加工环节。

3. 为保护产品所进行的加工

在物流过程中，直到用户投入使用前都存在对产品的保护问题，以防止产品在运输、储存、装卸、搬运、包装等过程中遭到损失，保障使用价值能顺利实现。

4. 为提高物流效率，方便物流的加工

有一些产品本身的形态使之难以进行物流操作，进行流通加工，可以使物流各环节易于操作。

5. 为促进销售的流通加工

流通加工可以从若干方面起到促进销售的作用。如将零配件组装成用具、车辆，以便于直接销售；将蔬菜、肉类洗净切块以满足消费者要求等。这种流通加工可能是不改变"物"的本体，只进行简单改装的加工，也有许多是组装、分块等深加工。

6. 为提高加工效率的流通加工

许多生产企业的初级加工由于数量有限加工效率不高，也难以投入先进科学技术。流通加工以集中加工的形式，克服了单个企业加工效率不高的弊病。以一家流通加工企业代替了若干生产企业的初级加工工序，从而促使生产水平有一个发展。

7. 为提高原材料利用率的流通加工

流通加工利用其综合性强、用户多的特点，可以实行合理规划、合理套裁、集中下料的办法，这就能有效提高原材料利用率，减少损失浪费。

8. 衔接不同运输方式，使物流合理化的流通加工

在干线运输及支线运输的结点，设置流通加工环节，可以有效解决大批量、低成本、长距离干线运输与多品种、少批量、多批次末端运输之间的衔接问题，在流通加工点与大生产企业间形成大批量、定点运输的渠道，又以流通加工中心为核心，组织对多用户的配送。也可在流通加工点将运输包装转换为销售包装，从而有效衔接不同目的的运输方式。

9. 以提高经济效益，追求企业利润为目的的流通加工

流通加工的一系列优点，可以形成一种"利润中心"的经营形态，这种类型的流通加工是经营的一环，在满足生产和消费的基础上取得利润，同时在市场和利润引导下使流通加工在各个领域中能有效地发展。

10. 生产——流通一体化的流通加工形式

依靠生产企业与流通企业的联合，或者生产企业涉足流通，或者流通企业涉足生产，形成的对生产与流通加工进行合理分工、合理规划、合理组织，统筹进行生产与流通加工的安排，这就是生产——流通一体化的流通加工形式。这种形式可以促成产品结构及产业结构的调整，充分发挥企业集团的经济技术优势，是目前流通加工领域的新形式。

7.2.2 各种流通加工内容与方法

7.2.2.1 输送水泥的熟料在使用地磨制水泥的流通加工

在需要长途调入水泥的地区，变调入成品水泥为调进熟料这种半成品，在该地区的流通加工据点(粉碎工厂)粉碎，并根据当地资源和需要掺入混合材料及外加剂，制成不同品种及标号的水泥，供应当地用户，这是水泥流通加工的重要形式之一。在国外，采用这种物流形式已有一定的比重。

在需要经过长距离输送供应的情况下，以熟料形态代替传统的粉状水泥，有很多优点：

（1）可以大大降低运费、节省运力。调运普通水泥和矿渣水泥约有30%以上的运力消耗在运输矿渣及其他各种加入物上。在我国水泥需用量较大的地区，工业基础大都较好，当地又有大量工业废渣，如果在使用地区对熟料进行粉碎，可以根据当地的资源条件选择混合材料的种类，这样就节约了消耗在混合材料上的运力和运费。

（2）可按照当地的实际需要，大量掺加混合材料，生产廉价的低标号水泥，发展低标号水泥的品种，在现有生产能力的基础上，更大限度地满足需要。我国大、中型水泥厂生产的水泥，平均标号逐年提高，但是目前我国使用水泥的部门，大量需要较低标号的水泥，而大部分施工部门没有在现场加入混合材料来降低水泥标号的技术力量和设备，因此，不得已使用标号较高的水泥，造成很大浪费。如果以熟料为长距离输送的形态，在使用地区

加工粉碎，就可以按实际需要生产各种标号的水泥，从而减少水泥长距离输送的数量。

（3）容易以较低的成本实现大批量、高效率的输送。

从国家的整体利益来看，利用率比较低的输送方式显然不是发展方向。如果采用输送熟料的形式，可以充分利用站、场、仓库现有的装卸设备，又可以利用普通车皮装运，比之以散装水泥方式，更具有好的技术经济效果，更适合于我国的国情。

（4）可以大大降低水泥的输送损失。水泥的水硬性在充分磨细之后才表现出来，而未磨细的熟料，抗潮湿的稳定性很强。输送熟料，可以基本防止由于受潮而造成的损失。此外，颗粒状熟料不像粉状水泥那样易于散失。

（5）能更好地衔接产需，方便用户。采用长途输送熟料的方式，水泥厂就可以和有限的熟料粉碎工厂之间形成固定的直达渠道，能实现经济效果较好的物流。用户也可以不出本地区，直接向当地的熟料粉碎工厂订货，因而更容易沟通产需关系，具有明显的优越性。这对于加强计划性、简化手续、保证供应等方面都有利。

7.2.2.2 集中搅拌供应商品混凝土

水泥的运输与使用，以往习惯上以粉状水泥供给用户，由用户在建筑工地现制现拌混凝土使用。而现在将粉状水泥输送到使用地区的流通加工据点（集中搅拌混凝土工厂或称生混凝土工厂，在那里搅拌成生混凝土，然后供给各个工地或小型构件厂使用。这是水泥流通加工的另一种重要方式。它具有很好的技术经济效果，因此，受到许多工业发达国家的重视。这种流通加工的形式有以下优点：

（1）把水泥的使用从小规模的分散形态，改变为大规模的集中加工形态，可充分应用现代化的科学技术，组织现代化的大生产；可以发挥现代设备和现代管理方法的优势，大幅度地提高生产效率和混凝土质量。集中搅拌可以采取准确的计量手段和最佳的工艺；可以综合考虑添加剂、混合材料的影响，根据不同需要，大量使用混合材料，拌制不同性能的混凝土；又能有效控制骨料质量和混凝土的离散程度，可以在提高混凝土质量、节约水泥、提高生产率等方面获益，具有大生产的一切优点。

（2）在相等的生产能力下，集中搅拌的设备在吨位、设备投资、管理费用、人力及电力消耗等方面较分散搅拌，都能大幅度降低。由于生产量大，可以采取措施回收使用废水，防止各分散搅拌点排放洗机废水的污染，这样有利于环境保护。由于设备固定不动，还可以避免因经常拆建所造成的设备损坏，以延长设备的寿命。

（3）采用集中搅拌的流通加工方式，可以使水泥的物流更加合理。在集中搅拌站（厂）与水泥厂（或水泥库）之间，可以形成固定的供应渠道，这些渠道的数目大大少于分散使用水泥的渠道数目，在这些有限的供应渠道之间，就容易采用高效率、大批量的输送形态，有利于提高水泥的散装率。在集中搅拌场所内，还可以附设熟料粉碎设备，直接使用熟料，实现熟料粉碎及拌制生混凝土两种流通加工形式的结合。

另外，采用集中搅拌混凝土的方式，也有利于新技术的推广应用，从而大大简化了工地材料的管理，节约施工用地等。

7.2.2.3 钢板剪板及下料加工

热连轧钢板和钢带、热轧厚钢板等板材最大交货长度常可达 7-12 米，有的是成卷交货，对于使用钢板的用户来说，大、中型企业由于消耗量大，可设专门的剪板及下料加工设备，按生产需要剪板、下料。但对于使用量不大的企业和多数中、小型企业来讲，单独设置剪板、下料的设备，设备闲置时间长、人员浪费大、不容易采用先进方法。钢板的剪板及下料加工可以有效地解决上述弊病。剪板加工是在固定地点设置剪板机，下料加工是设置各种切割设备，将大规格钢板裁小，或切裁成毛坯，便利用户。

钢板剪板及下料的流通加工有如下几项优点：

（1）由于可以选择加工方式，加工后钢材的晶相组织较少发生变化，可保证原来的交货状态，有利于进行高质量加工。

（2）加工精度高，可减少废料、边角料，也可减少再进行精加工的切削量，这样既可提高再加工效率，又有利于减少消耗。

（3）由于集中加工可保证批量及生产的连续性，可以专门研究此项技术并采用先进设备，从而大幅度提高效率和降低成本。

（4）使用户能简化生产环节，提高生产水平。

圆钢、型钢、线材的集中下料和线材冷拉加工与钢板的流通加工类似。

7.2.2.4 木材的流通加工

（1）磨制木屑压缩输送：这是一种为了提高流通（运输）效益的加工方法。木材容量小，往往使车船满装不能满载，同时，装车、捆扎也比较困难。从林区外送的原木中，有相当一部分是造纸材料，美国采取在林木生产地就地将原木磨成木屑，然后采取压缩方法，使之成为容重较大、容易装运的形状，然后运至靠近消费地的造纸厂，从而取得了较好的效果。采取这种办法比直接运送原木节约一半的运费。

（2）集中开木下料：在流通加工点将原木锯裁成各种规格的锯材，同时将碎木、碎屑集中加工成各种规格板，甚至还可进行打眼、凿孔等初级加工。用户直接使用原木，不但加工复杂、加工场地大、设备多，更严重的是资源浪费大，木材平均利用率不到50%，平均出材率不到40%。实行集中下料，按用户要求供应规格下料，可以使原木利用率提高到95%，出材率提高到72%左右，有相当大的经济效果。

7.2.2.5 煤炭及其他燃料的流通加工

（1）除矸加工：除矸加工是以提高煤炭纯度为目的的加工形式。矸石有一定发热量，煤炭混入一些矸石是允许的，也是较经济的。但在运力十分紧张的地区，要求充分利用运力，多运"纯物质"，少运矸石，在这种情况下，可以采用除矸的流通加工排除矸石。

（2）为管道输送煤浆进行的加工：煤炭的运输方法主要采用容器载运方法，运输中损失浪费较大，又容易发生火灾。采用管道运输，是近代兴起的一种先进技术，目前，某些发达国家已开始投入运行。有些企业内部也采用这一方法进行燃料输送。在流通的起始环节将煤炭磨成细粉，再用水调和成浆状，使之具备了流动性，从而可以像一样进行管道输送。这种方式输送连续、稳定而且快速，是一种经济的运输方法。

（3）配煤加工：在使用地区设置集中加工点，将各种煤及其一些其他发热物质，按不同配方进行掺配加工，生产出各种不同发热量的燃料，称作配煤加工。这种加工方式可以按需要发热量生产和供应燃料，防止热能浪费或者发热量过小的情况出现。工业用煤经过配煤加工，还可以起到便于计量控制、稳定生产过程的作用，在经济及技术上都有价值。

（4）天然气、石油气的液化加工：由于气体输送、保存都比较困难，天然气及石油气往往只好就地使用，如果有过剩往往就地燃烧掉，造成浪费和污染。天然气、石油气的输送可以采用管道，但因投资大、输送距离有限，也受到制约。在产出地将天然气或石油气压缩到临界压力之上，使之由气体变成液体，可以用容器装运，使用时机动性也较强。这是目前采用较多的形式。

7.2.2.6 平板玻璃的流通加工

平板玻璃的"集中套裁，开片供应"是重要的流通加工方式。这种方式是在城镇中设立若干个玻璃套裁中心，按用户提供的图纸，统一开片，供应用户成品。在此基础上，可以逐渐形成从工厂到套裁中心的稳定的、高效率、大规模的平板玻璃"干线输送"，以及从套裁中心到用户的小批量、多户头的"二次输送"的现代物流模式。这种方式的好处是：

1. 平均玻璃的利用率可由不实行套裁时的 62~65% 提高到 90% 以上；

2. 可以促进平板玻璃包装方式的改革。从工厂向套裁中心运输平板玻璃，如果形成固定渠道，便可以大规模集装，这样，既节约了大量包装用木材，同时也防止了流通中的大量破损；

3. 套裁中心按需要裁制，有利于玻璃生产厂简化规格，搞单品种大批量生产。这不但能提高工厂生产率，而且简化了工厂切裁、包装等工序，使工厂集中力量解决生产问题；此外，现场切裁玻璃劳动强度大、废料也难于处理，搞集中套裁，可以广泛采用专用设备进行裁制，废玻璃相对数量少，并且易于集中处理。

7.2.2.7 生鲜食品的流通加工

1. 冷冻加工

为解决鲜肉、鲜鱼在流通中保鲜及搬运装卸的问题，采取低温冻结方式的加工。这种方式也用于某些液体商品、药品等。

2. 分选加工

农副产品离散情况较大，为获得一定规格的产品，采取人工或机械分选的方式加工，称分选加工。广泛用于果类、瓜类、谷物、棉毛原料等。

3. 精制加工

农、牧、副、渔等产品，精制加工是在产地或销售地设置加工点，去除无用部分，甚至可以进行切分、洗净、分装等加工。这种加工不但大大方便了购买者，而且，还可对加工的淘汰物进行综合利用。比如，鱼类的精制加工所剔除的内脏可以制某些药物或饲料，鱼鳞可以制高级黏合剂，头尾可以制鱼粉等；蔬菜的加工剩余物可以制饲料、肥料等。

4. 分装加工

许多生鲜食品零售起点量较小，而为保证高效输送，出厂包装可较大，也有一些是采用集装运输方式运达销售地区。这样，为了便于销售，在销售地区按所要求的零售起点量进行新的包装，即大包装改小、散装改小包装、运输包装改销售包装，这种方式称为分装加工。

7.2.2.8 机械产品及零配件的流通加工

1. 组装加工

自行车及机电设备储运困难较大，主要是不易进行包装，如进行防护包装，包装成本过大，并且运输装载困难，装载效率低，流通损失严重，但装配较简单，装配技术要求不高，主要功能已在生产中形成，装配后不需进行复杂检测及调试，所以，为解决储运问题，可以降低储运费用，以半成品（部件）高容量包装出厂；或者在消费地拆箱组装。组装一般由流通部门进行，组装之后随即进行销售。这种流通加工方式近年来已在我国广泛采用。

2. 石棉橡胶板的开张成型加工

石棉橡胶板是机械装备、热力装备、化工装备中经常使用的一种密封材料，单张厚度 3 毫米左右，单张尺寸有的达 4 米，在储运过程中极易发生折角等损失。此外，许多用户所需的垫塞圈，规格比较单一，不可能安排不同尺寸垫圈的套裁，利用率也很低。石棉橡胶板开张成型加工，是按用户所需垫塞物体尺寸裁制，不但万便用户使用及储运，而且可以安排套裁，提高利用率，减少边角余料损失，降低成本。这种流通加工套裁的地点，一般设在使用地区，由供应部门组织。

7.3 流通加工管理

7.3.1 流通加工的生产管理

在物流系统和社会生产系统中，经过可行性研究确定设置流通加工中心后，组织与管理流通加工生产是运作成败的关键。流通加工的生产管理与运输、存储等方法有较大区别，而与生产组织和管理有许多相似。流通加工的组织和安排的特殊性，在于内容及项目很多，而不同的加工项目有不同的加工工艺。一般而言，都有如劳动力、设备、动力、财务、物资等方面的管理。对于套裁型流通加工，其最具特殊性的生产管理是出材率的管理。这种主要流通加工形式的优势在于利用率高、出材率高，从而获取效益。为提高出材率，需要加强消耗定额的审定及管理，并应采取科学方法，进行套裁的规划及计算。

7.3.2 流通加工的质量管理

流通加工的质量管理，主要是对加工产品的质量控制。由于加工成品一般是国家质量标准上没有的品种规格，因此，进行这种质量控制的依据主要是用户要求。各用户要求不一，质量宽严程度也不一，流通加工据点必须能进行灵活的柔性生产才能满足质量要求。

此外，全面质量管理中采取的工序控制、产品质量监测、各种质量控制图表等，也是流通加工质量管理的有效方法。

7.3.3 流通加工合理化组织

流通加工合理化（Rationalization of distribution processing）的含义是实现流通加工的最优配置，在满足社会需求这一前提的同时，合理组织流通加工生产，并综合考虑运输与加工、加工与配送、加工与商流的有机结合，以达到最佳的加工效益。

7.3.3.1 实现流通加工合理化的途径：

1. 加工和合理运输结合

在干、支线运输转运点，设置流通加工，既充分利用了干、支线转换本来就必须停顿的环节，又可以大大提高运输效率及运输转载水平。

2. 加工和配送结合

将流通加工设置在配送点中，一方面按用户和配送的需要进行加工，另一方面加工又是配送业务流程中分货、拣货、配货之一环，加工后的产品直接投入配货作业，这就无须单独设置一个加工中心环节，使流通加工有别于独立的生产，而使流通加工与中转流通紧密地结合起来。同时，配送之前有加工，可使配送服务水平大大提高。这是当前对流通加工做合理选择的重要形式，如煤炭、水泥等产品的流通中已表现得较为突出。

3. 加工和配套结合

在流通中往往有"配套"需求，而配套的主体来自各个生产单位，但全部依靠现有的生产单位有时无法实现完全配套，如进行适当流通加工，可以有效促成配套，大大促进流通的桥梁与纽带作用。

4. 加工和商流相结合

通过加工有效促进销售，使商流合理化，也是流通加工合理化的考虑方向之一。

5. 加工和节约相结合

节约能源、节约设备、节约人力、节约耗费是流通加工合理化考虑的重要因素，也是目前我国设置流通加工,考虑其合理化较普遍的形式。对于流通加工合理化的最终判断,是看其是否能实现社会和企业本身的效益,而且是否取得了最优效益。对流通加工企业而言,与一般生产企业的一个重要不同之处是,流通加工企业更应树立以社会效益为第一的观念,只有这样才有生存价值和发展空间。

7.3.3.2 不合理流通加工的几种主要形式

流通加工是在流通领域中对生产的辅助性加工,从某种意义上讲,它有效地补充和完善了生产产品的使用价值,但是,如果设计不当,则会对生产加工和流通加工产生负效应,所以应尽量避免不合理的流通加工。

不合理的流通加工主要表现在以下方面:

1. **流通加工地点设置的不合理**

流通加工布局是否合理是流通加工能否有效的根本性因素。

(1)一般而言,为衔接少品种、大批量生产与多样化需求的流通加工,加工地应该设置在需求地区,这样才有利于实现大批量的干线运输与多品种末端配送的物流优势。如果将流通加工地设置在生产地区,其不合理之处在于:

①多样化需求要求的产品多品种、小批量,由产地向需求地的长距离运输会出现体积、重量增加的不合理。

②在生产地增加了一个流通加工环节,同时增加了近距离运输、装卸、储存等一系列物流活动。在这种情况下,不如由原生产单位完成这种加工而无须另外设置专门的流通加工环节,这样社会效益与企业效益会更好。

(2)一般而言,为方便物流的流通加工应设在产出地。如果将其设置在消费地,则不但不能解决物流问题,还在流通中增加了一个中转环节,因而也是不合理的。

(3)即使是产地或需求地设置流通加工的选择是正确的,还有流通加工在小地域范围的选址正确的,但如果处理不善,仍然会出现不合理。这种不合理主要表现在交通不便,流通加工与生产企业或客户之间距离较远,流通加工点的投资过高(如受选址的地价影响),加工点周围社会环境条件不良等。

2. **流通加工作用不大,形成多余环节**

有的流通加工过于简单,或对生产及消费者作用都不大,甚至有时流通加工盲目,同样未能解决品种、规格、质量、包装等问题,相反却实际增加了环节与成本,这也是流通加工设置(无论设置在何地)不合理而容易被忽视的一种形式。

3. **流通加工方式选择不当**

流通加工方式包括流通加工对象、流通加工工艺、流通加工技术、流通加工程度等。流通加工方式的确定,实际上是与生产加工的合理分工相联系的。分工不合理,本来应由生产加工完成的,却错误地由流通加工完成,这样都会造成不合理。

流通加工不是对生产加工的代替,而是一种补充。所以,一般而言,如果工艺复杂,技术装备要求较高,或加工可以由生产过程延续或轻易解决,都应由生产加工完成。如果流通加工方式选择不当,就会出现与生产加工争夺市场、争夺利益的恶果。

4. 流通加工成本过高,效益不好

流通加工之所以能够有生命力,重要优势之一是有较大的产出投入比,因而有效地起着补充完善的作用。如果流通加工成本过高,则不能实现以较低投入实现更高使用价值的目的。除了一些必需的、从政策要求进行的加工外,都应看成是不合理的流通加工。

7.3.4 流通加工的技术经济指标

衡量流通加工的可行性,对流通加工环节进行有效的管理,可考虑采用以下两类指标:

1. 流通加工建设项目可行性指标

流通加工仅是一种补充性加工,规模、投资都必须远低于一般生产性企业,其投资特点是:投资额较低、投资时间短、建设周期短、投资回收速度快且投资收益较大。因此,投资可行性可采用静态分析法。

2. 流通加工环节日常管理指标

由于流通加工的特殊性,不能全部搬用考核一般企业的指标。例如,八项技术经济指标中,对流通加工较为重要的是劳动生产率、成本及利润指标,此外,还有反映流通加工特殊性的指标:

(1)增值指标:反映经流通加工后单位产品的增值程度,以百分率计。

增值率指标可以帮助管理人员判断投产后流通加工环节的价值变化情况,并以此观察该流通加工的寿命周期位置,为决策人提供是否继续实行流通加工的依据。

(2)品种规格增加额及增加率:反映某些流通加工方式在满足用户、衔接产需方面的成就,增加额以加工后品种、规格数量与加工前之差决定。

(3)资源增加量指标:反映某些类型流通加工在增加材料利用率、出材率方面的效果指标。这个指标不但可提供证实流通加工的重要性数据,而且可具体用于计算微观及宏观的经济效益。其具体指标分新增出材率和新增利用率两项:

新增出材率 = 加工后出材率 - 原出材率

新增利用率 = 加工后利用率 - 原利用率

项目八　物流信息管理

沃尔玛的成功是在信息技术的支持下铸就的。沃尔玛能够以最低的成本、最优质的服务、最快速的管理反应进行全球运作。1974年，公司开始在其分销中心和各家商店运用计算机进行库存控制。1983年，沃尔玛的整个连锁商店系统都用上了条形码扫描系统。1984年，沃尔玛开发了一套市场营销管理软件系统，这套系统可以使每家商店按照自身的市场环境和销售类型制订出相应的营销产品组合。

在1985至1987年之间，沃尔玛安装了公司专用的卫星通信系统，全球4000家沃尔玛分店也都能够通过自己的终端与总部进行实时的联系。90年代沃尔玛提出了新的零售业配送理论：集中管理的配送中心向各商店提供货源，而不是直接将货品运送到商店。其独特的配送体系，大大降低了成本，加速了存货周转，形成了沃尔玛的核心竞争力。配送步骤：

（1）高效的配送中心；

（2）迅速的运输系统；

（3）先进的卫星通信网络。

近年来美国公司普遍把信息技术应用于生产实际，大多数公司都采用了MRP管理系统，根据产品外部需求订单、广泛应用信息系统推算原料需求量及交货时间，以最大限度减少资金占用，减少库存，降低生产成本。美国通过运用信息技术改造传统产业，使传统产业的国际竞争力在20世纪90年代得以快速提升。优秀的商业管理思想和高技术结合使商业从分散、弱小的传统形象转换为庞大的零售产业、物流产业，甚至信息技术产业的自身形象。沃尔玛创造了零售业工业化经营的新时代。

沃尔玛无疑是成功的，但我国目前的零售业是否可以完全照搬照抄其做法呢？答案显然是否定的。在我国，零售业还尚未跨越ERP基础的应用，在流通思想匮乏、物流经验不足的先天劣势的条件下，即使应用海外最昂贵的成型套装软件也难解物流运作之痛；而中国零售业物流运作体系的独特性和国外软件服务商对中国商业企业行为的理解和实施支持力度的局限，造成了他们在进入中国之后难以实施成功的项目推广和客户化二次开发的状况。另外，在中国，零售业既是目前行业形态变革最剧烈，同时也是物流变革需求最迫切的行业。因此我国的零售业只有借鉴加创新，并尽早建立与国际标准接轨的商品编码中心，建立强大的中央清算和结算体系、中央运营报表体系，并逐步面向零售终端体系、供应商（分销商）体系、物流服务体系，实施信息化的一体化EAI建设，只有这样我国的零售业方才能摆脱落后，走向成功。

现代物流区别于传统物流的最大特征就在于现代物流把信息技术应用到了极致,即所谓的"用信息取代库存"。沃尔玛即是率先发展现代物流的先锋。

8.1 物流信息概述

8.1.1 信息概述

信息作为一个科学术语被提出和使用,可追溯到1928年R.VHartly在《信息传输》一文中的描述。他认为:信息是指有新内容、新知识的消息。而关于信息,就有多种定义。1948年,C.E.Shannon博士在《通信的数学理论》中,给出了信息的数学定义,认为信息是用以消除随机不确定性的东西,并提出信息量的概念和信息熵的计算方法,从而奠定了信息论的基础。Norbert Wiener 教授在其专著《控制论——动物和机器中的通信和控制问题》中,阐述信息是"我们在适应外部世界、控制外部世界的过程中,同外部世界交换内容的名称"。1956年,英国学者Ashby提出"信息是集合的变异度",认为信息的本性在于事物本身具有变异度。1975年,意大利学者G..Longo在《信息论:心得趋势与未决问题》中指出:信息是反映事物构成、关系和差别的东西,它包含在事物的差异之中,而不在事物的本身。可见,至今为止,信息的概念仍然仁者见仁智者见智。

2011年又出现了"信息是反映事件(现象、确定性、属性、构成、关系和差别)的内容(东西)"的说法。

1. 信息的概念

(1) 形式化信息:

就是将技术观的信息或申农所首先明确的通信意义上的信息概念推广,即所有的经过语音、文字符号、图像、或电子技术处理的信息。

(2) 狭义信息:

包括形式化信息和效用信息。所谓效用信息就是某些人在定义信息时要求的具有新颖性、价值性等特点的信息,及那些被人们认为具有某种经济、政治、军事或其他社会价值的信息。

(3) 广义信息:

广义信息包括狭义信息以及目前被很多学者认为属于信息的东西。如被表述出来的感觉和认知、书本知识、各种数据资料、消息以及一些尚未被辨识的事物之间的某些联系等。

2. 信息的特征

(1) 可识别性

信息是可以识别的,对信息的识别又可分为直接识别和间接识别。直接识别是指通过人的感官的识别,如听觉、嗅觉、视觉等;间接识别是指通过各种测试手段的识别,如使用温度计来识别温度、使用试纸来识别酸碱度等。不同的信息源有不同的识别方法。

（2）传载性

信息本身只是一些抽象符号，如果不借助于媒介载体，人们对于信息是看不见、摸不着的。一方面，信息的传递必须借助于语言、文字、图像、胶片、磁盘、声波、电波、光波等物质形式的承载媒介才能表现出来，才能被人所接受，并按照既定目标进行处理和存贮；另一方面，信息借助媒介的传递又是不受时间和空间限制的，这意味着人们能够突破时间和空间的界限，对不同地域、不同时间的信息加以选择，增加利用信息的可能性。

（3）不灭性

不灭性是信息最特殊的一点，即信息并不会因为被使用而消失。信息是可以被广泛使用、多重使用的，这也导致其传播的广泛性。当然信息的载体可能在使用中被磨损而逐渐失效，但信息本身并不因此而消失，它可以被大量复制、长期保存、重复使用。

（4）共享性

信息作为一种资源，不同个体或群体在同一时间或不同时间可以共同享用。这是信息与物质的显著区别。信息交流与实物交流有本质的区别。实物交流，一方有所得，必使另一方有所失。而信息交流不会因一方拥有而使另一方失去拥有的可能，也不会因使用次数的累加而损耗信息的内容。信息可共享的特点，使信息资源能够发挥最大的效用。

（5）时效性

信息是对事物存在方式和运动状态的反映，如果不能反映事物的最新变化状态，它的效用就会降低。即，信息一经生成，其反映的内容越新，它的价值越大；时间延长，价值随之减小，一旦信息的内容被人们了解了，价值就消失了。信息使用价值还取决于使用者的需求及其对信息的理解、认识和利用的能力。

（6）能动性

信息的产生、存在和流通，依赖于物质和能量，没有物质和能量就没有信息。但信息在与物质、能量的关系中并非是消极、被动的，它具有巨大的能动作用，可以控制或支配物质和能量的流动，并对改变其价值产生影响。

8.1.2 物流信息概述

1. 物流信息的概念

物流信息是反应物流各种活动内容的知识、资料、图像、数据和文件的总称（《中华人民共和国国家标准物流术语》）。物流信息是物流活动中各个环节生成的信息，一般是随着从生产到消费有物流活动的产生而产生的信息流，与物流过程中的运输、保管、装卸、包装等各种功能有机结合在一起，是整个物流活动顺利进行所不可缺少的物流资源。

现代物流的重要特征是物流的信息化，现代物流也可以看作是物资实体流通与信息流通的结合，在现代物流运作过程中，通过使用计算机技术、通信技术、网络技术等技术手段,大大加快了物流信息处理的传递速度,从而使物流活动的效率和快速反应能力得到提高。建立和完善物理信息系统,对于构筑物流系统,开展现代物流活动来说是极其重要的一项工作内容。物流信息在物流系统中,既如同其他物流功能一样表现,成其子系统,但又不同于其他物流功能,它总是伴随其他物流功能的运行而产生,又不断对其他物流以及整个物流起支持保障作用。

2. 物流信息的功能

(1)交易功能。完成交易过程的必要操作,包括记录订货内容、库存安排及用户查询,它体现了信息记录的个别物流活动的基本层次。

(2)控制功能。为了提高企业物流服务水平,有利于资源利用的管理,需要有信息的控制功能。通过合理的指标体系和评价方案,来体现信息的控制力度。

(3)决策功能。大量的物流信息能使管理人员掌握物流状态,协调进行物流活动的评估、比较及成本收益分析,从而做出正确的物流决策。

(4)战略功能。有效地利用物流信息,使决策者能够及时地了解企业过去、现在的状态,及时对未来发展趋势进行分析,从而有效地确立企业的发展战略。

3. 物流信息的分类

物流中的信息流,是指信息供给方与需求方进行信息交换和交流而产生的信息流动,它表示了品种、数量、时间、空间等各种需求信息在同一个物流系统内,在不同的物流环节中所处的具体位置。物流系统中的信息种类多、跨地域、涉及面广、动态强,尤其是运作过程中受自然的、社会的影响很大,根据对物流信息研究的需要,可以从以下几个方面对物流信息进行分类:

(1)按信息的作用不同分类

①计划信息。是指尚未实现的、但已当作目标确认的信息,如物流量计划、仓库吞吐量计划、与物流活动有关的国民经济计划、工农业产品产量计划。计划信息带有相对稳定性,信息更新速度慢。计划信息的作用是指导物流活动在这种计划前提下规划自己战略的、长远大的发展,它是制定战略决策的依据。

②控制及作业信息。是指物流活动过程中发生的信息,如库存种类、库存量、载运量、运输工具状况、物价、运费等。这类信息的特点是具有较强的动态性,更新速度快,并且富有时效性,即只有及时得到信息才有用,否则将变得毫无价值。控制及作业信息的作用是控制和调整正在发生的物流活动和指导下一次即将发生的物流活动,以实现对过程的控制和对业务活动的微调。

③统计信息。是指物流活动结束后,对整个物流活动进行的总结、归纳的信息。已产生的统计信息都是一个历史性的结论,是恒定不变的。但新的统计结果不断出现,从而从总体来看具有动态性。统计信息的作用是用于以正确掌握过去的物流活动及规律,以指导物流战略发展和制定计划。物流计划信息也是国民经济中非常重要的一类信息。

④支持信息。是指对物流计划、业务、操作有影响或有关的文化、科技、产品、法律、教育、民俗等方面的信息，如物流技术的革新、物流人才需求等。这些信息不仅对物流战略发展有价值，而且也能对控制、操作起到指导、启发的作用，是可以从整体上提高物流水平的一类信息。

（2）按信息产生的领域分类

①物流系统外部信息。在物流活动以外的其他经济领域、工业领域产生的，对物流活动有作用的信息，主要用于指导物流，包括供货信息、顾客需求信息、订货合同信息、交通运输信息、市场信息、政策信息，还有来自企业内生产、财务等部门的与物流有关的信息。通常外部信息是相对而言的，对物流子系统，来自于另一子系统的信息也可称之为外部信息。

②物流系统内部信息。物理系统内部信息是伴随着物流活动而发生的来自物流系统内部各种信息的总称，包括物流流转信息、物流作业层信息、物流控制层信息和物流管理层信息。其作用不但可以指导下一个物流循环，也可以提供于社会，成为经济领域的信息。这些信息通常是协调系统内部人、财物活动的重要依据，也具有一定的相对性。

（3）按物流信息的稳定程度分类

①静态信息。这种信息通常具备相对稳定的特点，有如下3种形式：一是物流生产标准信息。这是以指标定额为主体的信息，如各种物流活动的劳动定额、物资消耗定额、固定资产折旧等；二是物流计划信息。物流活动中在计划期内已定任务所反映的各项指标，如物资年计划吞吐量、计划运输量等；三是物流查询信息。在较长的时期内很少发生变更的信息，如国家和各主要部门颁布的技术标准、物流企业内的职工人事制度、工资制度等。

②动态信息。与固定信息相反，流动信息是物流系统中经常发生变动的信息。这种信息以物流各作业统计信息为基础，如某一时刻物流任务的实际进度、计划完成情况、各项指标的对比关系等。

（4）按物流信息载体的类型分类

②物流计划。物流计划是企业物流管理中很重要的信息，是企业物流管理决策的具体体现。企业物流计划一般包括物料需求计划、采购计划、运输计划、储存计划等。

（5）按物流活动的环节分

按物流活动的环节分有运输信息、仓储信息、装卸搬运信息、流通加工信息、包装信息、配送信息和物流信息处理等，这些都是物流管理必不可少的物流信息。

4. 物流信息的基本特征

在物流活动中，会产生大量的信息。而且与其他系统，如生产系统、销售系统、供应系统与消费系统等都密切相关。由于物流系统本身涉及范围广，在整个供应链各环节及活动都要产生信息，为了使物流信息适应企业开放性和社会性的发展要求，必须对大量的物流信息实行有效的管理、充分的利用。在新的时期，物流信息也呈现出新的特征。

（1）自动化

自动化设施所采集和处理的信息能被转化成用于管理的信息，比人工输入的信息更正确，更及时，更便于监督和控制。

（2）网络化

物流配送中心与供应商、制造商与客户之间的联系是通过物流配送系统的计算机网络实现的。

（3）智能化

为了提高物流管理的水平，需要运用专家系统、机器人等技术。

（4）再生化

物流信息在物流管理过程中可以被不断地扩充和再生，产生二次信息和三次信息。

5. 物流信息技术的构成

从构成要素上看，物流信息技术作为现代信息技术的重要组成部分，本质上都属于信息技术范畴，只要信息技术应用于物流领域而使其在表现形式和具体内容上存在一些特性，但其基本要素仍然同现代信息技术一样，可以分为4个层次。

（1）物流信息基础技术

物流信息基础技术，即有关原件、器件的制造技术，它是整个信息技术的基础。例如微电子技术、光子技术、光电子技术、分子电子技术等。

（2）物流信息系统技术

物流信息系统技术，即有关物流信息的获取、传输、处理、控制的设备和系统的技术，它是建立在信息基础技术之上，是整个信息技术的核心。其内容主要包括物流信息获取技术、物流信息传输技术、物流信息处理技术及物流信息控制技术等。

（3）物流信息应用技术

物流信息应用技术，即基于管理信息系统技术、优化技术和计算机集成制造系统技术而设计出的各种物流自动化设备和物流信息管理系统，例如自动化分拣与传输设备、自动导引车、集装箱自动装备设备、仓储管理系统、运输管理系统、配送优化系统、全球定位系统、地理信息系统等。

（4）物流信息安全技术

物流信息安全技术，即确保物流信息安全的技术，主要包括密码技术、防火墙技术、病毒防治技术、身份鉴别技术、访问控制技术、备份与恢复和数据库安全技术等。

8.2 常见物流信息技术在国内应用现状

8.2.1 常见物流信息技术的应用

在国内，各种物流信息应用技术已经广泛应用于物流活动的各个环节，对企业的物流活动产生了深远的影响。

（一）物流自动化设备技术应用

物流自动化设备技术的集成和应用的热门环节是配送中心，其特点是每天需要拣选的物品品种多、批次多、数量大。因此在国内的部分超市、医药、邮包等行业的配送中心也引进了物流自动化拣选设备。一种是拣选设备的自动化应用，如北京市医药总公司配送中心，其拣选货架（盘）上配有可视的分拣提示设备，这种分拣货架与物流管理信息系统相连，动态地提示被拣选的物品和数量，指导着工作人员的拣选操作，从而提高了货物拣选的准确性和速度。另一种是一种物品拣选后的自动分拣设备，即用条码或电子标签附在被识别的物体上（一般为组包后的运输单元），由传送带送入分拣口，然后由装有识读设备的分拣机分拣物品，使物品进入各自的组货通道，完成物品的自动分拣。分拣设备在国内大型配送中心有所使用。但这类设备及相应的配套软件基本上由国外进口，也有进口国外机械设备，国内配置软件的。立体仓库和与之配合的巷道堆垛机在国内发展迅速，在机械制造、汽车、纺织、铁路、卷烟等行业都有应用。例如昆船集团生产的巷道堆垛机在红河卷烟厂等多家企业应用了多年。近年来，国产堆垛机在其行走速度、噪音、定位精度等技术指标上有了很大的改进，运行也比较稳定。但是与国外著名厂家相比，在堆垛机的一些精细指标如最低货位极限高度、高速（80米/秒以上）运行时的噪音、电机减速性能等方面还存在不小差距。

（二）物流设备跟踪和控制技术

目前，物流设备跟踪主要是指对物流的运输载体及物流活动中涉及的物品所在地进行跟踪。物流设备跟踪的手段有多种，可以用传统的通信手段如电话等进行被动跟踪，可以用 RFID 手段进行阶段性的跟踪，但目前国内用得最多的还是利用 GPS 技术跟踪。GPS 技术跟踪利用 GPS 物流监控管理系统，它主要跟踪货运车辆与货物的运输情况，使货主及车主随时了解车辆与货物的位置与状态，保障整个物流过程的有效监控与快速运转。物流 GPS 监控管理系统的构成主要包括运输工具上的 GPS 定位设备、跟踪服务平台（含地理信息系统和相应的软件）、信息通信机制和其他设备（如货物上的电子标签或条码、报警装置等）。在国内，部分物流企业为了提高企业的管理水平和提升对客户的服务能力也应用这项技术，例如去年底，沈阳等地方政府要求下属交通部门对营运客车安装 GPS 设备工作进行了部署，从而加强了对营运客车的监管。

（三）物流动态信息采集技术应用

企业竞争的全球化发展、产品生命周期的缩短和用户交货期的缩短等都对物流服务的可得性与可控性提出了更高的要求，实时物流理念也由此诞生。如何保证对物流过程的完全掌控，物流动态信息采集应用技术是必需的要素。动态的货物或移动载体本身具有很多有用的信息，例如货物的名称、数量、重量、质量、出产地，或者移动载体（如车辆、轮船等）的名称、牌号、位置、状态等一系列信息。这些信息可能在物流中反复使用，因此，正确、快速读取动态货物或载体的信息并加以利用可以明显地提高物流的效率。在目前流行的物流动态信息采集技术应用中，一、二维条码技术应用范围最广，其次还有磁条（卡）、语音识别、便携式数据终端、射频识别(RFID)等技术。

1. 一维条码技术

一维条码是由一组规则排列的条和空、相应的数字组成，这种用条、空组成的数据编码可以供机器识读，而且很容易译成二进制数和十进制数。因此此技术广泛地应用于物品信息标注中。因为符合条码规范且无污损的条码的识读率很高，所以一维条码结合相应的扫描器可以明显地提高物品信息的采集速度。加之条码系统的成本较低，操作简便，又是国内应用最早的识读技术，所以在国内有很大的市场，国内大部分超市都在使用一维条码技术。但一维条码表示的数据有限，条码扫描器读取条码信息的距离也要求很近，而且条码上损污后可读性极差，所以限制了它的进一步推广应用，同时一些其他信息存储容量更大、识读可靠性更好的识读技术开始出现。

2. 二维条码技术

由于一维条码的信息容量很小，如商品上的条码仅能容纳几位或者十几位阿拉伯数字或字母，商品的详细描述只能依赖数据库提供，离开了预先建立的数据库，一维条码的使用就受到了局限。基于这个原因，人们发明了一种新的码制，除具备一维条码的优点外，同时还有信息容量大（根据不同的编码技术，容量是一维的几倍到几十倍，从而可以存放个人的自然情况及指纹、照片等信息），可靠性高（损污 50% 仍可读取完整信息），保密防伪性强等优点。这就是在水平和垂直方向的二维空间存储信息的二维条码技术。二维条码继承了一维条码的特点，条码系统价格便宜，识读率强且使用方便，所以在国内银行、车辆等管理信息系统上开始应用。

3. 磁条技术

磁条（卡）技术以涂料形式把一层薄薄的由定向排列的铁性氧化粒子用树脂黏合在一起并粘在诸如纸或塑料这样的非磁性基片上。磁条从本质意义上讲和计算机用的磁带或磁盘是一样的，它可以用来记载字母、字符及数字信息。优点是数据可多次读写，数据存储量能满足大多数需求，由于其黏附力强的特点，使之在很多领域得到广泛应用，如信用卡、银行 ATM 卡、机票、公共汽车票、自动售货卡、会员卡等。但磁条卡的防盗性能、存储量等性能比起一些新技术如芯片类卡技术还是有差距。

4. 声音识别技术

是一种通过识别声音达到转换成文字信息的技术，其最大特点就是不用手工录入信息，这对那些采集数据同时还要完成手脚并用的工作场合，或键盘上打字能力低的人尤为适用。但声音识别的最大问题是识别率，要想连续地高效应用还是有难度。其目前更适合语音句子量集中且反复应用的场合。

5. 视觉识别技术

视觉识别系统是一种通过对一些有特征的图像分析和识别的系统，能够对限定的标志、字符、数字等图象内容进行信息采集。视觉识别技术的应用障碍也是对于一些不规则或不够清晰图像的识别率问题而且数据格式有限的情况，通常要用接触式扫描器扫描。随着自动化的发展，视觉技术会朝着更细致，更专业的方向发展，并且还会与其他自动识别技术结合起来应用。

6. 接触式智能卡技术

智能卡是一种将具有处理能力、加密存储功能的集成电路芯版嵌装在一个与信用卡一样大小的基片中的信息存储技术，通过识读器接触芯片可以读取芯片中的信息。接触式智能卡的特点是具有独立的运算和存储功能，在无源情况下，数据也不会丢失，数据安全性和保密性都非常好，成本适中。智能卡与计算机系统相结合，可以方便地满足对各种各样信息的采集传送、加密和管理的需要，它在国内外的许多领域如银行、公路收费、水表煤气收费等中都得到了广泛应用。

7. 便携式数据终端

便携式数据终端 (PDT) 一般包括一个扫描器、一个体积小但功能很强并有存储器的计算机、一个显示器和供人工输入的键盘，所以是一种多功能的数据采集设备。PDT 是可编程的，允许编入一些应用软件。PDT 存储器中的数据可随时通过射频通信技术传送到主计算机。

8. 射频识别 (RFID)

射频识别技术是一种利用射频通信实现的非接触式自动识别技术。RFID 标签具有体积小、容量大、寿命长、可重复使用等特点，可支持快速读写、非可视识别、移动识别、多目标识别、定位及长期跟踪管理。RFID 技术与互联网、通讯等技术相结合，可实现全球范围内的物品跟踪与信息共享。从上述物流信息应用技术的应用情况及全球物流信息化发展趋势来看，物流动态信息采集技术应用正成为全球范围内重点研究的领域。我国作为物流发展中国家，已在物流动态信息采集技术应用方面积累了一定的经验，例如条码技术、接触式磁条（卡）技术的应用已经十分普遍，但在一些新型的前沿技术，例如 RFID 技术等领域的研究和应用方面还比较落后。

8.2.2 物流信息技术的发展趋势

(一) RFID 将成为未来物流领域的关键技术

专家分析认为，RFID 技术应用于物流行业，可大幅提高物流管理与运作效率，降低物流成本。另外，从全球发展趋势来看，随着 RFID 相关技术的不断完善和成熟，RFID 产业将成为一个新兴的高技术产业群，成为国民经济新的增长点。因此，RFID 技术有望成为推动现代物流加速发展的新品润滑剂。

(二) 物流动态信息采集技术将成为物流发展的突破点

在全球供应链管理趋势下，及时掌握货物的动态信息和品质信息已成为企业盈利的关键因素。但是由于受到自然、天气、通讯、技术、法规等方面的影响，物流动态信息采集技术的发展一直受到很大制约，远远不能满足现代物流发展的需求。借助新的科技手段，完善物流动态信息采集技术，将成为物流领域下一个技术突破点。

(三) 物流信息安全技术将日益被重视

借助网络技术发展起来的物流信息技术，在享受网络飞速发展带来巨大好处的同时，也时刻饱受着可能遭受的安全危机，例如网络黑客无孔不入地恶意攻击、病毒的肆掠、信息的泄密等。应用安全防范技术，保障企业的物流信息系统或平台安全、稳定地运行，是企业长期将面临的一项重大挑战。

8.2.3 物流信息系统

物流信息系统是把物流和物流信息结合成一个有机的系统，用各种方式选择收集和输入物流计划的、业务的、统计的各种有关数据，经过一个有针对性、有目的的计算机处理，即根据管理工作的要求，采用特定的计算机技术，对原始数据处理后输出对管理工作有用的信息的一种系统。

现代物流管理以信息为基础，因而建立物流信息系统越来越具有战略意义。

①在企业日益重视经营战略的情况下，建立物流信息系统是必要的，不可缺少的。具体来说，为确保物流竞争优势，建立将企业内部的销售信息系统、物流信息系统、生产供应信息系统综合起来的信息系统势在必行。

②由于信息化的发展，各个企业之间的关系日益紧密，如何与企业外部销售渠道的信息系统、采购系统中的信息系统，以及运输信息系统连接起来，就成为今后重点研究解决的课题。

③企业物流已经不只是一个企业的问题，进入社会系统的部分将日益增多，在这种形势下，物流信息系统将日益成为社会信息系统的一个重要组成部分。

参考文献

[1] 刘普合. 电子商务与物流技术创新. 商场现代化, 1999 年 12 期

[2] 丁立言, 张铎. 物流系统工程. 北京: 清华大学出版社, 2000 年

[3] 吴清一. 物流学. 中国建材工业出版社, 1996 年

[4] 李东贤. 日本现代流通企业. 2001 年

[5] 张苏, 詹荷生. 企业物流的战略发展: 物流服务. 北京交通大学学报, 1994 年 04 期

[6] 吴耀华, 李德军. 现代物流系统的布局与规划. 工程设计, 1997 年 03 期

[7] 傅金才. 物流条码. 上海标准化, 1997 年 07 期

[8] 汝宜红, 鲁晓春. 现代物流理论及其实践. 中国物资流通杂志, 2000 年第七期

[9] 王方智, 付德源. 中国物料搬运系统的自动化. 物流技术与应用, 1997 年 z1 期

[10] 陈睿, 朱汉成. 企业生产物流管理信息系统开发策略及应用, 武钢技术, 2003 年 5 期

[11] 王平, 唐喜平. 物流配送车辆计划调度系统的设计与实现. 计算机工程, 2001 年 09 期

[12] 李军, 郭耀煌. 物流配送——车辆优化调度理论与方法. 北京: 中国物资出版社, 2001 年

[13] 许捍卫, 俞小怡. 物流管理系统的分析与设计. 计算机系统应用, 1999 年 12 期

[14] 谢建. 制造业 MRP Ⅱ 系统物流控制的整合设计. 计算技术与自动化, 1999 年 02 期

[15] 威廉 J. 史蒂文森. 生产与运作 [M]. 张群. 张杰等译. 北京: 机械工业出版社, 2000. 5

[16] 李苏剑, 常志明. 连铸—连扎生产物流管理. 冶金工业出版社, 2001 年

[17] 刘建华, 徐志国. 电子商务与第三方物流模式. 信息技术, 2002 年 09 期

[18] 尤安军, 庄玉良. 第三方物流决策专家系统初探. 物流技术, 2002 年 02 期

[19] 刘淇彦. 第三方物流管理信息系统方案设计. 中国铁路, 2003 年 03

[20] 李辉来. 最新物资百科全书. 石油工业出版社, 2000 年.

[21] 霍红. 第三方物流企业经营与管理. 中国物资出版社, 2003

[22] 陈祥瑞. 物流动态管理信息系统设计、开发及建立. 计算机仿真, 1994 年 04 期

[23] 陈悟朝. 条形码与物流现代化. 物流技术, 1996 年 06 期

[24] 洛温平. 信息技术在物流管理中的战略作用. 交通与计算机, 1998 年 04 期

[25] 李洪心. 电子商务概论. 大连: 东北财经大学出版社, 2000.

[26] 孙丽芳, 欧阳文霞. 物流信息技术与信息系统. 电子工业出版社, 2004.

[27] 丁立言, 张铎. 国际物流学. 北京: 清华大学出版社, 2000 年

[28] 赵可培. 运筹学. 上海: 上海财经大学出版社, 2000 年

[29] 杨霞芳. 国际物流管理. 同济大学出版社, 2004

[30] 张清, 杜杨. 国际物流与货运代理. 机械工业出版社, 2004

[31] 杨占林. 国际物流操作实物. 中国商务出版社, 2004

[32] 韩坚, 吴澄. 供应链建模与管理的技术现状和发展趋势. 计算机集成制造系统 -CIMS, 1998 年 04 期

[33] 王成尧, 汪定伟. 敏捷制造——21 的先进制造模式. 基础自动化, 1999 年 02 期

[34] 李爱平, 陈剑峰. 分散网络化制造环境下的基于 internet 的知识供应链. 同济大学学报, 1999 年 06 期

[35] 朱道立, 龚国华, 罗齐. 物流和供应链管理. 上海: 复旦大学出版社, 2001.

[36] 宋华, 胡左浩. 现代物流与供应链管理. 经济管理出版社, 2000.

[37] 王玲, 罗泽涛. 现代企业后勤学. 经济科学出版社, 1999 年

[38] [日] 菊池康也. 物流管理. 北京: 清华大学出版社, 1999 年

[39] 王莉. 物流学导论. 中国铁道出版社, 1997 年

[40] 王之泰. 现代物流学. 中国商品出版社, 1995 年

[41] 王方华. 物流企业战略管理. 复旦大学出版社, 1997 年